Wo bitte geht's zur Queen?

COLLECTION
ROLF HEYNE

Jutta Falke-Ischinger

Wo bitte geht's zur Queen?

Diplomatische Abenteuer
in England und Amerika

COLLECTION ROLF HEYNE

Für meine Mutter Renate Falke,
die dieses Buch so gerne noch
gelesen hätte.

Für meine Tochter Josephine,
die zu klein ist, um sich an alles
zu erinnern.

Berlin 2010

Ein Jahr ist er nun im Amt, der erste schwarze Präsident Amerikas. Ein schwieriges Jahr liegt hinter ihm, und das merkt man Barack Obamas Rede zur Lage der Nation auch an. Da gibt er sich kämpferisch, aber auch defensiv. Hätte er es sonst nötig gehabt zu rufen: »we won't quit« – wir geben nicht auf?

»Messias in Hemdsärmeln«, titelte der *Spiegel* Ende Januar 2010 leicht gehässig – und vielleicht voreilig, denn alle Präsidenten der letzten Jahrzehnte hatten ein schwieriges erstes Jahr durchzustehen, einschließlich Clinton, Reagan und Bush – und die sollten dann doch ihre Wiederwahl gewinnen.

Ein Jahr zuvor jedenfalls wäre eine solche Zeile geradezu einer Gotteslästerung gleichgekommen.

Am 20. Januar 2009, dem Tag der Amtseinführung des 44. amerikanischen Präsidenten, ist ganz Berlin auf den Beinen. Um 18 Uhr windet sich die Schlange vor dem Tanzclub Goya schon mehrere hundert Meter lang. »Oh Gott!«, schnoddert der Taxifahrer, der mich dort absetzt, »dit allet für Obama. Allet wegen eenem Mann. So suppa is doch keener, oda wat globen Sie?«

Drinnen füllt sich der Saal, auf eine großformatige Leinwand beamt *CNN* das Geschehen live nach Berlin-Schöneberg. Da erscheint er auch schon, Barack Obama. Hillary Clinton, die frühere First Lady, jetzt Obamas Außenministerin, sitzt dort neben ihrem Mann. Die Familie Bush ist auch da, fast so, als würde George W. Bush noch einmal vereidigt.

Dabei waren vier Jahre vergangen seit der feierlichen Einführung von George W. Bush im Januar 2005 . Auch seine zweite Amtszeit, begann dort oben, draußen auf der Westseite des Kapitols. Ich saß damals in den für das diplomatische Corps reservierten Rängen.

Mein Mann war weiter vorn, bei den Botschaftern platziert. Seit mehr als drei Jahren war er damals schon deutscher Botschafter in Washington. Wie nun bei der Inauguration von Obama, so wehten auch im Januar 2005 überall in den Straßen der amerikanischen Hauptstadt die »Stars and Stripes«, die Massen allerdings waren damals zu Hause geblieben.

Das diplomatische Corps ist stets Teil dieser Inszenierung, die fast einer Trauung gleicht: Nation und Präsident werden einander zugeführt. Feierliche Musik gehört zur Zeremonie genauso dazu wie Bibelschwüre, große Reden und Gebete. Bodyguards mit den obligatorischen Knöpfen im Ohr hatten sich überall verteilt, Helfer in Wintermänteln hatten uns zu unseren Plätzen gebracht. Drei Stunden und länger harrten wir und die anderen Gäste dort aus, warten und stillsitzen im Freien bei minus 17 Grad – das war schon eine harte Probe. Noch heute fühle ich, wie die Kälte damals langsam durch die Kleidung kroch und sich nicht mehr vertreiben ließ. Die Schichten von langen Unter- und Strumpfhosen halfen allenfalls über die ersten 30 Minuten hinweg.

Wieso frieren die da vorne nicht, wie kommen die ohne drei Schichten Wolle aus, wunderte ich mich. Damals wusste ich noch nicht, dass es weder eiserner Wille noch stoischer Gleichmut ist, die das Präsidentenpaar auf den Ehrenplätzen vom Fußvolk unterscheidet. Es ist ein einfacher Trick, der verhindert, dass die Stars auf der obersten Bühne der Nation dem Kältetod erliegen: Aus versteckten Schächten unter den Sitzen des Präsidentenpaars strömt warme Heizungsluft nach oben! Nur deshalb bewegte sich jetzt auch Michelle Obama bei der Inauguration ihres Mannes auf der Bühne so entspannt in ihrem gelben Kleid. Was hätte ich damals vor fünf Jahren für solch einen wärmenden Luftzug gegeben …

Wieso frieren die da vorne nicht, wunderte ich mich

Barack Obama war zu seiner Amtseinführung mit dem Zug in die Hauptstadt gereist. Als jetzt die Fernsehkameras vom Kapitol weg auf die Straßen Washingtons schwenken und die Bilder von der Union Station auf der Leinwand in Berlin-Schöneberg zu sehen sind, wandert mein Blick noch weiter nach Westen und sucht jenes Haus auf dem Hügel, in der Foxhall Road, mit all seinen Stufen, Treppen und Säulen: die Residenz des deutschen Botschafters – unser Heim von 2001 bis 2006.

Von dort aus hatte ich am Morgen des 11. Septembers gesehen, wie das Pentagon brannte. Hier hatten wir in fünf Jahren Zigtausend von Gästen empfangen, sowohl zu kleinen Gesprächsrunden wie zu prunkvollen Abendessen. Hier hatten wir geheiratet, hier war unsere Tochter Josephine zur Welt gekommen. Hier hatte unser Abenteuer Amerika begonnen.

Du brauchst ein Nachmittagskleid

»Du brauchst unbedingt ein Nachmittagskleid, ein paar kleine elegante Kostümchen …« Die Ehefrau eines Kollegen von Wolfgang ließ mir keine Ruhe. »Schau mal bei Escada oder Chanel …« Seit es sich herumgesprochen hatte, dass Wolfgang als deutscher Botschafter nach Washington gehen würde und ich mit ihm, nahmen solche und andere Ratschläge kein Ende mehr.

Im Sommer 2001 war die Stimmung in Berlin spannungsgeladen und ruhelos. Die Kräne wuchsen in den Himmel, aus jeder Ruine in Berlin-Mitte spross neues Leben, eine Espressobar, eine Galerie, ein Tattooshop. Die Farben waren noch nicht so grell, die Straßen noch nicht so hell beleuchtet. Der Tresen der »Ständigen Vertretung« bot unterdessen Halt für entwurzelte Rheinländer. Und Rot-Grün richtete sich im neuen Berlin ein.

In meinem Alltag als Hauptstadtjournalistin traf ich Abgeordnete zum Essen, Pressesprecher und andere »Quellen« zu Hintergrundgesprächen oder Interviews. Ob Jeans mit Blazer oder beiger Hosenanzug, Mode war Nebensache. So etwas wie Nachmittagskleider kamen in meinem Universum bis dahin ebenso wenig vor wie »Ladies Luncheons«.

»Habt ihr schon Visitenkarten drucken lassen?«, wurde ich gefragt. Dabei habe man allerdings einiges zu beachten: Nichts sei schlimmer als eine Frau, die sich in den Vordergrund drängt, wurde mir erläutert. Das fange schon bei den Visitenkarten und Briefköpfen an. Die Frau eines Kollegen, der Botschafter geworden war, habe tatsächlich darauf bestanden, amüsierte sich auch Wolfgang, dass sie mit eigenem Vor- und Nachnamen neben dem Titel ihres Mannes erscheine, statt – wie protokollarisch üblich – von dem Namen ihres Gatten absorbiert zu werden.

»Offiziell«, sagte Wolfgang, »heißt das natürlich: ›der Botschafter der Bundesrepublik Deutschland und, sagen wir, Frau Wolfgang Ischinger‹.«

»›Frau Wolfgang Ischinger‹? Das ist wohl nicht dein Ernst«, hielt ich dagegen, »gut, dass wir nicht verheiratet sind …!«

»Frau« zwischen Vordergrund und Hintergrund, eingezwängt zwischen Staat und Mann – ich konnte nur lachen. Solche Themen mochten andere aus dem Gleichgewicht bringen, mich jedenfalls nicht. Zu sicher fühlte ich mich in meinem damaligen Leben – und mit allen Wassern gewaschen. In Berlin leitete ich das Hauptstadtbüro einer traditionsreichen Wochenzeitung und fühlte mich wohl wie ein Fisch im Wasser. Fernsehauftritte, Reisen um die Welt, Gespräche mit Präsidenten und Premierministern gehörten genauso zu meinem Alltag wie die tägliche Redaktionsarbeit. Ich war Vorstandsmitglied im Deutschen Presseclub, eine der wichtigsten Interessenvertretungen für Hauptstadtjournalisten. Gab es überhaupt jemanden, fragte ich mich, der besser auf ein Leben in der Diplomatie vorbereitet gewesen war als ich?

Es ärgerte mich trotzdem, dass unter langjährigen Diplomatengattinnen in Berlin gemunkelt worden war: »Die steigt bequem ganz oben ein.« Denn ähnlich wie in der Politik durchläuft auch der Diplomat (in Wolfgangs Jahrgang waren es nur Männer) eine Art Ochsentour: etwa zwei Jahre Kongo, drei Jahre Kirgistan, ein Jahr Luxemburg, dann vier Jahre in der ungeliebten »Zentrale« des Auswärtigen Amts, früher Bonn, jetzt Berlin. Und so kann es immer weitergehen, bis dann am Ende der Karriere, mit etwas Glück, der Ruheposten steht: zum Beispiel Generalkonsul in São Paulo. Die Partnerin ist, natürlich unentgeltlich, meist mit von der Partie. Den eigenen Job, falls vorhanden, hat sie zuvor aufgegeben.

Die Partnerin ist, natürlich unentgeltlich, meist mit von der Partie. Den eigenen Job hat sie zuvor aufgegeben

Anders als in der Politik, wo der Weg nach oben über die verschiedenen Parteigliederungen führt, erfolgt der Einstieg in den diplomatischen Dienst mittels Eignungsprüfung. Zählt man zu den Glücklichen, die alle Hürden überwinden können, beginnt die Ausbildung in der »Crew«. Das sind die »Klassenkameraden« in der Diplomatenschule. Die »Crew« wird den Diplomaten ein Leben lang begleiten; sie ist die eigentliche Basis für Networking und Karrierehilfe. Sind mehr als zwei Kollegen beisammen, flirren nur noch Buchstaben und Zahlenreihen durch die Luft, die sich auf Nachfrage als die Besoldungsgruppen des deutschen Berufsbeamtentums entpuppen: B3, A16, B6 und B9. Jedes Crewmitglied vergleicht unaufhörlich seine Karriere mit derjenigen der Kollegen, was allerdings nicht heißt, dass sie sich nicht untereinander auch Halt und Freundschaft geben würden.

In den Wochen vor unserem Aufbruch nach Washington waren wir mit Abschiedsbesuchen bei Kollegen und Freunden beschäftigt. Deren Weltläufigkeit schlug einem oft schon im Hausflur entgegen: der turkmenische Wandteppich neben der Garderobe, die orangeroten Ikonen aus Bukarest über dem Schuhschränkchen, die Fossilien aus der Wüste Sinai auf dem Telefontisch. Wolfgang hatte solche Souvenirs nicht zu bieten. Er war in New York, Washington und Paris gewesen, vor allem aber in Bonn, und hatte statt Südseesonne unterm Palmwedel vorwiegend das Neonlicht von Büros, Flugzeugen und Konferenzsälen gesehen.

Damals im Frühsommer 2001 ahnte ich nicht, wie viele gelebte Träume, ungelebte Sehnsüchte und Hoffnungen, ja auch Kummer ein Diplomatendasein mit sich bringt. Ich stieg spät in dieses Leben ein, das ich für mich zunächst nicht gewählt hatte. Was der damit verbundene, häufige Rollen- und Länderwechsel bedeuten würde, war mir natürlich viel weniger klar, als jemandem, der früh damit begonnen hatte, sein Durchhaltevermögen an den alltäglichen Herausforderungen des modernen Nomadenlebens zu trainieren: Auf welche Schule schicke ich meine Kinder, was mache ich mit den kranken Eltern daheim? Oder in welcher Sprache verständigen wir uns in der Botschaft, mit den Bediensteten, mit der Bevölkerung – zum Beispiel in Kasachstan?

Auf nach Washington

Ein Posten in Washington ist nicht nur auf Botschafterebene ein begehrtes Ziel. Wolfgang flog im Juli 2001 über den Atlantik, um seine Geschäfte aufzunehmen. Ich sollte dann ein paar Tage später folgen. Zunächst für einen kurzen Schnupperaufenthalt, denn meinen Redakteursvertrag in Berlin hatte ich erst zum Ende des Sommers gekündigt.

Im Juli 2001 war Gerhard Schröder Bundeskanzler, seine rotgrüne Regierung hatte bereits im Kosovo Krieg geführt, Oskar Lafontaine schmollte nach seinem Rücktritt von allen Ämtern im Saarbrücker Exil, und die neue Vorsitzende der CDU, Angela Merkel, musste sich noch gegen innerparteiliche Konkurrenten bewähren. Das übliche Hickhack eben, das ich nun schon mehrere Jahre als Journalistin verfolgt hatte. Dass ich dies für eine Weile hinter mir lassen sollte, schreckte mich deshalb nur bedingt.

Bevor ich in Frankfurt ins Flugzeug nach Washington stieg, hatte ich erfahren, dass Magda Chrobog auch an Bord war, die Frau von Wolfgangs Vorgänger in Washington. Wir hatten miteinander telefoniert und uns im Flugzeug verabredet. Sie wollte mir ein Briefing geben über die Residenz und alles, was ich wissen müsse. Die Chrobogs waren länger als sechs Jahre in Washington gewesen.

Unsere Verabredung wurde dadurch erschwert, dass ich in der Economy saß, Magda aber in die First Class gesetzt wurde. Als sie später zu mir nach hinten kam, zählte sie mir alle Angestellten der Washingtoner Botschaftsresidenz auf, ihre Stärken und ihre Schwächen, ihre Geschichten. Nichts von dem interessierte mich wirklich, und bevor wir auf amerikanischem Boden gelandet waren, hatte ich alle Namen schon wieder vergessen. Im Nachhinein musste ich allerdings erkennen, dass Magda die Residenz gut im Griff gehabt hatte.

Wolfgang holte mich vom Flughafen ab. Obwohl ich schon oft in Amerika gewesen war, fühlte ich Nervosität in mir aufsteigen.

Hier auf der anderen Seite des Atlantiks sollte immerhin mein neues Leben beginnen und auch das gemeinsame mit Wolfgang. Viel Anfang auf einmal, fand ich.

Nach einer halben Stunde Fahrt über Highways und Parkways überquerten wir den Potomac, fuhren Richtung Georgetown, bogen in den MacArthur Boulevard und dann in die Foxhall Road ein. Überall saftiges Grün, dichte Hecken, Oleanderbüsche vor weißgestrichenen Mansions mit grünen Fensterläden und den typischen röhrenartigen Postboxes davor. Schließlich passierte der Wagen das Tor zum Areal der Deutschen Botschaft, auf dem neben dem Verwaltungsgebäude auch das Wohnhaus des Botschafters steht, die Residenz. Da war er also, der berühmt-berüchtigte Bau des Kölner Architekten Oswald Mathias Ungers! Zeit, mich in Ruhe umzuschauen, hatte ich in diesen ersten Minuten allerdings kaum. Ein junger Inder in weißem Hemd und mit Goldknöpfen am Sakko hielt bereits die Tür auf: »Welcome, Madam!«

In der Halle hatte sich die gesamte Mannschaft der Residenz versammelt: Benoît, der französische Koch, Rosie, Che Che, Glenn und Santi – alle von den Philippinen. Später entdeckte ich im Obergeschoss zwei weitere dienstbare Geister. Als sie mich auf der Treppe hörten, tuschelten sie etwas auf Arabisch, dann hörte ich eine Tür ins Schloss fallen. Ich ging hinterher: »Hello?«, rief ich und stellte mich vor. Die beiden Frauen drehten sich um. »Wir arrangieren die Blumen«, hauchte die eine mit zarter Stimme. »Die Blumen …«, wiederholte ich. Wo war ich hier hingeraten? – Sieben Hausangestellte! In meinem Elternhaus hatten wir zwar immer Haushaltshilfen gehabt, doch sieben – das war nicht gerade der bundesdeutsche Normalhaushalt.

»Ist doch toll!«, schwärmte meine Mutter später am Telefon, »so ähnlich war das auf dem Altenhof, als ich Papi heiratete.« Dabei hatte sie unterschlagen, dass ihre Schwiegermutter das Personal des Gutshauses radikal gekürzt hatte, als das junge Paar in den Flitterwochen gewesen war. Es sei ja nun eine junge Frau im Haus und die solle ordentlich mit anpacken. Jeden Tag musste meine Mutter dann unter Aufsicht der alten Dame die Küche wischen.

Solche Disziplinarmaßnahmen blieben mir glücklicherweise erspart. Dazu war die Botschaftsresidenz in Washington auch zu weitläufig. Sie hatte zudem Kontroversen ausgelöst, wie kaum ein anderer öffentlicher Neubau zuvor. Schon wegen der puren Größe. Nach der Fertigstellung 1994 wurde der Residenzbau auf der Anhöhe über dem Stadtteil Georgetown denn auch von der deutschen Presse als »Teutonenklotz« beschimpft, selbst Amerikaner sprachen noch zu unserer Zeit vom »Feldherrenhügel«. Wie auch immer – die Vorliebe des Architekten für die quadratische Form sprang auch mir sofort ins Auge: Unser neues Heim war ein rechteckiger Kasten mit kleinteiligen, schwarzumrandeten Sprossenfenstern und massiven weißen Stützpfeilern, für Ungers fiel das unter »Elemente des griechisch inspirierten Stils der amerikanischen Südstaaten«. Das kahle Innere des Baus war sparsam, mit Möbeln und Kunstwerken bestückt, die der Architekt persönlich ausgewählt hatte und die eine maskulin-kühle Atmosphäre schufen. War dies nun, wie von der Kritik behauptet, »neupreußischer Stil«, »italienischer Faschismus« oder der »neue Chic der Berliner Republik«?

Anheimelnd war zumindest nichts von alledem. Doch um schlichte Wohnqualitäten war es nie gegangen bei dem Ungers'schen Gesamtkunstwerk am Potomac. Der Architekt hatte sich selbst ein Denkmal gesetzt, eines, in dem auch ein Botschafter, wie Ungers sagte, »immer nur Gast sein konnte«. So hatte sich der große Baumeister – auch für die Zeit nach Fertigstellung – jegliche innere oder äußere Veränderung an seinem Werk verbeten. Und das galt auch für die Einrichtung: Ohne Erlaubnis des Architekten durften wir theoretisch nicht einmal einen Stuhl austauschen oder einen Nagel in die Wand schlagen.

Anders als frühere »Insassen« dieses Bauwerkes äußerten Wolfgang und ich uns damals nicht öffentlich zu diesen Begebenheiten, die den Bewohnern des Hauses das Wohlfühlen erschwerten. Das galt auch für die privaten Räume. Der Architekt schien eine Vorliebe für Nasszellen gehabt zu haben. Allein auf der ersten Etage entdeckten wir zwölf, meist fensterlose Duschklos. Das Meisterstück aber war die von oben bis unten weißgeflieste Küche, die es an Wärme und Ausstrahlung durchaus mit dem Labor einer Tierversuchsanstalt hätte aufnehmen können. Von einem unserer Vorgänger heißt es, er sei so erzürnt über den seiner Meinung nach missglückten Bau gewesen, dass er einmal amerikanische Gäste drängte, doch bitte auch seine jämmerlichen »private parts« zu besichtigen. Bei den Amerikanern müssen dann allerdings sämtliche Alarmglocken geschrillt haben: Die »private parts« sollte ein wohlerzogener Mensch in der Hose lassen.

Die ersten Tage in der Ungers-Festung vergingen jedenfalls wie im Flug mit diversen organisatorischen Vorbereitungen. Gegen Ende meiner beiden Wochen fuhren wir noch nach New York. Wolfgang sollte an einer Zeremonie teilnehmen, bei der es um die Rückgabe von Kunstgütern ging, die nach dem Zweiten Weltkrieg von der Roten Armee aus Deutschland verschleppt worden waren. Jetzt waren die wertvollen Zeichnungen, darunter Werke von Dürer und Rembrandt, wieder aufgetaucht und sollten dem ursprünglichen Eigentümer, dem Bremer Kunstverein, zurückgegeben werden.

Die Odyssee dieser Kunstgüter glich einer Räuberpistole: Rote Armee, KGB, dubiose Zwischenhändler sowie ein japanischer Geschäftsmann und eine aserbaidschanische Staatsanwältin waren darin verstrickt. Nach langjährigen Ermittlungen, Verfolgungsjagden und konspirativen Treffen mit Undercoveragenten gelang es der New Yorker Zoll- und Hafenbehörde schließlich, die verschollenen Kunstwerke sicherzustellen. Darunter fanden sich zwölf Zeichnungen aus der einst stattlichen Bremer Sammlung. Als herausragendes Werk des Konvoluts gilt Albrecht Dürers Federzeichnung *Das Frauenbad* von 1496. Nach Sicherstellung und gründlicher rechtlicher Prüfung kam es dann zur feierlichen Übergabe der Zeichnungen an die deutschen Eigentümer.

Rote Armee, KGB, dubiose Zwischenhändler, ein japanischer Geschäftsmann und eine aserbaidschanische Staatsanwältin …

Damals konnte niemand ahnen, dass der Ort, an dem wir uns zu dieser Zeremonie einfanden, zwei Monate später dem Erdboden gleichgemacht werden würde: das World Trade Center. Hier hatte die New Yorker Zollbehörde ihren Sitz – bis zu jenem Tag im September 2001. Es gab andere merkwürdige Zufälle, die im Nachhinein Vorboten des drohenden Unheils gewesen sein mögen. Anwesend bei der Rückgabezeremonie war auch die zuständige New Yorker Oberstaatsanwältin: Mary Jo White hatte aber in ihrer

Laufbahn nicht nur Kunsträubern oder Mafiabossen das Handwerk gelegt, sondern auch die Bombenleger des ersten Anschlags auf das World Trade Center auf die Anklagebank gebracht. Zum Zeitpunkt der Zeremonie mit dem Bremer Kunstverein müssen die Vorbereitungen für den zweiten Anschlag längst auf Hochtouren gelaufen sein, von der Welt unbeachtet. Was den Attentätern 1993 nicht gelungen war, wurde dann am 11. September 2001 zum verheerendsten Terrorakt, den die Welt bisher gesehen hatte. Wenige Minuten an einem strahlenden Septembermorgen sollten in der Weltpolitik alles ändern, was gestern noch gegolten hatte …

9/11 oder als die Welt zusammenbrach

Der 11. September 2001 war der erste reguläre Arbeitstag des neuen deutschen Botschafters in Washington. Im Juli hatte Wolfgang zwar schon seine Beglaubigungspapiere überreicht – aber dann folgte die Sommerpause. So flogen Wolfgang und ich noch einmal zurück nach Deutschland und bereiteten in Ruhe unseren Umzug vor, der im September stattfinden sollte.

Noch am 9. September 2001 nahmen wir in Berlin an der Eröffnungsfeier des Jüdischen Museums teil. Henry Kissinger war dort geladen, ebenso wie viele andere Amerikaner. Einen Tag später flogen wir mit Lufthansa nach Washington. Dieser Flug sollte für längere Zeit der letzte Direktflug zwischen den beiden Hauptstädten gewesen sein. Und auch nach 9/11 blieb der Linienverkehr der Lufthansa eingestellt: einfach nicht profitabel genug.

Am Morgen des 11. Septembers klingelte gegen 9 Uhr das Telefon in unseren Privaträumen. »Schalte sofort den Fernseher ein!«, rief Wolfgang, der schon nebenan in der Botschaft war. Da liefen dann die Bilder, die sich in ihrer Unvorstellbarkeit auf ewig in unser Gedächtnis einprägen sollten: Erst raste das eine Flugzeug in das World Trade Center, kurz darauf folgte das zweite.

Während ich noch fassungslos auf den Bildschirm starrte, bekam die Fernsehübertragung durch die Wirklichkeit Konkurrenz: Durch die offene Terrassentür sah ich, wie sich weiter vorn, jenseits des Potomac, der Horizont verdunkelte. Eine Wand aus schwarzem Rauch schien aus dem Boden emporzuwachsen, kaum fünf Kilometer von uns entfernt. Was war das? Auf den Fernsehschirmen war nichts darüber zu erfahren. Was um alles in der Welt war hier los an diesem ersten Tag in unserem neuen Leben?

Ich zappte mich verzweifelt durch die Sender, telefonierte mit der Botschaft nebenan. Es dauerte mindestens zehn Minuten, bevor *CNN* oder *Fox News* von New York City auf Washington umgeschaltet hatten und der Welt mitteilten, dass es nicht nur in

New York City, sondern auch in der amerikanischen Hauptstadt einen Anschlag aus der Luft gegeben hatte: Ein weiteres Flugzeug, der American Airlines Flug 77, war in das US-Verteidigungsministerium gestürzt! Kurz nach dem Start vom Dulles Airport, wo auch wir am Vorabend angekommen waren, hatten Entführer das Flugzeug offenbar in ihre Gewalt gebracht und für ihre zerstörerischen Zwecke missbraucht.

Ein Schock: Das Pentagon, neben Weißem Haus und Kapitol Inbegriff amerikanischer Staatsmacht und Wehrhaftigkeit, hatte nicht einmal sich selbst verteidigen können! Es war einfach vor unseren Augen in Flammen aufgegangen. Spätestens da begriff ich, dass wir in der Deutschen Botschaft nicht nur Zeugen dieser Katastrophe waren, sondern mittendrin. Dieser Eindruck sollte sich verstärken: Wieder klingelte das Telefon, in der Botschaft hatte sich das Gerücht verbreitet, dass ein weiteres entführtes Flugzeug Kurs auf Washington halte, ja, es womöglich auf das Weiße Haus abgesehen habe. Ich verstand nur »Einflugschneise«, »Potomac« – und »Keller«. Blitzschnell wurde mir klar: Unterhalb der Einflugschneise, nahe des Potomac, da befindet sich der Komplex von Botschaft und Residenz, das waren wir. Den Lärm der Maschinen im Landeanflug auf den Ronald Reagan National Airport hatte ich schon bei meinem ersten Besuch im Juli gehört. Und vom Potomac waren wir Luftlinie etwa 500 Meter entfernt.

Was, wenn Jagdflugzeuge die gekidnappte Maschine über uns abschießen würden, um zu verhindern, dass sie das Weiße Haus erreicht? Was, wenn sie irgendwo in unserer Nähe abstürzte? Ich rannte runter in die Küche und scheuchte alle Angestellten, die ich fand, hinunter in den Keller; die Philippinas Rosie und Che Che waren ohnehin schon dort unten und erledigten, noch in dankbare Unwissenheit gehüllt, die Bügelwäsche. Ich rannte noch einmal hoch in unsere Wohnung, über den Fernsehschirm lief in dem Moment die Nachricht, dass ein Flugzeug mit Kurs auf Washington kurz nach zehn Uhr südöstlich von Pittsburgh auf ein Feld gekracht war: der United Airlines Flug 93 – die Maschine war auf dem Weg von Newark nach San Francisco gewesen. Irgendwo über Ohio, hieß es später, hatten die Terroristen an Bord das Kommando übernommen.

Bedeutete das, die Gefahr war vorbei oder würden noch mehr Flugzeuge, als Bomben umfunktioniert, »angreifen«? Zeit zum Reagieren hatte in diesen wenigen Minuten auch das offizielle Washington kaum; ohnehin war weder der Präsident noch der Außenminister in der Stadt. Ein später vom Auswärtigen Amt zur Veröffentlichung freigegebener und gekürzter Drahtbericht der Botschaft Washington vom Abend des 11. September 2001 fasst die Ereignisse und Reaktionen so zusammen:

Aus: WASHINGTON
nr. 1467 vom 11.09.2001, 2103
citissimenachts
fernschreiben (verschluesselt)
betr.: USA: terroranschläge
— zur unterrichtung —

1. der größte terroranschlag in der us-geschichte bedeutet für us-politik und öffentlichkeit ein »zweites pearl harbor«. nach diesem angriff auf das herz amerikas wird das tägliche leben der amerikaner und ihr selbstverständnis von ihrem platz in der welt nicht mehr so sein wie zuvor. im moment geht es um das politische und praktische zusammenstehen. präsident bush, der sich jetzt auf dem rückweg aus florida befindet, hat die us-bevölkerung der vollen funktionsfähigkeit aller regierungsstellen versichert. er hat vergeltung für die anschläge angekündigt. die us-streitkräfte um den globus und die grenzsicherungsstellen arbeiten auf höchster alarmstufe. zu weiteren auswirkungen auf die außen- und innenpolitik und zusätzlichen anstrengungen für die äußere und innere sicherheit gibt es zur stunde noch keine äußerungen der führung. ohne zweifel werden die usa von uns und anderen engen alliierten politisch und praktisch uneingeschränkte solidarität erwarten. ich habe mündlich unsere bereitschaft zu voller solidarität bereits nachdrücklich geäußert. das angebot der bundesregierung, räumgerät zur verfügung zu stellen, haben wir an us-regierung übermittelt.

»Ich habe mündlich unsere Bereitschaft zu voller Solidarität bereits nachdrücklich geäußert«

2. — fakten laut cnn — :
– zwei flugzeuge stürzen in beide türme des world trade center in new

york city. beide türme stürzen ein. zahl der toten und verletzten bisher unbestätigt.

- ein flugzeug stürzt in das pentagon in washington.
- ein weiteres flugzeug in pennsylvania abgestürzt.
- absturz (oder abschuß) eines flugzeugs in der nähe von camp david.
- präsident (in florida) und außenminister powell (in lima) haben reisen unverzüglich abgebrochen. bush sei nicht nach washington zurückgekehrt; genauer aufenthaltsort werde vom secret service geheimgehalten.
- weißes haus, kongreß und sämtliche regierungsgebäude in washington und new york evakuiert. heute und morgen geschlossen, evtl. länger.
- sämtliche flughäfen sind zunächst bis mittwoch, 11.00 uhr, geschlossen.

3. — konsularische betreuung —

botschaft hat krisenstab (leiter: ges. dr. braun, lpol) und 4 hotlines für deutsche bürger und touristen eingerichtet, die auch auf website der botschaft eingestellt werden. botschaft steht mit stationsleiter lufthansa washington in laufendem kontakt, gks (generalkonsulat) mit lh (lufthansa) vor ort. da 90 prozent der für heute nachmittag für flüge nach d gebuchten passagiere umsteiger von anderen, mittlerweile geschlossenen us-flughäfen sind, rechnet lh nicht mit vielen gestrandeten deutschen auf dem flughafen washington dulles. botschaft hat lh jede erdenkliche hilfe einschl. notunterkünften angeboten. über deutsche passagiere an bord der entführten united airlines und american-airlines-maschinen ist bisher nichts bekannt.

die entführten maschinen:

- united airlines 93 von newark nach san francisco.
- united airlines 175 von boston nach los angeles.
- american airlines 77 von washington dulles nach los angeles.
- american airlines 11 von boston nach los angeles.

— hilfsangebot der bundesregierung —

angebot der bundesregierung, hochmodernes räumgerät zur verfügung zu stellen, habe ich schriftlich an am powell und telephonisch übermittelt. ich rege an zu prüfen, der us-regierung unterstützung bei der suche nach den verantwortlichen der anschläge anzubieten (solidarität bei der terrorismusbekämpfung).

— us-regierung —
frühere gerüchte über angebliche autobombe im dos (Department of State) unzutreffend, keinerlei schaden am state department.

zu urhebern und motiven bisher keine erkenntnisse; zu früh, um über politische konsequenzen zu spekulieren. ich habe auf beileidstelegramme bpr, bk und bm hingewiesen (die inzwischen per fax übermittelt wurden) und deutlich gemacht, dass wir über das konkrete hilfsangebot an räumgerät hinaus zu jeder zeit und auf allen ebenen bereitstehen, um weitere politische und praktische unterstützung anzubieten.

— sicherheit der auslandsvertretungen und des personals —
unmittelbar nach bekanntwerden der anschläge wurde kontakt mit den generalkonsulaten aufgenommen und an allen standorten für die erforderlichen sicherheitsmaßnahmen gesorgt. botschaft und generalkonsulate führen den regulären dienstbetrieb fort. die deutschen austauschbeamten in washington sind in sicherheit. botschaft steht in engem kontakt mit washingtoner büros der politischen stiftungen und goethe institut. alle diese büros haben mittlerweile geschlossen.

— erreichbarkeit krisenstab washington —
krisenstab der botschaft washington ist bis auf weiteres rund um die uhr unter tel. (202) 298-xxxx erreichbar.
ischinger

Als Bundeskanzler Gerhard Schröder den USA »uneingeschränkte Solidarität« versprach, erkannte man in der Botschaft in Washington durchaus die eigene Formulierung wieder, die man ja bereits am 11. September nach Berlin gekabelt hatte.

Kaum hatten sich gegen Nachmittag dieses denkwürdigen Tages die Rauchschwaden über dem Pentagon etwas verzogen, strahlte der Himmel wieder unverschämt blau und klar wie zuvor. Fast so, als zeige sich das Universum gänzlich unberührt von den Ereignissen, die die ganze Welt in einen Schock versetzt hatten. Zuallererst die Amerikaner: Sie stoppten den gesamten Luftverkehr, die Streitkräfte waren in Alarmbereitschaft. Überall herrschte Ausnahmezustand. Das UNO-Hauptquartier in New York und auch die New Yorker Börse schlossen ihre Tore. Die Deutsche Botschaft Washington war zum Krisenstab geworden. Wolfgang sprach später von einer »Generalmobilmachung«: Dienst rund um die Uhr, ständige Telefonate mit Berlin und dem Generalkonsulat in New York. Unter anderem galt es, herauszufinden, wie viele Deutsche unter den Opfern waren.

Abgesehen von meiner Mutter, die nach einem Badeausflug in Süditalien abends anrief, um von der Schnäppchenjagd auf dem Wochenmarkt in Terracina zu erzählen, war die Welt aus dem Lot geraten. Wolfgangs Bruder rief ebenfalls an, er war bei einem Kardiologenkongress in Washington gewesen; das Hotel lag »downtown«, nicht weit vom Weißen Haus entfernt, und war evakuiert worden. Er fand bei uns Unterschlupf. Kurt, ein Freund aus Deutschland, der geschäftlich in New York City war, machte sich ebenfalls mit dem Auto zu uns auf den Weg. Er hoffte, es wäre leichter, von Washington einen Flug nach Hause zu bekommen als von New York aus.

Deutschland litt mit. 200 000 Menschen hatten sich vor dem Brandenburger Tor versammelt und ihre Solidarität bekundet. Die Berliner Philharmoniker musizierten und setzten ein Zeichen für Freundschaft und Solidarität. Die uneingeschränkte Solidarität wurde gesehen: Die Bilder erschienen auch in der *New York Times* und der *Washington Post.*

Wehrlos in Washington

Die Twin Towers waren komplett eingestürzt, das Pentagon schwer beschädigt. Ohne Unterlass liefen Sondersendungen, die in Endlosschleife die einstürzenden Türme zeigten. Wolfgang verbrachte Stunde um Stunde in Krisensitzungen, unsere beiden Übernachtungsgäste waren weitergereist – nur ich saß in Ungers' Marmorpalast fest, in der größten vorstellbaren Stille. Als Fenster zum dramatischen Geschehen draußen vor der Tür diente mir hauptsächlich der Fernseher.

Das war mir entschieden zu wenig. Ich wollte sehen, was um mich herum passierte. Ein Auto hatte ich noch nicht, also mache ich mich zu Fuß auf den Weg und laufe unter stahlblauem Himmel die Reservoir Road entlang bis zum nächstgelegenen Stadtteil. Georgetown ist die Vorzeigealtstadt Washingtons mit seinen geduckten »townhouses«, bemalten Holzfassaden und Gaslaternen.

Kaum jemand ist unterwegs an diesem Tag, keine Autos, einige wenige Fußgänger. Die meisten Geschäfte auf der M-Street sind geschlossen. In der Luft kreisen Militärhubschrauber – um die Einflugschneise zu sichern? So kannte ich es aus dem Kosovo und dem mazedonisch-serbischen Grenzgebiet, über das ich für meine Zeitung berichtet hatte. Ich gehe weiter in Richtung Weißes Haus.

Eine merkwürdige Stille liegt auch noch über dem Regierungsviertel. Auch an einem normalen Tag hat das Downtown von Washington mit dem trubeligen, bunten Manhattan nicht viel gemein: Das Leben auf der I-Street oder K-Street spielt sich auch an normalen Tagen nicht draußen ab, sondern hinter verschlossenen Türen und Glasfenstern, in den Hinterzimmern der Macht. Geschäfte gibt es, bis auf ein paar Zeitungskioske und Sandwichbars, nur wenige. Doch jetzt, wenige Tage nach 9/11, ist es noch stiller als sonst. Regierungsangestellte, die sonst die Büros bevölkern, sind

Nach 9/11 ist es noch stiller als sonst. Das öffentliche Leben ist zwangsberuhigt

zu Hause geblieben, das öffentliche Leben ist zwangsberuhigt. Eine Stadt unter Schock – taumelnd noch, als wäre sie von einem gewaltigen Fausthieb getroffen worden, ringt sie um Gleichgewicht und Fassung. Über die Medien hatten die ohnehin traumatisierten Amerikaner auch noch hören müssen, dass der Präsident auf Reisen und Vizepräsident Cheney an einem unbekannten sicheren Ort untergebracht sei … Das kann nicht gerade beruhigend auf das amerikanische Volk gewirkt haben.

Die letzte Strecke zur National Mall, der berühmten Museums- und Monumentenmeile der amerikanischen Hauptstadt, will ich im Auto fahren. »Die sollen uns doch beschützen und sich nicht verstecken«, so empört sich dann auch der Taxifahrer. Gestern haben die im Radio gesagt, die Küstenwache sei ausgelaufen, erzählt er. Wohin wohl, frage ich mich.

Washington war erst ein Mal vor 9/11 in seiner Geschichte angegriffen worden. 1814 setzten die Briten das Weiße Haus in Brand. Damals steckte die amerikanische Hauptstadt noch in den Kinderschuhen: Seit 1800 ist Washington der offizielle Regierungssitz der Vereinigten Staaten. »Geboren« wurde die Stadt im Auftrag von George Washington, der den französischen Architekten Pierre L'Enfant anheuerte. L'Enfant war in die Neue Welt ausgewandert, um für die amerikanische Unabhängigkeit zu kämpfen, und sollte nun die Architektur der Hauptstadt eines neuen, demokratischen Staates schaffen. Die Vollendung seiner ehrgeizigen Pläne sollte Jahrzehnte dauern. Aus den kühnen Entwürfen wurden schließlich Festungen der Macht, in denen die Geschicke des Landes noch heute gelenkt und verwaltet werden. Dazu kamen Gedenkstätten für frühere Präsidenten, Mahnmale und Grabstätten für die Gefallenen der Kriege. Nicht zu vergessen die ebenso monumentalen Museen und Archive als Gralshüter all dessen, was Amerika im Laufe der Zeit an Schätzen angesammelt hat.

Ich schrecke aus meinen Gedanken auf: Wir sind da, an der Mall. Es sind immer noch kaum Fußgänger unterwegs. Hoch über allem erhebt sich das Washington Monument. Hubschrauber dröhnen im Moment nicht über den Himmel, es sind nicht die üblichen Jogger da, auch keine Eisverkäufer. Ich atme die Stille ein, nicht einmal die Vögel zwitschern.

Die steinernen Zeugen amerikanischer Stärke stehen in Washington gleichsam Spalier für die Nachgeborenen. Ob Kapitol, Supreme Court, Jefferson Memorial oder Lincoln Memorial, die Säulen- und Tempelarchitektur Washingtons knüpft an die großen Reiche der Antike an.

Doch auch die Architektur der Macht, die den Anspruch des amerikanischen Imperiums noch untermauert, scheint hilflos gegen den Terror aus der Luft. Der Architekt L'Enfant, der einst mit George Washington in den Krieg gezogen war, hatte vor 200 Jahren die entscheidende Frage gestellt: »Wie und auf welcher Grundlage kann man annehmen, dass Amerika nichts zu fürchten hat?«

3. Oktober 2001

Normalität? Nichts war normal in diesen Tagen. Erhöhte Sicherheitsvorkehrungen an allen Häfen und Airports verzögerten die Ankunft nicht nur vieler Reisender, sondern auch die des Containers mit unseren Möbeln. Die waren zwar bereits im Hafen von Baltimore angelandet, doch der Container war noch nicht freigegeben. So kampierten wir weiter zwischen Kartons und Koffern in den Gästebetten der Residenz.

Im Gegensatz zu dem Provisorium oben in der Privatwohnung funktionierte die Residenz unten in den offiziellen Empfangsräumen wie ein selbständiger Organismus. Die beiden Blumendekorateurinnen hatten wir entlassen und dafür Ines eingestellt, die deutsche Frau des Kochs. Sie sollte sich von nun an um die Veranstaltungen und Dinners, die von der Botschaft ausgerichtet werden, kümmern. Das war auch gut so, denn es nahte der deutsche Nationalfeiertag, den die Botschaft immer ein Jahr im Voraus plant, das Highlight im Kalender der repräsentativen Aktivitäten. Der Tag, an dem sich Deutschland den Amerikanern vorstellt und medienwirksam Einblicke in seine Kultur gewähren kann.

Zwar hatte George W. Bush in den Tagen nach den Anschlägen die Devise ausgegeben, man dürfe sich von den Terroristen nicht ins Bockshorn jagen lassen, die Menschen sollten trotzdem ausgehen und Feste feiern wie zuvor. Doch galt das auch für uns? Konnten wir den 3. Oktober feiern wie in den Jahren zuvor – mit Tausenden von Gästen im Garten, Blasmusik und Bier? Durfte man wirklich feiern, so als ob nichts gewesen wäre? Hatten nicht einige der Terroristen die Anschläge von Hamburg aus geplant, wie zum Beispiel Mohammad Atta?

Da hatte jemand in der Botschaft die rettende Idee: Man wollte Geld für die Opfer der Terroranschläge sammeln und dann am 3. Oktober den Scheck an einen Vertreter der amerikanischen Regierung überreichen. So wurde der German American Solidarity

Fund (GASF) aus der Taufe gehoben. Mit großem Fleiß schrieben die damit befassten Botschaftsabteilungen deutsch-amerikanische Firmen an und baten sie um Hilfe für die Opfer. Aber auch Privatleute von beiden Seiten des Atlantiks fühlten sich angesprochen und schickten Geld. Rührend war der Brief eines Schwimmclubs aus Bottrop: »Sehr geehrter Herr Botschafter, viele von uns sind arbeitslos, doch wir wollten unbedingt helfen. Deshalb haben wir einen Marathon organisiert und für jede geschwommene Bahn wurde 1 Mark vom Schwimmclub gespendet.« Angefügt war ein Scheck von 1000 DM. Immer mehr Geld ging ein, zehn Millionen Dollar wurden allein von der Deutschen Botschaft in Washington gesammelt. Insgesamt, einschließlich Direktspenden deutscher Konzerne, kamen über 60 Millionen Dollar zusammen.

»Sehr geehrter Herr Botschafter, viele von uns sind arbeitslos, doch wir wollten unbedingt helfen«

Der 3. Oktober 2001 war ein heißer Tag. Noch abends um sechs Uhr zeigte das Thermometer 28 Grad. Tausende Gäste drängten aufs Botschaftsgelände – und die wollen natürlich verköstigt werden. Die Auslandsvertretungen sind aufgerufen, den Nationalfeiertag zur Schonung der öffentlichen Kassen entweder bescheiden zu halten oder eigenständig Gelder zu akquirieren. Großen Botschaften wie Washington, Peking oder Paris gelingt das jedoch leichter als kleineren. Im Jahr 2001 war es die Deutsche Post AG, die den Abend in Washington sponserte.

Wolfgang und ich standen also an jenem Abend zur Begrüßung der Gäste nicht allein am Eingang, sondern mit Monika Wulf-Mathies, damals zuständig fürs Internationale bei der Post. Sie hatte sich, durchaus motiviert und dem Anlass entsprechend, für ein schwarz-rot-gold gewirktes Kleid entschieden. Als Gegenleistung für die Finanzhilfe hatte sich die Post zudem ausbedungen, in mindestens einem Raum ihre Produkte auszustellen. »Am liebsten hätten die wohl die ganze Botschaft gelb angemalt«, kicherten die Mädchen vom Botschaftsprotokoll. Dazu kam es nicht, die Gastgeschenke aber – Tausende von gelben Plastikrucksäcken in Briefkastenformat – fanden reißenden Absatz.

Eine Bundeswehrkapelle spielte wie in den Jahren zuvor und in den Jahren, die kommen sollten, die Nationalhymnen. Wolfgang überreichte in seiner ersten Rede an einem 3. Oktober dem US-Gesundheitsminister Tommy Thompson einen symbolischen Scheck für die Opfer der Terroranschläge. Nun gab es noch mehr zu feiern mit Würstchen, Kartoffelsalat, Sauerkraut und Leberkäs in rauen Mengen. Und die Bundeswehrband zeigte, was sie sonst noch im Repertoire hatte.

Die leblose Formstrenge des Residenzparks, den der Architekt selber mit Sanssouci verglichen hatte, verschwand an diesem 3. Oktober unter dem Getrampel von 3000 Paar Füßen, Bierseligkeit und Partystimmung. Wenn Ungers das gesehen hätte …

Eines wurde mir durch die Feier an diesem Nationalfeiertag, obwohl dieser unter Ausnahmebedingungen stattfand, klar: Im Ausland feiert es sich ungehemmter. Wo in Deutschland nimmt der 3. Oktober als Volksfest einfach freien Lauf? Daheim wird der Nationalfeiertag in die Bundesländer delegiert, wo er dann bei Regenwetter, Kammermusik und Sonntagsreden begangen wird. Trostlos in Saarbrücken, Mainz oder Magdeburg.

Eine politisch korrekte Gedenkchoreographie dominierte sogar das 20. Jubiläum des Mauerfalls im November 2009 – Raum für Spontaneität wird in Deutschland vorsichtig dosiert.

Hupen, wenn Sie Amerika lieben

Ende Oktober fahren wir mit dem Jeep die Massachusetts Avenue entlang stadtauswärts. Die Bäume leuchten blutrot, gelb und orange, die Luft ist mild, der Himmel knallblau – ein herrlicher Herbsttag, ein perfekter Indian Summer. Vor einem Haus mit weißgestrichener Holzfassade und grünen Fensterläden betreiben zwei Jungs ihren »garage sale«: Nippes, Bücher, Kaffeemaschinen, angeschlagene Teetässchen, Hundeshampoo. Auf dem Campingtisch wehen links und rechts amerikanische Flaggen. Der kleinere Bursche schwenkt den Autofahrern ein Transparent entgegen, auf dem steht: »Bitte hupen, wenn Sie Amerika lieben!« Wolfgang drückt gleich drei Mal auf die Hupe. Liebe kann man nie genug kriegen.

Eine emsige Besuchsdiplomatie hielt die Botschaft weiterhin auf Trab. Die Salons des Ungers-Baus, die ohnehin nicht zum Verweilen reizten, wurden zum Schauplatz hektischer Krisengipfel. Schwarze Koffer standen in der Halle herum, Aktenberge türmten sich auf den Beistelltischen neben Kaffeegeschirr, Mobiltelefone klingelten ohne Unterlass. Alles geprägt von 9/11. Mienen und Gehabe der Besucher waren entsprechend nervös und angespannt.

Joschka Fischer flog kurz nach den Anschlägen nach Washington, Bundeskanzler Gerhard Schröder dann am 9. Oktober. Wenige Tage zuvor hatten die USA mit den Luftangriffen gegen das Taliban-Regime in Afghanistan begonnen. Bush bedankte sich bei Schröder für das Solidaritätsversprechen. In New York hielt der deutsche Außenminister am 12. November eine Rede vor den Vereinten Nationen: Er hoffe, dass 9/11 nicht nur Schrecken bedeutete, sagte Joschka Fischer, sondern vielleicht »eine neue Ära der Kooperation und des Multilateralismus« eingeläutet haben könnte. Damals wussten wir noch nicht, dass sieben lange Jahre unter Bush vergehen mussten, bevor Amerika und die Welt möglicherweise in eine neue Ära aufbrechen konnten.

Auch Bundespräsident Johannes Rau flog nach New York, um der deutschen Opfer zu gedenken und um den angereisten Angehörigen sein Beileid auszudrücken. Wolfgang und ich waren mit dem Zug von Washington nach New York City gefahren, um den Bundespräsidenten zu begleiten.

Vor dem Besuch des deutschsprachigen Gottesdienstes mit den Angehörigen gehen wir alle gemeinsam zum »Ground Zero«, dem Ort, an dem einmal das World Trade Center stand. Damals, im November 2001, nicht einmal zwei Monate nach dem Anschlag, starren an der Unglücksstelle immer noch verkohlte Eisenstäbe wie umgekehrte Gabeln in die Höhe. Aus den Schutthaufen steigt ein schwefeliger Dampf. Johannes Rau erklimmt die aus hellem Bauholz geschreinerte Besuchertribüne, die Altar und Kirchenkanzel in einem ist – ein Provisorium der Trauer. Etwas weiter davon entfernt beginnt am Bauzaun die Parade der Teddybären, der zahllosen Briefe an die Angehörigen und Blumen für die Toten. Kerzen werden dort angezündet. Täglich neu. Immer noch wird der »rubble« gehoben und geborgen – ganz behutsam, weil sich in der Asche immer wieder Überreste der Opfer finden.

Am Bauzaun beginnt die Parade der Teddybären, der Briefe und Blumen für die Toten

Es wird früh dunkel an diesem Tag, und plötzlich gehen die Lichter im benachbarten Büroturm an, alle auf einmal. Wie sich wohl diejenigen fühlen, die von ihrem Schreibtisch aus auf das offene Massengrab schauen müssen, fragt jemand aus der Delegation. Als wir diesen Ort wieder verlassen, spricht niemand mehr. Der deutsche Bundespräsident hat seinen Mantelkragen hochgeschlagen. Ein eisiger Wind zieht über das Gelände, und er scheint wie verflucht, der Ort, wo so viele Tausende ihren Tod gefunden haben.

»Behind enemy lines«: wie Feindbilder entstehen

9/11 und die Reaktionen darauf sollten unseren ganzen Aufenthalt in Amerika überschatten. Obwohl die ganze Welt unter Schock stand, hatten es Henry und Nancy Kissinger geschafft, wenige Wochen nach unserer Ankunft in Washington ein Willkommensdinner für uns in New York zu organisieren.

Der Staub der eingestürzten Türme lag förmlich noch in der Luft. Alle, die an diesem Abend zu den Kissingers gekommen waren, die Größen der New Yorker Medienszene wie »Anchorwoman« Paula Zahn oder Fareed Zakaria, aber auch der Modeschöpfer Oscar de la Renta, hatten nur das eine Thema: Wie New York wieder auf die Beine kommt, und mit welchen Mitteln die westliche Welt dem islamistischen Fundamentalismus begegnen sollte.

Eine verletzte Nation duckte sich in dieser Zeit unter einer Woge aus trotzigem Patriotismus. Gewiss gab es einzelne abwägende Stimmen, auch extreme Töne wie von Fernsehprediger Pat Robertson, der 9/11 einen »Wake up call from God« genannt hatte, sozusagen als Denkzettel für moralische Verderbtheiten wie Abtreibung oder Homosexualität. Dann gab es die National Education Association, die auf ihrer Internetseite über die Weltreligionen aufklären wollte. Doch diese Versuche, die Aufmerksamkeit in eine andere Richtung zu lenken als auf die Wunden Amerikas, kamen nicht gut an. Die konservative *Washington Times* schimpfte dann auch dementsprechend klar und deutlich: »Unmöglich, dieses ›blame America‹!« Eines war klar: Amerika konnte einfach keine Fehler gemacht haben.

Und so machte auch Hollywood mobil. Patriotische Filme, teilweise mit Unterstützung des Pentagon produziert, hatten Hochkonjunktur. Ich sollte für den *Rheinischen Merkur* eine Zusammenschau verfassen. Im Zuge der Recherchen gingen Wolfgang und ich Ende November 2001 in ein Kino in Georgetown und sahen den Film *Behind Enemy Lines*.

Inmitten des Feuergefechts auf der Leinwand dudelt plötzlich ein Mobiltelefon. Alles schaut sich genervt um. Es hört nicht auf, und ich stelle entsetzt fest, dass der Ton aus Wolfgangs Jackett kommt, das über dem Nebensitz hing. Wolfgang, immer im Einsatz, hatte vergessen, sein Telefon auszustellen. »Shhht, get out!«, zischt jemand von hinten. Wolfgang nimmt das Gespräch an, noch bevor er draußen ist: »Yes?« Wegen der lauten Detonationen im Film kann er nichts hören. Der Anrufer offenbar auch nicht: »Mr. Ambassador?« – »Yes?«, flüstert Wolfgang noch einmal ins Kampfgeheul. »Ambassador, where the hell are you? This is Paul, Paul Wolfowitz!« Wolfgang hatte in den vergangenen Tagen fast dauerhaft mit dem stellvertretenden Verteidigungsminister der USA am Telefon konferiert. Paul, der Neocon und »Saddam-Hasser«, der schließlich von Bob Woodward, dem berühmten Journalisten der *Washington Post*, als Kriegstreiber ausgemacht wurde. »I'm in *Behind Enemy Lines*«, antwortet Wolfgang, wobei er das »in« wohl verschluckte. Schweigen auf der anderen Seite. Draußen vor dem Saal angekommen, erklärt Wolfgang dann, dass er im Kino sitze und sich einen dieser neuen, patriotischen Filme anschaue. Einen, in dem die Amerikaner mutig stets für das Gute, »the greater good«, kämpfen – wenn es sein muss, auch ganz allein.

Diese Welle der patriotischen Hollywoodfilme sprach Bände für den Gemütszustand der Nation: Hatte Amerika im letzten Jahrhundert nicht zwei Mal in Europa eingegriffen, weil deutsche Machtgelüste Schrecken über die Welt gebracht hatten? War es nicht Amerika gewesen, das mehr oder minder (so in den Augen der Patrioten) im Alleingang die Welt gerettet hatte? Nun waren die USA selbst in beispielloser Weise angegriffen worden, und die Bush-Regierung sah sich berufen, weitere Anschläge auf die Sicherheit Amerikas zu verhindern.

Anfang Oktober hatten die Luftangriffe gegen das Taliban-Regime in Afghanistan begonnen. Und Deutschland hielt sein Solidaritätsversprechen – zunächst. Am 16. November beschloss der Deutsche Bundestag den Einsatz der Bundeswehr in Afghanistan. Gerhard Schröder hatte die lagerspaltende Abstimmung mit der Vertrauensfrage verbunden. Viel später, als sich Bush verärgert über das deutsche Nein zum Irakkrieg zeigte, soll Gerhard Schröder die Frage gestellt haben: »Ist dem Bush nicht klar, dass ich damals mit dieser Abstimmung für den Afghanistaneinsatz meine politische Zukunft aufs Spiel gesetzt habe?« Aber auch die Motive von George W. Bush, schließlich gegen Saddam Hussein vorzugehen, entsprangen – fairerweise muss man das erwähnen – wohl weniger leichtfertiger Profilierungswut, als der Angst, vor dem eigenen Volk und der Geschichte zu versagen, falls man die Region, in der man den Ursprung des Übels verortete, sich selbst überließe. Das hatten die USA in den letzten 60 Jahren schließlich auch mit Europa nicht so gehalten. So verständlich das amerikanische Sicherheitsdenken dabei gewesen sein mag, so fehlerhaft und kurzsichtig war dann jedoch die Einschätzung der Realitäten. Bush bescherte der Welt grausame Kriege in Afghanistan und im Irak, bei denen ziemlich schnell feststand, dass sie mit militärischen Mitteln allein nicht zu gewinnen sein würden. Schlimmer: Amerikas moralische Autorität und damit auch die Werte des Westens wie die Menschenrechte und Demokratie erlitten einen großen Ansehensverlust. Warnende und mahnende Stimmen waren in Washington in der Zeit der Entscheidungsfindung nicht willkommen. Die Deutsche Botschaft Washington versuchte dennoch geradezu verzweifelt, die Gründe für die deutsche Position zu erläutern und Sympathiewerbung zu betreiben.

Wolfgang war ohnehin ein Verfechter der »public diplomacy«: Eine Auslandsvertretung, so sein Credo, solle nicht nur wie früher Berichte nach Hause schicken, sondern bemüht sein, mit den Mitteln moderner Kommunikation auf die öffentliche Meinung im Gastland einzuwirken, also durch Vorträge, Fernsehauftritte, Diskussionspanels oder Zeitungsbeiträge. »Ein Diplomat, der immer nur am eigenen Schreibtisch sitzt«, pflegte der Botschafter seinen Mitarbeitern einzuschärfen, »statt sich um die ›power circles‹ im jeweiligen Land zu kümmern, der ist fehl am Platz.«

Genützt haben die diplomatischen Aktivitäten im Nachhinein leider nicht genug: Als die Kriegsrealität im Irak die Fiktion der patriotischen Kinofilme eingeholt hatte, saßen wir Deutsche wie im Kino auf den Zuschauerrängen – ohne direkten Einfluss auf den Verlauf des Kriegs, den wir nicht gewollt hatten.

Heim und Homeland

In Washington sind die Nächte kurz. Nicht, weil wie in Berlin ausgiebig gefeiert wird, sondern weil der Arbeitstag schon morgens um sechs Uhr beginnt. Die Sicherheitsberaterin und spätere Außenministerin Condoleezza Rice stand schon morgens um halb fünf auf dem Laufband, das wusste jeder. Danach wurde den ganzen Tag gearbeitet, die Büros waren bis spät in die Nacht besetzt. 9/11 und die Folgen erhöhten den Druck erst recht, auch für die Deutsche Botschaft. Die Residenz als Ort, an dem die informelle Kommunikation jenseits der Büroatmosphäre gepflegt werden sollte, war genauso eingebunden in die Strategie von »public diplomacy« wie die Botschaft selbst. In der Praxis hieß das: Veranstaltungen, politische Empfänge zum Frühstück, Mittagessen, Dinners, Diskussionsrunden, Empfänge und Ordensverleihungen rund um die Uhr. Dazu kamen noch die Delegationen aus Berlin, die sich in diesen Ausnahmezeiten sprichwörtlich die Klinke in die Hand gaben.

Verschnaufpausen gab es wenige. Anderes, wie zum Beispiel die Vervollständigung unseres Privathaushalts, kam dafür zu kurz. Wie lange sollten wir denn noch den ausrangierten Gartentisch als Essplatz nutzen? Wolfgang winkte immer wieder ab: keine Zeit zum Möbelkauf. Ich verbündete mich schließlich mit der Chefsekretärin, die genau wie ich wusste, dass der Botschafter sein Leben so strikt nach dem offiziellen Terminkalender richtete wie andere ihres nach dem Mondzyklus. Also trug sie für den nächsten Tag ein: siebzehn bis achtzehn Uhr: dringender privater Termin. Gegen halb fünf fragte Wolfgang sein Vorzimmer, was denn das für ein Termin sei? Die Sekretärin Uta Steingrüber war vorbereitet: »Crate and Barrel, zum Möbelkaufen. Es liegt auf dem Weg zum Senat. Frau Falke ist schon vor Ort.« Die Lage hatte ich schon allein ausgekundschaftet. Als Wolfgang eintraf, drängte ich ihn gleich in die Richtung der von mir favorisierten Objekte. Bei den

Schlafzimmermöbeln erspähte er den neuen FBI-Chef Robert Muller, der wohl auch noch keine Zeit zum Einrichten gehabt hatte. Als wir kurz darauf die Küchenabteilung durchquerten, entdeckte Wolfgang noch einen Washingtoner Neuzugang aus dem Justizministerium: »Sie auch hier? Ach, wie nett! Auch noch keine Zeit zum Einrichten gehabt?« Natürlich nicht: wann denn auch!

Die beiden hatten sich gefunden und machten sich daran – inzwischen lehnte man an einem weißgeschliffenen Küchenbuffet –, die aktuelle Bedrohungslage zu analysieren. Dazu gehörte auch das Rätsel um die hochgiftigen Milzbrandbriefe, die kurz nach 9/11 an Politiker und Nachrichtensender verschickt worden waren und so das ganze Land, auch die Postannahmestelle der Deutschen Botschaft, in Unruhe versetzt hatten. Steckte al-Quaida dahinter oder gab es doch eine amerikanische Quelle? Während unserer Zeit in Washington jedenfalls war es den US-Sicherheitsbehörden nicht gelungen, dieses Geheimnis zu lüften.

Jetzt redeten die beiden schon eine Viertelstunde miteinander. Auch darüber, was der soeben vom Kongress beschlossene »Patriot Act« bringen würde. Das Gesetz, eine Reaktion auf 9/11 und auch auf die Milzbrandbriefe, schränkte die Bürgerrechte zugunsten der Terroristenfahndung erheblich ein, erleichterte etwa die Überwachung von Telefonaten und E-Mails. Im Nachhinein betrachtet, begab sich Amerika mit diesem Antiterrorgesetz genauso wie mit dem Gefangenenlager in Guantanamo in eine moralische Schieflage, in der die hehren Ideale von Demokratie und Rechtsstaatlichkeit unterlaufen wurden. Solche Erwägungen erschienen damals so kurz nach 9/11 jedoch als ganz und gar abwegig.

Ich inspizierte betont geschäftig die Esszimmermöbel, in Wirklichkeit aber versuchte ich angestrengt, dem Gespräch zu folgen. Der amerikanische Sicherheitsexperte ging schließlich in verschwörerisches Flüstern über. Als ich gar nichts mehr verstand, beschloss ich, zum Angriff überzugehen: »Also Wolfgang … die Esstische sind da drüben!« Es kam, wie es kommen musste: Er schaute auf seine Uhr und rief: »Oh, ich muss los!«, verabschiedete sich und verließ den Laden. Ich war ja allein gekommen. Und allein stand ich dann wieder da. Unverrichteter Dinge. »Homeland Security« hatte in diesen Zeiten eindeutig Vorrang vor »Home Decoration«.

Religion und Weihnachten in Amerika

Nur noch zwei Wochen bis zu unserem ersten Weihnachten in Washington – knapp vier Monate nach den Anschlägen. Ich eilte durch die Straßen in Georgetown und machte Einkäufe. Im T-Shirt, denn die Temperaturen spielten verrückt: 25 Grad Celsius, mitten im Dezember. Später fand die Weihnachtsfeier mit Wolfgangs Büroteam bei »Filomenas« in Georgetown statt. Ausgerechnet! Ich kannte das Lokal im Souterrain von einer Journalistenreise mit Helmut Kohl 1995, es galt als Lieblingslokal des Bundeskanzlers. Lästerer behaupteten, weil die Portionen dort so groß waren. Draußen warb jedenfalls noch immer das Schild »All you can eat – for 7 Dollars« um Gäste. Auch im Inneren hatte sich nicht viel verändert, es baumelten noch immer dieselben roten Papierherzchen von der Zimmerdecke.

Im vorweihnachtlichen Georgetown spiegelt sich das Befinden der Nation wider. Die Buchhandlung Barnes & Noble auf der M-Street ist weihnachtlich geschmückt. Das Interesse an Büchern über den Islam sei inzwischen erlahmt, berichtet der Verkäufer. Die Amerikaner hätten den Blick wieder nach innen gerichtet. Biographien früherer Präsidenten und das Buch *One Nation* seien die neuen Bestseller. Und das in einer Stadt, die mit großer Mehrheit Demokraten wählt!

Das multikulturelle, das multireligiöse Amerika gibt sich besonders vereint in diesen Tagen. Das Wort »christmas« fällt selten. Politisch korrekt ist dieser Begriff nicht, denn die USA sind ein säkularer Staat, der sich verbietet, einer Religion oder einer Glaubensrichtung den Vorrang zu geben. Im Weißen Haus finden deshalb nicht nur Weihnachtsfeiern statt, sondern auch jüdische Chanukkapartys oder muslimische Iftardinners. Afroamerikaner feiern übrigens seit den 60er Jahren auch ein eigenes Fest um die Weihnachtszeit, »Kwanzaa« (»kwanza« bedeutet auf Suaheli »erster«), eine Art afroamerikanisches Erntedankfest.

Die Deutsche Botschaft stellt diese religiös-kulturelle Vielfalt vor die Frage, wie unsere Weihnachtsgrüße formuliert werden sollten. Auf Deutsch oder Englisch? Nur »Merry Christmas« zu wünschen gilt angesichts der vielen Andersgläubigen, Juden und auch Muslime als verpönt. Einen Fauxpas darf sich auch der deutsche Botschafter da nicht leisten. Wir entscheiden uns dann für eine politisch korrekte Zweiteilung, die der deutschen und der amerikanischen Klientel gerecht wird. Vorn auf die Karte wird der Stich vom Brandenburger Tor gedruckt, auf der Innenseite wünschen wir »Frohe Weihnachten und ein gutes neues Jahr« und dann, auf Englisch, »Season's Greetings«.

Der Political Correctness stellt sich in diesem Jahr in den Straßen der amerikanischen Hauptstadt ein wehrhafter Patriotismus an die Seite. In den Schaufenstern schwenken die meisten Santas die amerikanische Flagge. »Nur während des Zweiten Weltkriegs habe ich solchen Patriotismus gesehen«, erinnert sich eine Ladenbesitzerin in Alexandria, der pittoresken, liberal gesonnenen Kleinstadt südlich vom Pentagon. Jeder Elfte eines Monats, der dem September folgt, ist auch im Folgejahr weiterhin ein Gedenktag und ein Tag, an dem auch gebetet wird. Immer noch veröffentlicht die *New York Times* regelmäßig kleine Texte über die Opfer des Terrors, liebevoll geschriebene Geschichten, die die jäh abgeschnittenen Lebensfäden noch einmal aufnehmen. Doch die Zeit steht dadurch nicht still, eine Realität löst die andere ab. Die kommende tönt: »America strikes back«, wie die Fernsehsender ihre Sondersendungen aus Afghanistan nennen.

Der »National Christmas Tree« vor dem Weißen Haus trägt das blau-weiß-rote Gewand Amerikas. Metalldetektoren, Maschinenpistolen und der Secret Service sind dabei genauso Teil der feierlichen »Grand Illumination Ceremony« des Baumes wie Gebete, Lichterglanz und ein inbrünstiges »O Christmas Tree«. Auch während der alljährlichen jüdischen Zeremonie, bei der die Menora, der überdimensionale neunarmige Leuchter, zum Auftakt des Chanukkafestes entzündet wird, wachen bewaffnete Sicherheitskräfte über die Zuschauermenge.

In diesen Dezembertagen sind wir zu einem Wohltätigkeitskonzert des Mediengiganten AOL/Time Warner im »National

Building Museum« geladen. Dort werden im goldenen Glanz von Weihnachtsbaum und Glitzerkugeln in Anwesenheit des Präsidenten George W. Bush und seiner Frau Laura Lieder gesungen. Plötzlich wieder ganz christlich und »politically not so correct«. »Mr. President, you are doing a great job!«, ruft ihm Moderatorin und Countrystar Reba McEntire zu. »God bless America!«, schallt es durch den Raum, und tosender Beifall bricht los. Und auch auf allen Sendern, im Radio oder Fernsehen, erklingt immer wieder die Nationalhymne, meist unterlegt mit religiöser Rhetorik: »May God continue to bless America!« Welcher Gott es auch sein mag, das scheint in diesen Tagen nicht im Vordergrund zu stehen – Hauptsache, er schützt Amerika.

»Mr. President, you are doing a great job!«

Die Verbindung von Religion und Patriotismus in der Neuen Welt geht zurück auf den Gründungsmythos der Puritaner, die das neu entstehende Gemeinwesen in ganz besonderer Beziehung zu Gott begreifen, als »leuchtende Stadt auf dem Berg«, als »neues Jerusalem«. »Dem neuen auserwählten Volk, das daheim nicht geduldet wurde«, so schreibt der Historiker Hans-Ulrich Wehler, »sollte eine neue Heimstatt geschaffen werden, in der sich die Regeneration von den Belastungen, die Distanzierung von den Lastern der Alten Welt vollziehen konnte.« Die absolutistische Staatskirche, die Fürstbischöfe, der Zwang zum Herrscherbekenntnis: Das alles hatte keinen Platz mehr in dem neuen Land, in der Neuen Welt.

Was aber, wenn diese neue Heimstatt nun ihrerseits angegriffen oder bedroht wird? Dann muss man sich mehr denn je zu ihr bekennen – und göttlichen Schutz einfordern. So sagte es einmal Norman Mailer dem *Spiegel* in einem Interview: »Amerika ist die Religion in diesem Land. Jesus zu lieben und das Land zu lieben gehen Hand in Hand.«

Kurz nach Weihnachten besuchen uns Freunde aus Wiesbaden. Nasse Schneeflocken fallen aus einem schweren, gelbgrauen Himmel. Irgendjemand musste den Fernseher angestellt haben, jedenfalls predigt in unserem Wohnzimmer Joel Osteen live aus der Lakewood Church in Houston, einem umgewandelten Fußballstadion mit 16 000 Plätzen.

»Jeder von uns hat schon einmal in einer Lebenskrise gesteckt!«, ruft Osteen, der mit Mikro und im dunklen Anzug auf der Bühne hin- und hertänzelt. »Doch dürfen wir uns davon nicht entmutigen lassen! Im Gegenteil!«, proklamiert er dynamisch. »Welche Eigenschaft, die ich immer schon einmal besitzen wollte, würde mir jetzt helfen, mit dem Problem fertig zu werden? Wie kann ich der Mensch sein, als den Gott mich gemeint hat?« Unsere Freunde können sich nicht vom Bildschirm lösen. »Das gibt es ja gar nicht«, sagt Hans. »Das ist Wahnsinn! Das ist ja besser als Psychotherapie!« Die Kamera schwenkt ins Publikum, man sieht Schwarze, Weiße, Alte, Junge.

»Jeder von uns hat schon einmal in einer Lebenskrise gesteckt!«

Joel Osteen ist Herr über die größte Megakirche Amerikas. Längst verbreitet er seine trostspendenden Botschaften auch online. Eine weitere erfolgreiche, eigenständige Gemeinde ist die Saddleback Church von Rick Warren in Kalifornien. 1980 hielt der Prediger den ersten Gottesdienst mit 200 Personen ab, inzwischen hat er weltweit mehr als 200 000 Prediger nach seinen Prinzipien ausgebildet. Rick Warrens *The Purpose Driven Life* ist der Leitfaden und wurde, wie auch die Bücher von Joel Osteen, zum Bestseller: 30 Millionen verkaufte Exemplare! Ein solcher Hype ist für uns Deutsche kaum vorstellbar; doch immerhin hat der evangelische Pfarrer Tiki Küstenmacher nach *Simplify your life* nun mit *Biblify your life* auch einen Versuch unternommen, christliche Lebensweisheiten unter die Leute zu bringen.

Und die katholische Kirche? Deren oberste Hirten wachen zwar über die Einhaltung der Glaubenssätze, überlassen aber das Terrain der spirituellen Lebenshilfe fast kampflos selbstberufenen Heilern, Schamanen, Reikimeistern und Buddhisten. Wieso eigentlich verfasst etwa Kardinal Meisner nicht 40 verständliche und umsetzbare Lektionen für ein Leben im Rahmen des Glaubens? »Unrealistisch«, meint ein guter Freund und praktizierender Katholik, »unseren deutschen Bischöfen und Kardinälen fehlt einfach das Vokabular, um zu den Leuten durchzudringen.« – Mission »impossible«?

Dabei wäre ein bisschen mehr glaubwürdige kirchliche Überzeugungsarbeit gerade heute nötig. Nicht nur angesichts der hohen

Zahl von Kirchenaustritten: Selbst von den Katholiken, die formal Mitglieder sind, besuchen heutzutage in großen Städten wie Berlin nur zehn Prozent den Sonntagsgottesdienst. Im Jahr 2007 fanden selbst im Erzbistum Köln mit seinen 2,15 Millionen Katholiken nur 250 000 den Weg in den Gottesdienst. Zwar haben in den USA die religiösen Bindungen in den letzten Jahren ebenfalls nachgelassen, doch gehen immerhin noch 45 Prozent aller Katholiken regelmäßig zur Messe. Im Schnitt besuchen mehr als 60 Prozent der Amerikaner mindestens einmal in der Woche eine Kirche.

»Die USA sind ein Land«, schrieb Robert Goldmann, ein deutsch-jüdischer Emigrant, einmal im *Rheinischen Merkur*, »das von jeher kirchen- und synagogentreuer war als die europäischen Ursprungsländer«. So wird denn auch bei der politischen Elite weniger darauf geachtet, was einer glaubt, sondern wie es um die Praxis seiner Glaubensausübung steht.

Politik nicht ohne Religion: Auch deshalb werden US-Präsidenten seit jeher beim sonntäglichen Kirchgang fotografiert. Als im Jahr 2000 der jüdische Senator Joe Lieberman als Vize des demokratischen Präsidentschaftskandidaten Al Gore auftrat, machte ihn gerade die Tatsache, dass er strenggläubig war, auch bei Andersgläubigen populär, meint Goldmann. John Kerry, der 2004 gegen Bush antrat, hat verloren, so analysierte ein Experte des Pew Forum on Religion and Public Life, »weil er nicht katholisch genug war«. Eine provokante Frage drängt sich allerdings auf: Wäre Obama tatsächlich Präsident geworden, wenn er gläubiger Muslim gewesen wäre? Wäre das nach 9/11 noch »religiously correct« gewesen? Ohnehin wechseln zwei Drittel der Amerikaner ihre Religionszugehörigkeit mindestens zweimal im Leben. Ein Drittel aller Haushalte zieht alle fünf Jahre einmal um: eine höchst mobile Gesellschaft, auch im transzendentalen Sinn.

Die Deutschen wenden sich vermehrt von Religion als Ganzem oder von der eigenen Konfession im Besonderen ab, tun sich aber viel schwerer als die Amerikaner, diese Lücke mit einem neuen Konzept zu füllen. In Deutschland ist die Konfession viel mehr als Teil des kulturellen Hintergrunds von Familie oder Heimatregion verankert. Religion, die ein Heimatgefühl vermittelt –

das wäre für die Kirchen in Deutschland, so sie auf Menschen zugehen wollten, eigentlich kein schlechter Ausgangspunkt. Anders als in Deutschland, wo die Kirchensteuer automatisch vom Gehalt abgezogen wird, ist man in Amerika auf die Spenden und das Engagement Freiwilliger angewiesen. Sind die Kirchen in den USA vielleicht auch deshalb näher dran an den Menschen? Jedes Jahr werden hier fast 5000 neue Kirchen gebaut. Und woher nehmen sie die Gläubigen?

Mehr als ein Viertel der Bevölkerung, also rund 75 Millionen Amerikaner, sind Evangelikale Christen. Sie glauben an das Wort Gottes, pflegen enge Verbindungen zum Judentum und sind rigide in ihren moralischen Wertvorstellungen: gegen Abtreibung und »Homoehe«, aber für die Todesstrafe. Die Soziologin Marcia Pally verteidigt den Evangelikalismus immer wieder gegen seine Kritiker, ja, sieht in ihm eine Hauptquelle für die Entwicklung des »American Way of Life«. Der *taz* sagte sie einmal im Interview: »Der Evangelikalismus, der aus Europa kam, war antiautoritär: ›Lies die Bibel – du selbst!‹ Und interpretiere sie gleich auch selbst, auf deine Art. Dieses sehr starke antihierarchische, individualistische Element im Evangelikalismus war wie gemacht für das amerikanische Siedlerleben damals.«

In den USA bilden sich zwar leicht themenbedingte Allianzen zwischen Konfessionen und politischen Parteien, doch die können ebenso schnell auch wieder aufgekündigt werden. Als George W. Bush einmal gefragt wurde, wen er wegen der Situation im Irak konsultiere, antwortete er: »a father higher than my father …« Ein Signal an die christliche Wählerschaft? Und in der Tat: Ohne das Votum der Evangelikalen wäre Bush nie ein zweites Mal gewählt worden. Nach 2007 jedoch wandten sich auch große Teile der Evangelikalen von den Republikanern ab.

Der deutsche Innenminister Otto Schily war übrigens während unserer Washingtoner Zeit in besonderem Maße evangelikalem Einfluss ausgesetzt, und zwar durch seinen amerikanischen Amtskollegen John Ashcroft. Die beiden arbeiteten in der Terrorfahndung eng zusammen. Sie hätten ungleicher kaum sein können: rot-grün geprägt, aus großbürgerlicher Familie und Kosmopolit der eine – der andere konservativer Republikaner, sehr religiös und so züchtig, dass er im amerikanischen Justizministerium sogar den nackten Busen der Justitiastatue verhüllen ließ.

Nachdem sich die Stimmung zwischen Bundeskanzleramt und Weißem Haus wegen der Situation im Irak verschlechtert hatte, wurde die Schily-Ashroft-Allianz zum Stützpfeiler des transatlantischen Verhältnisses – viel mehr als die Beziehung zwischen den beiden Außenministern Powell und Fischer. Ashcroft, gläubiges Mitglied der Pfingstbewegung, nahm seinen Freund Otto auch ein Mal zum »National Prayer Breakfast« mit, das jährlich im »Washington Hilton« stattfindet. Das Frühstück ist eine von Kongressmitgliedern organisierte Versammlung von rund 3000 Personen, die unter Beisein des Präsidenten Gebete spricht, aber auch den Erweckungserlebnissen einzelner Redner lauschen. Emotionalität wird da ganz großgeschrieben: »very American!« Ein anderes Mal begleitete ich Schily, den ich als Journalistin in den 90er Jahren kennengelernt hatte, zu einem frühen Dinner bei Ashcroft. Zu trinken gab es dann auch keinen Wein, sondern Tee. Als der Gastgeber das fromme Tischgebet mit den Worten schloss: »Danke Dir, oh Herr, dass wir Amerikaner sind«, zogen Schily und ich die Brauen hoch. Wie bitte? Amerikaner – wir? Da half nur ein großer Schluck aus der Teetasse …

Die Olympischen Spiele

Das Thema der religiösen Vielfalt sollte uns noch in einem ganz anderen Kontext beschäftigen. Die Olympischen Winterspiele in Salt Lake City standen vor der Tür. Salt Lake City ist die Hauptstadt der Mormonen. Den Mormonen – offiziell nennen sie sich die »Kirche Jesu Christi der Heiligen der Letzten Tage« – geht es auch heute noch, ganz im Sinne der zwölf Apostel, um Missionsreisen und freiwilliges Engagement. Jedes Jahr werden Tausende von jungen Menschen für zwei Jahre auf die Reise um die ganze Welt geschickt. Das Wort von der »Mormonenolympiade« kursierte schon lange vor 9/11 durch die internationalen Medien. Die Lebensweise dieser Religionsgruppe, die früher auch Polygamie duldete, wurde als merkwürdig und unheimlich beschrieben.

Doch das waren inzwischen nicht mehr die Hauptfragen. Sondern vielmehr: Konnte man in Zeiten des Krieges Olympische Spiele durchführen und für deren Sicherheit garantieren? Die ganze Welt war besorgt. Die Teilnahme unserer Sportler war jedoch längst entschieden. So war die Deutsche Botschaft eher mit logistischen Fragen befasst. Wie und wo würden die offiziellen Besucherdelegationen aus Deutschland, zu der auch der Bundespräsident gehören würde, untergebracht sein, und wie war alles vor Ort organisiert? Die entsprechenden Behörden in Berlin, musste die Botschaft feststellen, hatten jegliche Vorbereitungen vernachlässigt. Also war Handeln angesagt, die Zeit drängte. Da bis auf einen unwirtlichen Hoteltower alle Quartiere in Salt Lake City schon ausgebucht waren, blieb nur das »La Europa Royale« in Sandy, einem Vorort im Süden der Stadt. Als ich zwei Tage vor Beginn der Spiele dort eintraf, verschlug es mir die Sprache. Das sollte das kleine Landhotel sein, das uns angekündigt worden war? Schon die Eingangshalle war sehenswert: Üppige Marmor-, Plüsch- und Goldverzierungen sowie ein mehrfarbig sprudelnder Brunnen in der Nähe der Tür ergaben eine Gesamtkomposition, die das Innere einer Barockkirche zur minimalistischen Installation degradierte. Auf den Zimmern versanken überdimensionierte Betten im knöchelhohen Teppichflor. In der Mitte der Suiten loderte künstliches Kaminfeuer in einem Glaskasten, der auf den ersten Blick auch als überdimensionales Aquarium hätte durchgehen können. Im selben Raum lud ein herzförmiger Whirlpool zum Baden ein, und auf den seitlichen Ablagen standen griffbereit vier Sektflöten. Vier? Offenbar waren wir hier in ein Liebesnest für abtrünnige Mormonen geraten. Als Wolfgang sich das Hotel angeschaut hatte, schlug er umgehend vor, der Bundespräsident möge sein Quartier doch besser in dem einzig noch freien, großen internationalen Hotel aufschlagen. Nein, kam die Antwort prompt, Bundespräsident Rau wolle in dem kleinen Landhotel nächtigen, in dem auch der Botschafter absteige.

Zunächst traf aber Otto Schily ein. Der deutsche Innenminister war in seiner Funktion als Sportminister nach Utah gekommen. Als er das Hotel sah, schnappte er nach Luft: »Du liebe Güte, hätten Sie denn nichts Passenderes finden können?« Wie konnte man ihm, dem kultivierten Weltbürger und Toskanafreund, nur solchen Kitsch zumuten. Dass »die in Berlin« vergessen hatten, sich rechtzeitig um die Olympialogistik zu kümmern und dass die deutsche Botschaft nur versucht hatte, zu retten, was nicht mehr zu retten war, ließ Schily kalt. Es sollten aber noch weitere Prüfungen auf den Minister warten. Als wir zur Eröffnungszeremonie ins Stadion gingen, wurde ausgerechnet er aus unserer Gruppe ausgesucht und dann gründlich gefilzt. Mit unfreundlich-knapper Aufforderung, die Schuhe auszuziehen mit allem Drum und Dran. Doch Schily trug es mit Fassung; alle Einwände der Botschaft prallten ohnehin an den »security officers« ab. Unten im Stadion stimmten unterdessen die *NBC*-Moderatoren bereits die Zuschauer ein: pfeifen und applaudieren auf Kommando.

Bereits vor Beginn der Olympischen Spiele waren Fragen laut geworden, wie sich wohl die durch 9/11 so verunsicherte Nation hier der Welt präsentieren würde. Dass die Flagge, die auf dem World Trade Center einst wehte, ins Olympiastadion gebracht werden sollte, hatte Anstoß erregt, weil diese Vorführung amerikanischer Trauer angeblich nicht der olympischen Idee entsprach. Als dann aber das eingerissene Stück Stoff ins Stadion getragen wurde, legte sich Stille über die Zuschauerränge: Wodurch sonst konnte die olympische Idee besser versinnbildlicht werden als durch gemeinsame Gesten der Trauer, gegenseitige Hilfe und Freude am Sport?

In Salt Lake City wollte man der Welt zeigen, dass man sich nicht unterkriegen ließ, weder in Kandahar und New York, noch in den Schnee- und Eiswüsten von Utah. Und gegen all jene, die das anders sahen, ob von innen oder außen, würde man sich verteidigen. So war George W. Bush der erste Präsident der USA, der die Olympischen Spiele selbst eröffnete. Zur Demonstration der neuentfachten Stärke hatte Washington im Januar 2002 ein eigenes Department für Innere Sicherheit eingerichtet, die Homeland Security.

In Salt Lake City wollte man der Welt zeigen, dass man sich nicht unterkriegen ließ

Für uns folgten weiße Tage im Zeichen des Sports, die wir nur einmal mit einem Abstecher in die City unterbrachen. Dort steht der Mormonentempel, eine Kirche mit sechs spitzen Türmen. Von einem bläst der Engel Moroni eine Trompete in Richtung Jerusalem. Wenn man auf dem Highway an »downtown« vorbeifährt, schieben sich zwar ein paar Hochhäuser, braun und glasglänzend, ins Blickfeld. Der großartigen Natur können die aber keine Konkurrenz machen. Das weite Talbecken um den Salzsee wird in schneebedeckter Ferne von den Rocky Mountains gesäumt – ein atemberaubender Anblick. Da kann man die mormonischen Siedler glatt verstehen, die sich hier vor mehr als 150 Jahren mit ihrem Anführer Brigham Young niederließen, um sich eine neue Heimat aufzubauen.

Als Johannes Rau und seine Frau Christina schließlich in unserem »Mormonentempel« eintrafen, beschwerten sie sich nicht über ihr Zimmer. Für Unmut sorgte allerdings in der deutschen Delegation, dass im Hotel Zigaretten und Alkohol gemäß den Gesetzen des Staates Utah verboten waren. Kurzerhand wurde das Hotel vom deutschen Botschafter zum exterritorialen Gebiet der Bundesrepublik Deutschland erklärt – was den Hotelier zu beruhigen schien, in Wirklichkeit natürlich barer Unsinn war. Das Deutsche Haus für die Sportler und Funktionäre sowie das gesamte olympische Dorf war auf dem Campus der Brigham-

Young-Universität untergebracht. Dort wurde ebenfalls für eine Sondergenehmigung für den Ausschank von Spirituosen gesorgt. Die Alkoholbestellungen ließen allerdings auf sich warten und landeten schließlich aus Versehen bei deutschen Fernsehstationen, wo sich deren Spuren auf ewig verloren … Zu den Sponsoren des Deutschen Hauses gehörte passenderweise auch das Deutsche Weininstitut. Dort hatte man die brillante Idee gehabt, als Krönung seines Engagements die deutsche Weinkönigin einfliegen zu lassen. Das machte sich im trockenen Mormonenstaat allerdings nicht so gut wie erwartet: Da konnte die rotwangige Schönheit aus deutschen Landen noch so verführerisch lächeln, kein mormonischer Offizieller kostete auch nur einen Tropfen Wein.

Sonst war bei diesen Olympischen Spielen alles nach Plan verlaufen. Die Leistungen der Athleten hielten die Zuschauer in Atem, die Kulisse war großartig und die Sicherheitsvorkehrungen erträglich. Die Deutsche Botschaft hatte sich außerdem noch mit einem besonderen Beitrag engagiert. Auf Initiative des »German American Solidarity Funds« (GASF) wurden acht junge Leute ausgewählt, die bei den Terroranschlägen Vater oder Mutter verloren hatten. Den Teenagern, fünf aus Washington D.C. und drei aus New York, wurde die Reise zu den Spielen in Salt Lake City gesponsert. »Wir hoffen, dass diese Erfahrung euren Alltag etwas aufheitert und dass es euch etwas glücklicher macht. Vielleicht kehrt ihr mit mehr Energie und neuen Perspektiven zurück«, sagte Wolfgang zu den jungen Leuten, von denen die meisten noch nie auf Skiern gestanden hatten. Seine Einladung, mit ihm, dem ausgebildeten Skilehrer, auf die Piste zu gehen, nahm zu seiner Enttäuschung allerdings niemand an.

Washington oder was die Macht zusammenhält

Washington ist die Stadt, die der Weltmacht ihre Bühne gibt. Sie funktioniert dabei wie ein überdimensionales Kraftwerk. Die zahlreichen Verwaltungsbeamten, Senatoren und Kongressabgeordneten, Institutionen sowie politische Think Tanks, Lobbyisten, Journalisten und Diplomaten wirken mit im Getriebe der Politik, in dem pausenlos Hebel umgelegt, Knöpfe gedrückt und Tausende von Schräubchen gedreht werden: Washington D.C. – das ist Kommandobrücke und Maschinenraum in einem. Berndt von Staden, deutscher Botschafter in Washington von 1973 bis 1979, schrieb in seinen Erinnerungen über die »riesige politische Szene, die uns in Washington erwartete. Die Exekutive, verkörpert im Präsidenten, dem ein Heer von Spitzenbeamten zuarbeitet. Daneben stand unabhängig der Kongress, in dem der Senat das größte Gewicht bei außenpolitischen Fragen hat und das Repräsentantenhaus, das für den Haushalt zuständig ist.« Von Staden erwähnt in dem Zusammenhang auch die »ambitiöse Gesellschaft« der amerikanischen Hauptstadt. Eine Gesellschaft, so war auch mir bald klargeworden, die genau weiß, wohin sie will – und mit welchen Mitteln.

Der Aufstieg an die Macht folgt in den USA, ähnlich wie in Großbritannien oder Frankreich, oft vorgezeichneten Wegen. Dabei sind die Eliteuniversitäten wie Harvard, Yale, Princeton oder Stanford bewährte Stationen. Diese Institutionen ermöglichen durch ein komplexes, gut ausgebautes System von Stipendien auch jenen den Einstieg in die hohen Etagen von Politik und Gesellschaft, deren Familien nicht zur Oberschicht gehören, wie Obama. Eine solch vereinheitlichte politisch-akademische Elitenbildung gibt es in Deutschland nicht. Dort führen höchst unterschiedliche Wege an die Spitze des Staates, wie die Lebenswege von Joschka Fischer, Horst Seehofer oder Gerhard Schröder beispielsweise zeigen.

Natürlich haben es auch in den USA diejenigen viel leichter, denen alles in die Wiege gelegt wurde. Wie etwa in den einflussreichen Familiendynastien à la Rockefeller, Kennedy oder Bush, in denen schon die Großväter ihre Examina in Harvard, Yale oder anderen Elitecolleges ablegten. Die Enkel besuchen dann dieselben Unis, arbeiten für einen Senator, wechseln für den Master schnell noch an die »graduate school« oder helfen in der »campaign« eines aussichtsreichen Politikers mit. Dieser belohnt das Engagement dann mit einem Job im Kongress oder sogar im Weißen Haus.

Wechselt die Administration, so überwintert die junge Nachwuchskraft in einer großen Rechtsanwaltskanzlei oder in einem politischen Think Tank, den finanziell gut ausgestatteten Denkfabriken der amerikanischen Hauptstadt. Aus deren Mitarbeitern rekrutiert eine neue Administration wiederum ihr Personal. Der ständige Wechsel der Ebenen gehört dazu – anders als in Deutschland, wo ein Umstieg zwischen öffentlichem Dienst und privatem Sektor bislang eher selten ist. In Washington entschädigt die Ehre, einen Posten in der mächtigsten Administration der Welt ergattert zu haben, für zeitweise erlittene finanzielle Verluste und schafft gleichzeitig die Voraussetzung für die nächste, einträgliche Karrierestufe als Lobbyist. Und davon gibt es in Washington mehr als 30 000.

»Ladies who lunch: strange new world, strange new life!«

Schon auf dem Flug von Berlin nach Washington im September hatte ich mich tief hineinbegeben in die Welt, die für die nächsten fünfeinhalb Jahre unser Leben bestimmen sollte. Katharine Grahams faszinierendes Buch *Personal History* bot die beste Vorbereitung. Die große alte Dame, Besitzerin der *Washington Post*, war ein paar Wochen zuvor gestorben. Bei der Lektüre des Buches konnte ich allerdings nicht wissen, dass das Tableau der handelnden Figuren aus ihrer spannenden Lebensgeschichte auch in unserem Leben auftreten würde. Und zwar schon bald. Joe Albritton, vor knapp 40 Jahren Katharine Grahams Konkurrent auf dem Zeitungsmarkt, lud uns zu unserem ersten »Thanksgiving Dinner« ein. Obwohl wir die Albrittons nicht persönlich kannten, sagten wir gern zu und fuhren auf ihre Farm bei Middleburg. Es war immer noch herbstlich. Der Wind fegte über die Hügel und durch die Bäume, an deren Ästen noch vereinzelte Blätter baumelten. Hinter weißgestrichenen Zäunen grasten edle Rennpferde.

Die Gastgeber entpuppten sich als Glückstreffer. Barby Albritton war eine nicht mehr ganz junge Schönheit mit schalkhaftem Lächeln, Joe ein listiger alter Kauz, Besitzer verschiedener Unternehmen wie der Riggs Bank, die, nachdem sie in mehrere Skandale verwickelt war, inzwischen aufgelöst ist. Um den Esstisch der Familie hatte sich ein Grüppchen der Washingtoner Society versammelt. Neben mir saß ein Architekt, der überall auf der Welt Villen besaß und von nichts anderem sprach. Seine aufgetakelte Frau saß uns gegenüber.

»Die sind eher untypisch für Washington!«, gluckst meine Nachbarin zur Linken mehrere Gläser Rotwein später, »die reden immer nur von Geld!«

»Geld ist sicherlich nicht hinderlich«, antworte ich.

»Ja, natürlich«, sagt sie, »damit kauft man sich hier in die Macht ein, alles andere ist Beiwerk. Merke dir eins: in Washington interessiert nicht, was einem gehört, sondern wie viel Macht und Einfluss einer hat und wen er kennt.«

Katharine Grahams Buch war auch in dieser Hinsicht erhellend. Für Neuankömmlinge, schreibt sie, sei es schwierig, in der amerikanischen Hauptstadt Freunde zu finden. Für sie, die Tochter von Eugene Meyer, Gründer der *Washington Post*, war das nicht der Fall: »Leute mit Macht treffen andere Leute mit Macht.« Oder Leute mit Macht (und Geld und Intelligenz) heiraten andere Leute mit Macht (und/oder Schönheit oder Geld). Dies bringt eine ganz neue Spezies hervor, das Washingtoner »power couple«, eine in der Verfassung nicht erwähnte, inoffizielle Machtbastion der amerikanischen Hauptstadt. Solche Einblicke erschlossen sich mir keineswegs sofort. Bei mir fehlte es schon an schlichten Ortskenntnissen jenseits von Georgetown und Washington Monument. Gahl Burt, deren Ex-Mann amerikanischer Botschafter in Deutschland gewesen ist, nahm sich dann netterweise meiner an. »Du Arme! Was hast du für einen Start erwischt!« Auch wenn das Land seine Wunden leckte, sie fand, ich hätte etwas normales Leben verdient. Gahl war Social Secretary von Nancy Reagan gewesen, bevor sie in den 80er Jahren mit ihrem früheren Mann Rick Burt ein flamboyantes Botschafterleben in Deutschland führte. Als »power couple«, natürlich.

Gahl hatte es aber auch nach ihrer Scheidung geschafft, ihre Stellung in Washington zu behaupten. Außerdem ist sie stellvertretende Vorsitzende der American Academy in Berlin. Sie zeigte mir also die Stadt, führte mich dann zur Mazza Gallery, der Shopping Mall auf der Wisconsin Avenue. Wir gingen erst zu Saks Fifth Avenue und dann zu Neiman Marcus auf der anderen Straßenseite. So vielversprechend der Shoppingausflug begann, so deprimierend sollte er enden. Ein »personal shopper« des texanischen Exklusivkaufhauses hatte sich sogleich unser angenommen, doch als es zur Kasse ging, verweigerte man meine Kreditkarte. Bargeld oder Scheck hatte ich auch nicht zu bieten. Ich spurtete über den Parkplatz, sprang ins Auto und fuhr nach Hause. Am Tag zuvor war ja das druckfrische Scheckheft der Riggs Bank eingetroffen. Als ich den Scheck eine Stunde später am »counter« präsentierte, verlangte die VIP-Betreuerin nun auch meinen Führerschein.

Weder der Pass noch meine diplomatische Identifikationskarte reichte. Nein, der Führerschein musste es sein. In der Tat ist die »driving license« in Amerika wichtiger als jedes andere Ausweispapier – allerdings nur, wenn es sich um ein amerikanisches Dokument handelt. Denn als ich schließlich meinen alten grauen deutschen »Lappen« aus der Handtasche zupfte, wandte sich die Verkäuferin voller Entsetzen ab. »This is not American!«

Die »driving license« ist wichtiger als jeder andere Ausweis

Recht hatte sie, und das war's dann auch. Peinlich berührt schob ich die herabgesetzte Seidenbluse wieder zurück. Als Gahl ihr erklären wollte, wen sie da vor sich hatte, nämlich die Frau des deutschen Botschafters, hatte sie sich längst der nächsten Kundin zugewandt. Die sprach Russisch, trug platinfarbene Dauerwellen über der Pelzjacke und an ihren Fingern blitzten Gold und Edelsteine. Mit herabgesetzten Blusen hielt die sich nicht auf, sondern schob ganz andere Ware über den »counter«. Die Dollars blätterte sie der Verkäuferin bar in die Hand.

Kurz darauf traf ich Gahl bei meinem ersten »Ladies Luncheon« wieder, anlässlich einer Buchparty für Kati Marton, Journalistin und Frau des amerikanischen Diplomaten Richard Holbrooke. Katis Buch über die Ehen der US-Präsidenten war soeben erschienen. Gastgeberin dieser Party war Jane Stanton Hitchcock, eine erfolgreiche Krimiautorin aus New York City und Frau des *Washington-Post*-Journalisten Jim Hoagland. Treffpunkt: das Cafe Milano in Georgetown. Eine Party für jemanden zu geben – das ist in Deutschland auf diplomatisch-politischer Ebene durchaus üblich. Aus dem privaten Umfeld allerdings kennt man dies bei uns weniger, man lädt selbst zum eigenen Geburtstag, zur Silberhochzeit und – allenfalls zusammen mit dem Verlag – zur eigenen Buchvorstellung ein. In angelsächsischen Ländern ist es öfter üblich, eine Party für jemanden zu organisieren, auch im Freundeskreis. Allen ist damit gedient: Der Gastgeber erweitert seinen Bekanntenkreis, weil er nicht nur die Personen einlädt, die er ohnehin schon kennt, sondern auch die Freunde oder Kollegen des Geehrten. Bei der nächsten Gelegenheit werden die Rollen dann wieder vertauscht …

Die »bookparty« für Kati an diesem späten Vormittag ist gut besucht; die meisten Damen haben es auch nicht weit. Denn in Georgetown, auf dessen Gewässern im 18. Jahrhundert einst der Tabak von den Plantagen in Maryland verschifft wurde, residiert die begüterte Intelligenzia der Stadt. Zahlreiche Journalisten, Anwälte oder Professoren wohnen in den alten Holz- und Backsteinhäusern rund um M Street und Wisconsin Avenue. Und das Cafe Milano, beliebter Treffpunkt der Mächtigen von Washington, liegt mittendrin. Dessen Besitzer hat sich dadurch beliebt gemacht, dass er ganz nach europäischer Manier die Damen mit Handkuss und die Männer mit ausgebreiteten Armen willkommen heißt. Seinen Kellnern hat er außerdem eingeschärft, nicht in die Unsitte vieler amerikanischer Restaurants zu verfallen, in denen dem Gast gleich nach der ersten Atempause der Teller mit den Worten »Or are you still working on it?« weggerissen wird.

Wir haben uns noch nicht hingesetzt, sondern sind noch beim Aperitif. Beim Eistee, genauer gesagt. Den Prosecco hatte niemand angerührt – außer mir. »Gut, dass Bush so entschlossen ist!«, höre ich jemanden sagen. Wie er da bei den Feuerwehrmännern auf den Trümmern des World Trade Centers gestanden habe, ja, das sei beeindruckend gewesen, sagt die Dame im rosa Kostüm. Mir war ehrlich gestanden eher mulmig zumute gewesen, als ich im Fernseher gesehen hatte, wie sich ein blasser Präsident – gleichsam auf dem Schutthaufen der Geschichte stehend – der verunsicherten Nation als »leader« angeboten hatte. »Er ist unser Präsident, ob wir ihn mögen oder nicht, und er will Amerika beschützen«, pflichtet eine andere bei. Alle Köpfe nicken bestätigend. Ihr Mann sei Demokrat, erfahre ich, er arbeitete unter Clinton.

Zu Spott oder kritischen Nachfragen war hier niemand aufgelegt. Erst drei, vier Jahre später sollte sich die Stimmung im Lande gründlich ändern. Dann erschien immer mehr Amerikanern der Irakkrieg als eine Wiederholung des Vietnamkriegs, und sie bezeichneten die Bush-Regierung als unfähig. Auch solche, die an dem Erfolg des republikanischen Präsidenten vehement festgehalten hatten, revidierten dann ihre Meinung.

An jenem Vormittag erzähle ich den Damen von Wolfgangs Termin im Weißen Haus zur Überreichung der Beglaubigungspapiere.

Da ich im Juli noch Vepflichtungen in Berlin gehabt hatte, konnte ich ihn nicht begleiten zu diesem formalen Antrittsbesuch, bei dem Familienmitglieder ausdrücklich erwünscht sind. Wolfgang nahm statt meiner seine Tochter Caroline mit, die ihre Ferien in Washington verbrachte. Nachdem die offizielle Zeremonie im Weißen Haus beendet war, versuchte Wolfgang vergeblich, den Präsidenten in politische Fachgespräche über Putin zu verwickeln. Doch der Präsident wandte sich der damals 17-jährigen Caroline zu: »Ich hoffe, du tust, was dein Vater dir sagt.« Er selber habe große Probleme mit seinen Töchtern. Als Caroline und Wolfgang das Weiße Haus verließen, wandte sie sich erschrocken ihrem Vater zu: »Was weiß der über mich?« Er antwortete: »Alles.«

»Ich hoffe, du tust, was dein Vater dir sagt«

Die Runde der Ladys zeigt sich amüsiert. Ja, so ist er, unser Präsident. »Wo warst du am 11. September, warst du schon wieder hier?«, fragt dann eine ältere Dame mit silbernem »American Eagle« am Revers. »Was, das war euer erster richtiger Tag auf dem neuen Posten? Ihr Armen, was für ein Empfang!« Als Europäer in dieser Zeit dabei gewesen zu sein, war wichtig, sage ich. Wären wir nur eine Woche später gekommen, hätten wir den engen Anschluss an die emotionale Befindlichkeit dieses Landes verpasst.

Doch: Bei aller Sympathie, bei aufrichtig empfundenem Mitleid und einer Abscheu gegen die Terroristen tauchten für die strategisch besorgte Welt immer mehr Fragezeichen am Horizont auf. Würden die Amerikaner ihren Feldzug gegen das Böse und gegen die Feinde Amerikas im Alleingang planen? Inwieweit würden sie sich auch bei Zielen außerhalb Afghanistans um einen Konsens mit der internationalen Gemeinschaft bemühen?

Zurück bei uns in der Foxhall Road, zog ich meine Sportsachen an und fuhr die paar Meilen hinunter zum C&O Kanal am Potomac. Die Flusslandschaft dort gleicht ein bisschen dem Urwald aus J. F. Coopers *Lederstrumpf*; eine solche Szenerie findet sich in Deutschland nicht. An welchem großen deutschen Strom schiebt sich schon ein undurchdringliches Grün aus Bäumen, Buschwerk und Mangroven so dicht an den Wasserlauf heran wie hier, und wo ragen Felsbrocken so groß wie Planwagen aus dem

Fluss? Die Illusion von vormoderner Wildnis wäre perfekt gewesen, hätten da noch ein paar Huronen – oder Powhatanindianer – zwischen den Bäumen ihre Kajaks auf das Wasser gesetzt.

Der ideale Ort zum Abschalten. Und doch holte mich mein Leben in der Zivilisation beim Joggen durch den Huronenwald leider wieder ein. Ich dachte an Lady Meyer, die Ehefrau des britischen Botschafters. Sie war auch beim Lunch gewesen und hatte kein Wort mit mir gewechselt. Die Geschichte ihrer Scheidung und der Streit mit ihrem deutschen Ex-Mann um das Sorgerecht der gemeinsamen Kinder hatte das bilaterale Verhältnis zwischen London und Berlin belastet. In Washington hatte Catherine Meyer Lobbyarbeit in eigener Sache betrieben, immer wieder die Grausamkeit deutscher Gerichte angeprangert und dafür viel Unterstützung von höchster amerikanischer Seite erfahren. Ohnehin genießt der britische Botschafter eine besondere Stellung in Washington – schon aufgrund der »special relationship« beider Länder, die sich auf das gemeinsame kulturelle und historische Erbe gründet und die erstmalig Winston Churchill im März 1946 beschworen hatte. Auch im Kampf gegen den Terror nach 9/11 arbeiteten die beiden Regierungen in Washington und London als engste Verbündete zusammen.

Wohl auch deshalb wurde nahezu jeder offizielle Besucher aus Berlin von den amerikanischen Gesprächspartnern auf das schreckliche Schicksal der Lady Meyer angesprochen. Auch Gerhard Schröder war bei einem seiner Besuche – bevor sich die Beziehungen zwischen dem deutschen Bundeskanzler und dem amerikanischen Präsidenten über den Irakkrieg trüben sollten – von George Bush zu Lady Meyer befragt worden. Doch Schröder, von Wolfgang vorgewarnt, hatte als Anwalt seine Hausaufgaben gemacht. Da es sich um niedersächsische Gerichte handelte, kannte er sich schon aus seiner Anwaltszeit bestens aus und erklärte dem Präsidenten die deutsche Rechtslage und die handelnden Personen in Celle ausführlich. »Sorry I asked, Gerhard«, soll der Präsident dann nur noch gestammelt haben.Das aber änderte nichts an dem eisigen Verhältnis zwischen den beiden Botschaften in Washington. Von Sir Christopher, zuvor britischer Botschafter in Bonn, hieß es, ihm sei diese Sache eher unangenehm.

Lady Meyer hatte sich bislang geweigert, auch nur einen Fuß über die Schwelle der Deutschen Botschaft zu setzen. Sie war eine zierliche Person von russisch-französischer Herkunft mit Charme, Ehrgeiz und beträchtlichem Störpotenzial. Egal, was Schröder und Bush besprochen hatten, Lady Meyer verbreitete Unfreundlichkeiten über die Deutschen; ihre Freundin Sally Quinn schrieb über den Fall immer wieder in der *Washington Post*. Ganz Washington bedauerte sie als Opfer einer kaltherzigen und möglicherweise ausländerfeindlichen deutschen Justiz.

Dagegen musste etwas unternommen werden. Ohnedies hatte ich mir vorgenommen, meine Rolle in der Residenz, wenn ich nun schon einmal da war, auszubauen. Ich beschloss, einen Lunch für Alma Powell, Frau des amtierenden Außenministers, zu geben. Ich versuchte mein Glück. Würde sie zusagen? Nach wenigen Tagen ließ das State Department ausrichten, dass Mrs. Colin Powell sich sehr freuen würde und schickte eine Liste mit 15 Damen, die sie gern dabei hätte. Darunter war, wie meine vorherigen Recherchen erwarten ließen, Lady Meyer.

Am 3. Mai 2002 kamen schließlich zehn Damen in die Foxhall Road, und wir hatten einen gemütlichen Lunch, bei dem viel gelacht wurde. Auch Catherine Meyer hatte sich getraut – mein Kalkül war aufgegangen. Die dicksten Freundinnen wurden wir zwar nicht, aber tatsächlich war das Eis gebrochen, und die Beziehungen entspannten sich. Dass es mir gelungen war, sowohl Alma Powell als auch Lady Meyer in die deutsche Residenz zu locken, brachte mir auch in der Botschaft, in der jeder meiner Schritte kritisch beäugt und kommentiert wurde, durchaus Respekt ein.

Club der Frauen oder wie Ted Kennedy unter den Tisch kroch

Der »Internationale Club I« ist ein geheimes Frauennetzwerk. Angeblich treffen sich dort die mächtigsten Ehefrauen Amerikas. Magda Chrobog hatte mir auf dem Flug nach Washington schon davon erzählt und hinzugefügt: »Da wirst du ja nicht dazugehören. Ihr seid ja nicht verheiratet.« Auch Wolfgang hatte sie irgendwann zugeraunt: »Die arme Jutta, das wird aber schwierig für sie im konservativen Washington.«

Mir konnte das nur recht sein. So ein »wives club«, eine Vereinigung der Anhängsel, war nicht meine Welt, und das sollte sie auch nicht werden. Die leisen Zweifel, dass ich eine Ausgeschlossene sein sollte, versuchte ich zu ignorieren. Die düsteren Prophezeiungen sollten sich außerdem nicht erfüllen: Noch bevor ich in Washington angekommen war, lagen auf meinem Schreibtisch schon die ersten Einladungen und Willkommensbriefe. Und auch Abordnungen diverser Damenclubs kündigten hochoffiziell ihre Besuche an.

Ein paar Wochen später, am Rande einer außenpolitischen Konferenz im Hause der Brookings Institution, der bedeutendsten Denkfabrik der Demokraten, nahm mich eine weißhaarige Dame mit lebhaften braunen Augen beiseite. Sie stellte sich als Marjorie Billington vor. Ihr Mann hatte einen der höchsten politisch-akademischen Ehrenposten inne, den Washington zu vergeben hat: Der »Librarian of Congress« steht an der Spitze der größten Bibliothek der Welt. Ob ich vom »Club I« gehört hätte, wollte Marjorie wissen. Das sei der elitärste Damenzirkel der Stadt, und ich müsse unbedingt dazugehören.

Ich ließ es auf ein erstes Treffen ankommen. Lunch im Hause eines republikanischen Senators: Bei meiner Ankunft saßen bereits alle im Wintergarten um den ovalen Tisch. Die pfirsichfarbenen Tischdecken und weißgelben Rosensträuße harmonierten aufs Anmutigste mit den pastellfarbenen Kleidern der geladenen Ladys.

Mein dunkelgrauer Hosenanzug dagegen passte eher zu den Kellnern. Im Flur wurden gedruckte Namensschilder ausgegeben. »Mrs. Bill Frist, Tennessee«, stand darauf, oder »Mrs. Karl Rove, White House«. Meines war, als Ausdruck der Vorläufigkeit, handgeschrieben: »Ms. Jutta Falke, Germany«. Mein Vorname tauchte auf, die anderen Damen verschwanden im Namen des Ehemannes. Bis zur Unkenntlichkeit verheiratet – ich war mir nicht mehr sicher, wie erstrebenswert ich das finden sollte. Aber dass diese »wives of« mich zum Beitritt bewegen wollten, obwohl ich nicht mal die Grundbedingung der »Mrs.« erfüllte, hatte mich neugierig gemacht. Beim zweiten Treffen fragte ich nach.

»Weißt du, Jutta, die Gefahr, Deutschland als Mitglied zu verlieren, war einfach zu groß«, verriet daraufhin eine meiner Clubschwestern. Da habe man »den kleinen Unterschied« in Kauf genommen. »Wir haben England, Frankeich, Russland, Indien und Schweden – und jetzt auch wieder Deutschland«, hatte mir Marjorie aufgelistet. Der Rest waren die Gattinnen der höchsten und reichsten Männer des Staates, von Mrs. Karl Rove, dem »Chief of Staff« im Weißen Haus über Mrs. Paul Sarbanes (dem Senator) bis zu Mrs. Stephen Schwarzman, Frau des steinreichen Chefs der Blackstone Group, der auch Vorstandsvorsitzender des John F. Kennedy Center for the Performing Arts ist.

So waren sie eben, meine neuen »Freundinnen«: herzlich, klug und charmant, aber doch machtbesessen durch und durch. Nie stand die Person als Individuum im Mittelpunkt des Interesses, sondern nur die »power«, die sie als Frau eines Botschafters, Senators oder sonstigen Washingtoner Schwergewichts als Mitgift einbrachte. Die Clubregeln kannte jeder: Verliert der Mann den Posten oder gar das Leben, muss die Frau ebenfalls ihren Abschied vom Club nehmen. Das gilt auch für Scheidungen. Vorfeministisch ist das, unmenschlich und in Wahrheit wohl politisch äußerst inkorrekt. Andererseits würde solch ein automatisierter Wechsel den meisten Gesprächskreisen und Clubs in Deutschland auch gut bekommen: Pensionäre und »have beens« könnten die Verjüngung nicht mehr blockieren.

So waren sie eben, meine neuen »Freundinnen«: herzlich, klug und charmant, aber doch machtbesessen durch und durch

Oben: Oswald M. Ungers erbaute 1994 die Deutsche Botschaftsresidenz Washington. Dieses Motiv wurde als Weihnachtskarte mit »Season's Greetings« verschickt.
Unten: Kontrastreicher könnte der Gegensatz der Baustile nicht sein: Die Deutsche Residenz in London, Belgrave Square 21–23.

Gemütlich? Die Einrichtung der Privaträume in der Botschaft Washington gestaltete sich schwierig: Die minimalistische Architektur von Ungers lässt kaum Behaglichkeit aufkommen. Außerdem verfügte er über strenge Vorgaben auch zur Innengestaltung seines Bauwerks.

Endlich nicht mehr allein zu Haus! Der Australian Sheperd Rocky leistete zu jeder Tages- und Nachtzeit Gesellschaft.

Im Januar 2006 hielt Frau Merkel einen viel beachteten Vortrag in der Washingtoner Residenz.

Oben: Anlässlich der Wirtschaftskonferenz im Mai 2003 treffen sich die »Botschafterinnen der Mode« (von links): Barby Albritton, Jutta Falke-Ischinger, Sonia Bogner und Ute Lemper. Eine gute Werbung für deutsche Produkte!
Unten: Bei einer Tagung in der Botschaft Ende 2005: Botschafter Wolfgang Ischinger, Bundeskanzler Wolfgang Schüssel, Henry Kissinger, Jutta Falke-Ischinger

Oben: September 2003, William Hetzler, Chairman der Steubenparade, Botschafter Wolfgang Ischinger, Jutta Falke-Ischinger und der »falsche« (Wolfgang) Schrempp. Unten: Henry Kissinger trifft zum ersten Mal auf Baby Josie bei einem Empfang auf der Terrasse der Deutschen Botschaft im Frühsommer 2005.

Oben: Premiere: Der Botschafter und Jutta Falke-Ischinger beim ersten deutschen Nationalfeiertag nach 9/11 (3.10.2001). Mit von der Partie: Monika Wulf-Mathies, als Vertreterin der Deutschen Post AG, die das Event sponserte.
Unten: Bei einem Empfang in der Botschaft im Sommer 2002. Es kam auch Zbigniew K. Brzezinski mit seiner Frau, die gute Freunde geworden waren.

Oben: Bei der Eröffnung der Berlin Bar 2004. Harald Schmidt stammt wie Wolfgang Ischinger aus Nürtingen; der Entertainer brachte auch die amerikanischen Gäste zum Lachen.
Unten: Kurz vor Einstieg in den Luxusjet des deutsch-amerikanischen Milliardärs. Der Ausflug in die sonnige Welt der Reichen im Frühjahr 2005 dauerte leider nur drei Tage.

Prominentestes Objekt der Akquise war übrigens Michelle Obama, die gleich nach dem vielversprechenden Einzug ihres Ehemanns in den Senat für den Club gewonnen wurde. Ein kleiner Schönheitsfehler blieb die Tatsache, dass die elegante Michelle nicht so oft erschien, wie wir es uns gewünscht hätten.

Die Damen in meinem Club waren diskret und nicht schwatzhaft. Sie redeten »offiziell« nicht über ihre Männer, weder beruflich noch privat, auch nicht über Politik oder Religion. Was da übrig blieb? Einiges. Der politische »news value« allerdings hielt sich in Grenzen.

Bei geschicktem Einsatz einiger weniger Informationen jedoch ließ sich durchaus was daraus machen. So habe ich hin und wieder, wenn Wolfgang gerade in größerer oder kleinerer Runde diskutierte, so beiläufig wie möglich fallen lassen: »Also Karl Rove kann am letzten Wochenende nicht in Camp David dabei gewesen sein, der lag krank im Bett.« Oder: »Putin hat das Gespräch aber anders in Erinnerung ...« Das hatte ich aus den Erzählungen von Svetlana, der Frau des russischen Botschafters, aufgeschnappt. Solche kleinen Bemerkungen meinerseits verfehlten ihre Wirkung selten. Vor allem Wolfgangs Botschaftskollegen starrten mich entgeistert an: Woher weiß die denn so was?

Nennt man das schon Machtausübung? Wahrscheinlich nicht. Spaß machte es trotzdem. Wie tief war ich im Washingtoner Sumpf der Eitelkeiten bereits gesunken ...

Spannend waren die Orte, an denen unsere mittäglichen Treffen stattfanden. Es waren zumeist die Institutionen, für die der jeweilige Ehemann arbeitete: in den lichten Räumen der National Gallery mit der Pyramide von I. M. Pei oder in der altehrwürdigen Library of Congress, in der Marjorie das neue John-Kluge-Center vorführte. Der komplett neue Anbau war erst kürzlich von dem gleichnamigen deutschstämmigen Milliardär mit Hauptwohnsitz in Palm Beach gestiftet worden.

Ein anderes Clubmeeting, zu dem die Frauen zweier Senatoren geladen hatte, fand im Kongress statt, im Lunchroom der Demokraten. Ich unterhalte mich mit Mrs. Karl Rove, als plötzlich ein Tennisball in den Raum rollt und ein wild gewordener Hund hinterherstürzt, geradewegs unter meinen Tisch. »Das ist nur Barney II.«, ruft Christine Sarbanes. »Sein Herrchen wird ihn gleich abholen ...« Das Herrchen war niemand anders als der inzwischen verstorbene Senator Ted Kennedy, der auch sodann nonchalant in den Raum schlenderte, ein breites Lächeln in die Runde warf und mit den Worten »Ich hol nur meinen Hund!« unter unseren Tisch kroch. Kennedy zog das ungehorsame Tier hervor und verließ die Frauenrunde wieder. »Das ist nicht das erste Mal«, erklärte Marjorie gelassen.

Als wir uns einmal in der deutschen Botschaftsresidenz trafen, präsentierte ich eine kleine Ausstellung mit Stücken aus der Dresdner Porzellanmanufaktur. Meine amerikanerischen Gäste waren entzückt. Die Werkstätten der Manufaktur, die im Schatten von Meißen um den Fortbestand kämpfte, hatte ich ein Jahr zuvor besucht. Bis dahin gab es keinen Investor, wohl aber genug Nachfrage. So prangte auch im Katalog des Edelkaufhauses Neiman Marcus zum Beispiel ein Porzellanmops aus Dresden.

Die Porzellanausstellung wurde mit der Kochkunst unseres französischen Chefkochs Benoît kombiniert, der den Damen sauerländischen Rehbraten nach einem Rezept meiner Mutter servierte. Doch die Gäste nahmen nur einen Anstandsbissen und ließen das Fleisch unangetastet. Damals wusste ich noch nicht, dass keine amerikanische Hausfrau, die etwas auf sich hält, je einen Rehrücken anrühren, geschweige denn ihn auf den Tisch bringen würde. Wildfleisch gilt in den Washingtoner Kreisen als unfein, als Kost der Armen. Es ist das Fleisch derjenigen, die nachts im Camouflageanzug und mit schwerem Geschütz durch die Wälder ziehen, um dann die erlegte Beute schließlich im eigenen Kühlschrank verschwinden zulassen.

Einmal im Jahr nun gab es das eine Event, das die Serie von »Club Lunches« in den Augen der Männer rechtfertigte, das Dinner mit den »boys«, den Ehemännern. Meist waren die so begeistert, einander zu treffen, was ohnehin mehrmals in der Woche passierte, dass sie sich selbst dann nicht voneinander lösen konnten, als bereits das Essen serviert wurde. So war das auch im Dezember 2005, als der Abend mit den Ehemännern bei uns in der Botschaft stattfand. Die Damen hatten mich in demselben Jahr zu ihrer Präsidentin gewählt, was ich ehrenvoll, aber genauso wenig nachvollziehbar fand, wie meine Wahl zur Vorsitzenden des links-alternativen Journalistinnenkreises »Lila Karte« Anfang der 90er Jahre in Bonn. Nun kam ich also zu der Ehre, das Dinner auszurichten. Es war gleichzeitig fast ein Abschiedsessen, denn Wolfgang und ich wussten bereits, dass wir Anfang des Jahres 2006 Washington verlassen würden. Die Ladys trugen lange Roben, und da Weihnachten vor der Tür stand, natürlich »holiday attire«, also warme Kleider in den Weihnachtsfarben rot und grün, aufgemotzt mit etwas Glitter, hier und da glitzerten eine Christbaumbrosche oder Santa-Ohrringe.

Würde der Kontakt zu ihnen halten, fragte ich mich an jenem Abend etwas wehmütig. Waren diese Frauen echte Freundinnen geworden? Dafür gab es einen einfachen Test. In Deutschland hätte ich nach drei Wochen Abwesenheit am Abend der Rückkehr fünf Freundinnen angerufen. In Washington aber galt, nach dem Motto »never a dull moment«, stets größte Geschäftigkeit vorzutäuschen. Wer Mitte April sagte, »nein, vor Juni wird das nichts mehr mit dem Kaffee, dann kommt ja die Sommerpause … also Mitte September müsste gehen …«, der hatte verstanden, welche Art Beziehungen gepflegt und welche Sprache gesprochen wird in der Hauptstadt der Mächtigen und Geschäftigen. Nach den ersten drei Abfuhren dieser Art rief ich niemanden mehr an. Einfach zu beschäftigt …

Oberfläche oder die ewig retuschierten »highschool sweethearts«

Anfang 2002 bewirteten wir etwa 80 Personen, allesamt Angehörige des Presidential Advisory Committee on the Arts of the John F. Kennedy Center. Es waren reiche Amerikaner aus dem ganzen Land, die sich durch ihre Spenden Zugang zur Macht in Washington sichern. Von öffentlichem Geld allein, so wie in Deutschland, könnte in den USA die Kultur nicht überleben. Alle großen Institutionen haben Gönner, die »friends of …«, die auch in den Programmheften sortiert nach Höhe ihrer Zuwendungen aufgeführt werden. Daran bemisst sich auch die Position in der gesellschaftlichen Hierarchie der Stadt. Ausländische Botschaften beteiligen sich selten an diesem Schönheitswettbewerb der Reichen, doch sind ihre Residenzen in dem Charityzirkus der »Fundraisers« und »Pre-Event Dinners« beliebte Veranstaltungsorte.

Bei unserer ersten Begegnung mit den Freunden des Kennedy-Centers saß ein rotwangiger älterer Herr aus Illinois neben mir. Er war 82 Jahre alt und hieß Ed. Er hatte sich anscheinend von ganz unten hochgearbeitet, zuerst die Maschinen repariert, dann ein eigenes Unternehmen gegründet.

»Toll!«, meine ich zu seiner Lebensgeschichte. »Sie waren also nicht in Harvard oder Yale?«

»Doch, natürlich«, lächelt er. »Schon mein Vater, nach ihm ist ein ganzes Institut benannt.«

Er erzählt von seiner Farm, seinen Kindern. Dann wird sein Lächeln weicher: »Haben Sie Kinder, Madam Ambassador?«

»Noch nicht … aber wir sind ja auch noch nicht verheiratet«, antworte ich.

»Was, wirklich nicht?« Ed verschluckt sich fast an der Lammschulter in Senfkruste, die Benoît so liebevoll zubereitet hat.

Dann fängt er sich wieder und flüstert mir mit verschwörerischer Stimme zu: »Ich habe mein ›highschool sweetheart‹ geheiratet. Da vorne sitzt sie.« Dabei zeigt er stolz auf eine faltengestraffte, ältere

Dame in pink-getupftem Seidentaft. Da sie in der Schule nur zwei Klassen unter ihm gewesen war, muss sie nun 80 Jahre alt sein. »Oh!«, höre ich mich sagen, »wie überaus reizend!«

In Amerika altert man nicht, jedenfalls nicht äußerlich. Und man sagt nie, was man denkt. Es wird eine perfekt retuschierte Oberfläche präsentiert. Abend um Abend, Dinner um Dinner. Mit den »Power Brokern« der Stadt entspinnen sich natürlich intellektuell stimulierende Gespräche. Ich lerne viel über die Sache, aber menschlich bleibt es stets unverbindlich. Man begegnet sich als Fremde und geht als Fremde wieder auseinander. Der Blick hinter die offizielle Fassade oder hinter die Funktion des Gegenübers endet – ähnlich wie im Damenclub – bei der Erwähnung des »highschool sweetheart«.

Persönlicher wird es selten. »We are very private«, sagte einmal Nancy, die Ehefrau eines Bankers aus Texas, »wir lassen nichts Negatives nach außen«. Sie hatte erst vor Kurzem einen schrecklichen Unfall gehabt, war die Kellertreppe herabgestürzt, hatte sich mehrere Knochen gebrochen und wurde erst einen Tag später gefunden. Ich traf sie zwei Monate danach. Sie hielt sich mehr schlecht als recht auf Krücken. Ich wusste von ihrem Mann, dass sie starke Schmerztabletten nimmt. Auf die Frage, wie es ihr gehe, strahlt sie und zwitschert: »Great!« Wir stehen bei einem Empfang in der Kuwaitischen Residenz. Zu uns gesellt sich die Society-Lady Ina Ginzburg, die aus Wien stammt und früher eine Muse von Andy Warhol war. Wir nehmen Nancy beiseite: »Nancy, du kannst ruhig sagen, wenn es dir nicht gut geht. Du musst doch vor uns nichts beschönigen!«

»Aber das tue ich nicht!«, wehrt sich die Angesprochene, »mir geht es schon viel besser als gestern. Wirklich!«

»Warum müsst ihr Amerikaner bloß immer alles beschönigen?«, fragt Ina.

»Pioniergeist«, strahlt Nancy. »So sind wir eben!« Dann folgt eine Gratislektion in amerikanischer Geschichte, vom Gründungsmythos und den gottgläubigen ersten Siedlern, die in ihren Planwagen gen Westen gezogen waren und sich trotz großer Strapazen nicht hatten unterkriegen lassen, wie in James F. Coopers Buch *The Pioneers*.

»Wer nicht daran glaubte, dass am nächsten Tag alles besser werden würde, und wer sich nicht darum bemühte, der hatte keine Überlebenschance«, beendet Nancy ihre Ausführungen. Das war nachvollziehbar. Dessen ungeachtet hätte sie, sogar wenn sie von oben bis unten in einem Gipskorsett gesteckt hätte, mit gebrochener Nase und mit einem blinden Auge, die Frage nach ihrem Befinden stets mit demselben Wort beantwortet: »Great!«

Wie viele Bundestagsabgeordnete hatte ich schon bei uns in der Empfangshalle stehen sehen, wie sie die überschwenglichen, amerikanischen Begrüßungen über sich ergehen ließen: »How are you?« – »Great«, hörte ich sie dann antworten. In leicht angestrengter Lockerheit. Wie viel wohler würden die sich fühlen, dachte ich, wenn sie so antworten dürften, wie zu Hause auch: »Ganz gut, aber ...« So war mir zumindest selbst in unserer Anfangszeit in Washington zumute gewesen. Doch natürlich versuchte auch ich mich, dem Pioniergeist anzuschließen. Es kostete etwas Mühe, aber dann war die Programmierung vom sauerländischen Schwerblut zur strahlenden Gastgeberin auf dem besten Wege. Auf die obligatorische Frage, wie es mir gehe, drückte ich fortan einen unsichtbaren Knopf, und schon wechselte mein ganzer Körper in den Begrüßungsmodus: Oberkörper aufgerichtet, die Augen weit geöffnet, die Gesichtsmuskeln auf Lächeln eingestellt und die Stimme eine Oktave höher – wie bei den Amerikanerinnen. Ein öffentliches »Ich« übernahm die Regie und neutralisierte jede deutsch-grüblerische Befindlichkeit.

Möglich, dass die Systemumstellung am Anfang noch nicht rund lief. Wolfgang blitzte mich manches Mal scharf an, wenn ich wieder ein »Everything is so wonderful!« in die Runde gejauchzt hatte. Ich zuckte mit den Achseln und sah nur, dass er es ähnlich machte. Psychologen behaupten, dass schon das Antrainieren anderer Verhaltensmuster innere Einstellungen verändern kann. Meine Erfahrungen sprechen dafür: Bei Besuchen in Deutschland hagelte es besorgte Nachfragen, warum ich denn neuerdings immer so außerordentlich gut gelaunt sei.

Amerikanische Träume oder die »ownership society« vor dem Scheitern

Im Jahr 2004 wollte der *Rheinische Merkur* einen Artikel über Bushs Pläne zur Reform der Altersvorsorge. Das war zu der Zeit, als die rot-grüne Regierung in Berlin zwar die Reformen der »Agenda 2010« auf den Weg gebracht hatte, die positiven Auswirkungen auf die Wirtschaft aber noch in weiter Ferne lagen. Die Stimmung war eher gedämpft-fatalistisch als zukunftsoptimistisch. In Washington hingegen verging kaum eine Veranstaltung, bei der nicht irgendein Amerikaner mit der wirtschaftlichen Potenz seines Landes geprahlt hätte. Von sozialen Ungerechtigkeiten oder von der Beseitigung einer Kluft zwischen Arm und Reich wollte niemand etwas wissen. Ich habe zu dieser Zeit oft mit Alan darüber gesprochen. Er war Manager eines Drugstore unterhalb der Botschaft und erkundigte sich auch immer höflich: »And how is the ambassador?«

Ich fragte dem jungen Mann oft Löcher in den Bauch, denn ich war neugierig, wie »normale« Washingtoner ticken. Ob er und seine Angestellten sich Sorgen ums Alter machen, will ich nun wissen. Alter? Er zuckt mit den Achseln. »Meine Angestellten sind alle zu jung, um über so was nachzudenken.« Ich schaue mich um. In der Tat waren die drei jungen Afroamerikaner und die füllige Blondine, die gerade Kisten aufschneiden und Hustensäfte sowie Vitaminpillen in die Regale sortieren, höchstens Mitte zwanzig. Alan ist einfach erst mal froh, dass er einen Job hat. Seine Brüder, erzählt er, hätten keinen, die hingen nur rum.

Eines Abends, kurz nach meinem Gespräch mit Alan, waren Wolfgang und ich in Alexandria bei einem Anwaltspaar eingeladen. Sie hatten ein paar Lobbyisten, Diplomaten und auch Kongressabgeordnete zusammengebracht. Alles Leute, die wussten, was gedacht und entschieden wurde in der Stadt. Mir kam das für meinen Artikel sehr gelegen. Sie diskutierten die Pläne Bushs, private Alterskonten anzulegen. Ob das nicht unrealistisch sei, dass jeder Amerikaner in Eigenverantwortung am Markt sein Vermögen vermehren solle, um davon im Alter zu leben, schaltete ich mich ein. »Warum unrealistisch? Jeder Amerikaner ist doch Kapitalist«, sagte einer der Lobbyisten und lehnte sich selbstgefällig zurück. Das Mantra der Konservativen, tausendmal gehört.

»Jeder?«, versuche ich es erneut, »aber es gibt schon eine große soziale Kluft zwischen Arm und Reich. Wer Geld anlegen will, muss erst mal Geld haben.« Schließlich klafft in keiner anderen westlichen Industrienation die Schere zwischen den Superreichen und dem Rest der Gesellschaft so weit auseinander wie in den USA. »Das obere Prozent der amerikanischen Gesellschaft kontrolliert mehr als ein Drittel des gesamten nationalen Reichtums.« Hätte ich das nicht sagen dürfen? Die Miene des Hausherrn ist plötzlich merkwürdig distanziert. »Die Regierung geht das jetzt an«, meint er spitz und entkorkt einen Chardonnay. »Welcome to the country of ownership society!«, kann ich da nur denken.

»Wer Geld anlegen will, muss erst mal Geld haben«

»Ja, da haben wir es ja mal wieder!«, meldet sich der republikanische Abgeordnete zu Wort, »mehr Freiheit und Kontrolle über das eigene Leben, das könnt ihr Deutschen nicht verstehen, oder?«

Jemand am Tisch erwähnt Clintons Welfare-Reform von 1996, der großen überparteilichen Anstrengung zur Erneuerung des Sozialhilfesystems, die habe ja Arbeitsplätze geschaffen. Trotzdem gebe es doch noch viel Armut in den USA, ging die französische Weltbankangestellte dazwischen, und der Andrang an den Armenküchen sei gestiegen.

»Von euch Franzosen lassen wir uns gar nichts sagen, geht doch streiken!«, bellt darauf der Abgeordnete.

Diese Amerikaner wollten also die Chancengleichheit eher auf anderem Weg erreichen! Ich hatte gerade die Warnungen von Robert Reich, Bill Clintons früherem Arbeitsminister gelesen, dass viele Amerikaner gar nicht genug Geld hätten, um für so etwas wie Alterskonten sparen oder investieren zu können. Viele müssten zunächst ihre Schulden zurückzahlen. Einer »ownership society«, die sich über den Aktienmarkt absichert, traute Reich schon damals nicht. Der aktuelle Wert vieler Aktiendepots von

Kleinanlegern entspreche nicht einmal der Höhe der ursprünglichen Investition. Seine Argumente gab ich wieder, so gut ich konnte. Die wollte an diesem Abend in Alexandria aber niemand hören. Schon gar nicht von einer Frau, die, schlimmer noch, »nur« die Verlobte eines ausländischen Botschafters war. Der Hauptgang wurde serviert, Beef in Pfeffersauce. Und das Thema war vom Tisch.

Inzwischen ist klar, dass das Konzept der »ownership society« eine Bauchlandung erlebt hat. So wurden in den USA in der Boomzeit zwischen 2001 und 2006 die Standards für die Vergabe von Darlehen im Wohnungsbau besonders großzügig ausgelegt. Die Folgen: Im Zuge der Immobilien- und Kreditkrise hat jeder zehnte Amerikaner den Job verloren, viele sogar ihr Haus. Einige Millionen von Eigenheimbesitzern schulden ihrer Bank mehr Geld als das Haus noch wert ist. Doch damit nicht genug: 40 Millionen Amerikaner stehen bislang komplett ohne Krankenversicherung da. Schon jetzt verschlingt das amerikanische Gesundheitssystem prozentual mehr Geld als bei uns. Staatliche Programme wie etwa »Medicaid« und »Medicare« stehen zwar für Alte, Behinderte und die sozial Bedürftigsten ein, doch ist die Nachfrage um einiges größer als ihre zur Verfügung stehenden Mittel. Ob Barack Obama es gegen alle Widerstände aus Politik und Wirtschaft doch noch gelingen wird, das Gesundheitssystem effizienter und gerechter zu machen? Optimismus allein reicht als Heilmittel hier jedenfalls nicht aus.

Dabei lassen sich gerade die Ärmsten der Armen nicht entmutigen. Eine Umfrage von *CBS* und der *New York Times* zeigte, dass der amerikanische Traum auch im Mai 2009 noch nicht ausgeträumt ist. In der Tat haben demnach Immigranten, vor allem solche, die noch nicht die US-Staatsbürgerschaft besitzen, die stärkste Zuversicht hinsichtlich ihrer Fähigkeiten, beim »pursuit of happiness« erfolgreich zu sein. Obwohl sich die USA in der größten Krise seit Ende der 20er Jahre befinden, glauben immer noch 72 Prozent der Amerikaner daran, dass sie durch harte Arbeit Reichtum erlangen können.

Carol Graham, Expertin der Brookings Institution, hat Anfang 2010 ein Buch herausgebracht: *Happiness Around the World*. Sie gelangt darin zu dem Schluss, dass in den USA Ungleichheit als gesellschaftliche Triebkraft immer noch funktioniert; sie gilt als Zeichen von Gelegenheit und Mobilität. Dies spielt der Argumentation für den »American Dream«, in dem der Millionär auch ohne den Tellerwäscher nicht denkbar ist, in die Hände. Ist die Vorstellung vom Glück also nur eine Illusion, die von einer Gesellschaft genährt wird, welche die soziale Ungleichheit alles andere als abschaffen will? Mag sein. Was ist dann der bessere Motor sozialer Veränderung: die gesellschaftliche Vorgabe, gleiche Chancen für alle zu schaffen oder das individuelle Streben, den unbefriedigenden Status quo aus eigenem Antrieb zu verändern?

Dort jedenfalls, wo Begriffe wie Sozialstaat und Gerechtigkeit in aller Munde sind, etwa in Deutschland, so scheint mir, sind manchmal die Ängste größer, Errungenes zu verlieren, als der Wille, Neues zu erringen.

Menschen und Hunde am Fluss

Craig Helsing, der örtliche Repräsentant von BMW, erschauerte jedes Mal, wenn er in der großen Empfangshalle der Residenz stand: »Mein Gott, ist das eine kalte Pracht hier.« Ich musste ihm beipflichten. Vor allem abends, nach Einbruch der Dämmerung, wenn die Neonleuchten aus zehn Meter Höhe ihr kaltes Licht nach unten warfen, strahlte der Raum die Intimität einer Bahnhofshalle aus. Die grimmigen Parzivalholzschnitte von Markus Lüpertz, die weit oben an der Decke angebracht waren, machten den Raum nicht gerade einladender.

Ich trug Unmengen von Kerzen auf die Beistelltische in der Empfangshalle, das Deckenlicht wurde gedimmt, so weit es ging. Doch all das half nur bedingt. Die Gäste drängten sich stets an den Rand und vermieden die Mitte des Saals, wo der weiße Lichtkegel unbarmherzig niederging.

»Egal, was ihr hier macht«, meinte Craig, »es bleibt ungemütlich. Hier fehlt Leben. Hunde oder Kinder würden helfen!« »Pets and kids«, hatte er gesagt. Beides zusammen? Oder in welcher Reihenfolge? Da hatten mein (Noch-Nicht-)Mann und ich zu dem Zeitpunkt jeder eine eigene Agenda. Kaum ein Tag verging, an dem Wolfgang nicht drängte, dass wir doch bitte endlich einen Hund kaufen sollten. Ich war von dem Vorhaben nicht begeistert. Auch weil ich in der Tat einen Kinderwunsch hegte und die Aussicht, dass sich eines Tages ein eifersüchtiger Kampfhund zähnefletschend auf das Neugeborene stürzen könnte, schreckte mich ab. Ich kannte nur unfreundliche Hunde. Die Jagdhunde meines Vaters hatten früher alle meine Schulfreundinnen gebissen.

Und jetzt so ein Tier in unserem Haus? Oder gar einen Golden Retriever wie in der Rama-Werbung? Ich hatte zu Hunden einfach kein inniges Verhältnis. Präsident Truman hat einmal gesagt: »Wer einen Freund in Washington haben will, der kauft besser einen Hund.« Dieser Satz hatte mir Angst eingeflößt, so einsam kann man doch gar nicht sein, oder doch …? Ich musste allerdings auch zugeben, dass die Hallen der Residenz an der Foxhall Road leer und kahl waren, wenn sie mal nicht mit Hunderten von Gästen bevölkert wurden. Wolfgang, so vielbeschäftigt er sonst war, hatte heimlich bereits mehrere Hundezüchter im Umland kontaktiert und schließlich in Culpeper, Virginia jemanden ausfindig gemacht, der auf die Zucht von Australian Shepherds spezialisiert war. Für den Möbelkauf hatte er ja keine Zeit gehabt …

Ich ließ mich schließlich überreden, ihn zu begleiten. »Nur mal gucken …«, lockte er, »ganz unverbindlich!«

Ganz unverbindlich? Als wir Rocky zum ersten Mal sahen, ein neun Wochen altes Wollknäuel mit treuen Knopfaugen, gab es kein Zurück mehr. Natürlich nahmen wir den tapsigen Welpen sofort mir. Ines und Benoît, das »couple franco-allemand« an der Spitze des Residenzpersonals, waren nach unserer Rückkehr genauso begeistert, und so wurde die kleine Töle Rocky zum beliebtesten Mitglied unserer Familie. Immerhin konnte ich nun in der Einsamkeit unserer Residenz mit jemandem reden!

Rocky und ich unternahmen zusammen wunderbare kleine Ausflüge, zum Beispiel zum Battery Kemble Park. Man musste nur die Foxhall Road ein paar hundert Meter hochlaufen, schon war man im Hundeauslaufgebiet. Vier- und Zweibeiner gleichermaßen konnten dort ganz locker, das heißt ohne Leinen oder sonstige Zwänge, mit ihren Artgenossen anbändeln. Rund um die beiden Picknicktische am Rande der Hundewiese versammelten sich Herrchen und Frauchen zum Plausch.

Vor allem aber brachte Rocky Leben in die kalte Pracht der Residenz. Nie werde ich vergessen, wie ihm vor einem offiziellen Empfang in der großen Eingangshalle ein Missgeschick passiert war. Ines und Santi machten sich gerade mit Lappen und Lauge bewaffnet am Boden zu schaffen. »Was ist denn hier los?«, fragte ich. Katheryne Walker, die Protokollsekretärin, räusperte sich und sagte amerikanisch-prüde-korrekt: »Rocky went to the bathroom on the carpet.«

Rocky liebte es, wenn wir große Gesellschaften auf der Terrasse empfingen. Vor allem deshalb, weil dem einen oder anderen Gast ein köstliches Kanapee entglitt und direkt vor seiner Schnauze landete. Aus dieser Zeit rührt Rockys bis heute andauernde Verachtung für Trockenfutter. Die meisten unserer Gäste waren ziemlich angetan von dem zutraulichen Hund. Wie Brooke Shearer, die Frau von Strobe Talbott, der bis 2000 amerikanischer Vize-Außenminister war und Präsident der Brookings Institution ist. Die Talbotts waren ihrerseits stolze Besitzer der betagten Hundedame Katie. Die zeigte sich wiederum interessiert an dem deutlich jüngeren Rocky.

Brooke Shearer gefiel mir gleich bei unserer ersten Begegnung. Sie wirkte unkonventionell, direkt, dabei warmherzig, und sie engagierte sich in vielen Nichtregierungsorganisationen, vor allem für die Bekämpfung von Krankheiten wie Aids bei Frauen in Entwicklungsländern. Wir unternahmen lange, ausgedehnte Märsche mit den Hunden entlang des alten C&O-Transportkanals am Potomac. Den Potomac empfand ich als eine Art verborgene Lebensader dieser Stadt. Eine Ader, die ihre Kraft aus Quellen speist, die tiefer liegen und unerreichbar zu sein scheinen für das, was sich täglich an der Oberfläche der amerikanischen Hauptstadt abspielt. Besonders unwiderstehlich war es dort unten an sonnigen Herbsttagen, wenn der Wind durch die Bäume strich, Fischreiher durch den Schlamm staksten und kanadische Wildgänse am überwucherten Ufer dösten. Hier konnte ich durchatmen und die Energie für das reglementierte Leben hinter dem Sicherheitszaun der Botschaft wiedergewinnen.

An manchen Sonntagabenden schlichen Wolfgang und ich uns aus der Botschaft und fanden uns bei den Talbotts zum »Kitchen Dinner« wieder. Rocky war natürlich stets mit von der Partie. Einen Dresscode gab es nicht – Brookes Küche war ohnehin meist unordentlich. Sie dimmte die Lampen, und das liebenswerte Chaos erschien in milderem Licht. Welch erholsamer Kontrast zu den meist gleißend hell erleuchteten fensterlosen Ballsälen und Diningrooms des offiziellen Washington! Die offiziellen Essen bei Talbotts waren berühmt. Washingtoner »big shots«, wie der Bundesrichter am Obersten Gerichtshof, Stephen Breyer mit seiner Frau, mischten sich an solchen Abenden mit schwedischen Diplomaten, indischen Bankiers oder Studentenfreunden der Talbott-Söhne. Hin und wieder fand auch ein einsamer Nachbar den Weg an Brookes Küchentisch. Die Hunde Katie und Rocky schliefen währenddessen stets einträchtig nebeneinander unter dem Küchentisch.

Eines Tages, wir hatten gerade unseren Marsch am Kanal entlang beendet, sagte Brooke: »So, jetzt komm mit, ich muss dir eine Freundin vorstellen. Die Hunde können wir mitnehmen.« Widerworte duldete Brooke gewöhnlich nicht, und so fuhren wir los. Wir überquerten den Potomac über die Key Bridge und dann ging es hoch in den Wald, vorbei an der Residenz des saudischen Botschafters und anderen überdimensionierten Villen, deren Ausmaße sich hinter hochgewachsenen Hecken und einem Pförtnerhäuschen nur erahnen ließen.

Maries Landhaus steht unter prachtvollen hohen, alten Bäumen. Kaum haben wir den Wagen geparkt, kommt sie uns schon entgegen: eine hochgewachsene, schlanke Gestalt, gefolgt von einem mageren braunen Hund. Marie, »eighty something« und Witwe eines bekannten Verlegers, entpuppt sich als lebendes Geschichtsbuch. Gleich bei unserer ersten Begegnung auf ihrer Terrasse erzählt sie aus ihrem Leben. Vor fast 60 Jahren kam sie nach Washington. Mit ihren Eltern war sie aus Philadelphia hierher gezogen und fand ihre erste Anstellung beim *Philadelphia Evening Bulletin.* 1947 ging sie zu einem »dinnerdance« bei Freunden, verabredet war sie dort mit einem jungen Kongressabgeordneten. Er hieß John F. Kennedy. Der spätere Präsident war es auch, der die junge Marie mit Walter Ridder bekannt machte, der zu dieser Zeit Reporter bei der *St. Paul Minnesota Press* war. Dass ihm die Zeitung auch gehörte, hatte er Marie aber erst kurz vor der Hochzeit verraten. »Ich war euer Liebesbote!«, ulkte Kennedy daraufhin, wenn man sich mal wieder begegnete.

»Ich war euer Liebesbote!«, ulkte Kennedy

Walters Familie gehörte auch eine deutschsprachige Zeitung, die *New Yorker Staatszeitung*, kurz »Staats« von den Amerikanern genannt. Maries Mutter, deren Vorfahren jüdisch waren, war empört, als sie von der Liaison ihrer Tochter mit einem »Deutschen« erfuhr. Auf alles Deutsche war sie nach Krieg und Nationalsozialismus nicht gut zu sprechen. Dennoch ging Marie im September

1948 mit ihrem frisch angetrauten Ehemann nach Deutschland. Bis 1950 wohnten sie in Frankfurt, Walter arbeitete in der Verwaltung für die Umsetzung des Marshallplans.

Marie selbst fand einen Job bei der Jewish Agency, welche die Geschichte der Konzentrationslager aufarbeitete. »Was ich bei meiner Arbeit gesehen habe, war schrecklich. Es hat mein Bewusstsein verändert.« Sie, die sich bis dahin nicht besonders für ihre jüdischen Vorfahren interessiert hatte, fühlte sich plötzlich ganz jüdisch. »Ich habe dann auch immer gesagt, dass ich jüdisch bin, bei der Haussuche zum Beispiel«, bekennt sie. In dieser Zeit lernte sie über ihren Onkel, der als Gesandter der amerikanischen Botschaft in Stockholm für die deutschen Flüchtlinge zuständig gewesen war, Willy Brandt kennen. Bei späteren Besuchen in Washington war Willy Brandt häufig bei Ridders zu Gast. Soso. »Du warst sicher eine sehr attraktive junge Frau damals«, sage ich. Sie lächelt fein: »Just enough, my dear!«

Auf den weißen Eisenstühlchen sitzen, dabei den Blick über Rosenbüsche und Magnolien hinweg im Potomac verlieren – schöner konnte Washington nicht sein, als in diesen gestohlenen Augenblicken abseits des täglichen Rummels in der Botschaft. Meist kredenzte Marie selbstgemachte Pfefferminzlimonade und Beeren aus dem Garten. Im Herbst kam – zu meiner großen Freude und entgegen den sonstigen amerikanischen Gepflogenheiten – oft Rehbraten auf den Tisch. Das Wild war von Maries Gärtner selbst im eigenen Garten erlegt worden – ein deutscher Waidmann wäre entsetzt gewesen!

Oft waren wir zu dritt, Brooke, Marie und ich. Die Hunde Katie, Rocky und Maries dünner Brauner tobten derweil durch den Garten. Ich versöhnte mich mit Präsident Truman; irgendwie hatte er doch recht gehabt mit seinem Satz über Hunde und Freundschaften. Bei Brooke und Marie jedenfalls konnte ich sagen und fragen, was ich wollte. Sie hatten nicht nur diesen Sinn für Zwischentöne, sondern lachten gerne, frei, ungehemmt und verschwörerisch. Ein Lachen, das allerdings oft mehr verbarg, als es preisgab …

Bill und Hillary

In unserem ersten Jahr in Washington sollte ich noch eine andere Frau kennenlernen, die ebenfalls eine gute Freundin von Brooke war: Hillary Clinton.

Wir waren damals zu Gast bei Sid Blumenthal, einem engen Vertrauten der Clintons, der während der Zeit der Bush-Regierung vor allem Bücher schrieb. Wir saßen am Küchentisch bei einem Glas Bordeaux und Hühnchen, als es an der Tür klingelte. Sid ging zur Tür und führte den späten Gast hinein: Hillary Clinton, frühere First Lady und nun demokratische Senatorin für New York. Sie komme gerade von Ted, sagte sie und meinte ihren Senatskollegen Ted Kennedy. Sie bekam noch einen Teller vorgesetzt, und wir unterhielten uns über amerikanischen Patriotismus, Terrorismus und Menschenrechte.

»Was für einen Anfang in Ihrer neuen Heimat Sie hatten!«, sagte sie, nachdem ich von meinem 9/11 erzählt hatte. Dann sprachen wir über Afghanistan und den Irak. Was für eine Frau, dachte ich damals. Ein Gesicht, das anders als bei vielen anderen Menschen, die ich hier getroffen hatte, die Persönlichkeit nicht verbirgt. Mit einem Blick, aus dem man lesen konnte, wie viel Kraft ein solches Leben braucht. Auch die Stimme war fester als bei den meisten Amerikanerinnen. Nach einer Stunde brach sie auf, »weil Bill gleich kommt«.

Den früheren Präsidenten Clinton trafen wir einige Monate später anlässlich eines Jubiläums der Fulbrightstiftung in Little Rock, Arkansas. Bill Clinton hatte in jüngeren Jahren für Senator Fulbright gearbeitet. Wir waren nun 20 Minuten mit ihm allein, bevor die Feierlichkeiten begannen. Mein Mann hatte mich vorgewarnt: »Du wirst ihm verfallen!« Ich lachte. So ein Unsinn! Doch als Clinton mich begrüßte, mutierte ich zu einem hilflosen, wie hypnotisierten Kaninchen, das sich zwei Tage später noch die Augen rieb. Mit dieser Reaktion befand ich mich in guter Gesellschaft, denn Millionen von Amerikanern hatten sich – manche auch nur über den Fernsehschirm – von der Aura dieses Mannes in den Bann schlagen lassen. Egal, wie viele Menschen sich mit dem früheren Präsidenten im gleichen Raum aufhielten, erzählte mir Wolfgang anschließend, ausnahmslos jeder sonnte sich hinterher im Glanze besonderer präsidialer Aufmerksamkeit. Besuchern aus Deutschland erging es da nicht anders. Vor etlichen Jahren war Wolfgang in seiner früheren Funktion als politischer Direktor mit dem deutschen Außenminister in Washington. Nach langem Hin und Her kam es schließlich zu dem begehrten Termin mit dem Präsidenten. Zur gleichen Zeit hielt sich eine Gruppe Angehöriger der Jungen Union in Washington auf. Helmut Kohl hatte offenbar seinen Freund Bill angerufen und ihn gebeten, doch die jungen Christdemokraten kurz zu empfangen. Jedenfalls bestellte das Weiße Haus beide deutschen Delegationen ungefähr zur gleichen Zeit zum Termin – nach dem Motto »two for the price of one«.

Während der deutsche Außenminister noch im Oval Office mit dem Präsidenten redete, öffnete sich eine Flügeltür und herein kam der CDU-Nachwuchs. Clinton verwickelte jeden in ein kurzes Gespräch und innerhalb von Minuten waren alle am Präsidenten vorbeigeschleust. Statt später über diese Fließbandabfertigung beleidigt zu sein – niemand war gebeten worden, sich hinzusetzen – dominierte in beiden deutschen Delegationen das Gefühl, eine Sternstunde in den transatlantischen Beziehungen erlebt zu haben. Was immer es war, es war zumindest eine Kostprobe der charismatischen Fähigkeiten Clintons und ein protokollarisches Meisterstück des Weißen Hauses obendrein.

Seine Frau Hillary stellte 2003 ihr Buch *Living History* vor. In Washington verstand man das als vorbereitende Maßnahme für eine künftige Bewerbung ums Präsidentenamt. Vor allem die Passagen über die Ehekrise galten als Ballast, den die Senatorin loswerden musste, wenn sie überhaupt eine Chance haben sollte auf dem Weg an die Spitze des Landes. Im Endeffekt waren es dann auch nicht diese Themen, die ihren Erfolg als Präsidentschaftskandidatin verhinderten, sondern der Gegenkandidat aus der eigenen Partei, Barack Obama, mit dessen Stärke und historischer Mission damals kaum jemand rechnen konnte.

Der Buchclub und »The Innocents and the Dangerous«

Einen unvergleichlichen Blick in die Seele der »Washingtonians« gewährte mir »mein« Buchclub. Nicht allzu lange nach Ankunft in Washington nahm uns ein befreundeter deutscher Journalist mit in das Haus von Abigail Trafford, Journalistin bei der *Washington Post*. Abby hatte zu einer Lesung geladen. Der deutsche Erfolgsautor Bernhard Schlink, der in Amerika durch einen Auftritt bei Talkmasterin Oprah Winfrey bekannt geworden war, war Ehrengast. Der Juraprofessor las aus der englischen Übersetzung seines Romans *Der Vorleser*.

Alles drängt sich in Abigails Salon mit seinen verstaubten Bücherwänden, Perserteppichen und der Schummerbeleuchtung aus vergilbten Lampenschirmen. Irgendwo am Rande des Gewühls steht ein Tisch mit offenen Weinflaschen, die die Gäste mitgebracht haben. Nach der Lesung werden Fragen gestellt. Eine Dame, gepflegter und älter als die anderen, fragt mit zittriger Stimme: »Was hat Hannah wirklich gefühlt? Sie müssen es doch wissen, Mr. Schlink.« Der schüttelt den Kopf: »Woher soll ich das wissen? Ich weiß auch nicht mehr als Sie ...« Später entspinnt sich im Hinterzimmer eine Debatte im kleineren Kreis. Die Stichworte »Holocaust«, »Konzentrationslager« und die »deutsche Vergangenheit« werden nur kurz berührt. Dafür verbeißen sich drei der Gäste in eine andere Frage: ob dem Bestseller nicht ein Fall von Missbrauch Minderjähriger zugrunde liege und ob es zulässig sei, so etwas literarisch auszuschlachten. Ich traue meinen Ohren nicht, das war ja mal eine gewagte These! Doch die Gäste schienen es gewohnt zu sein, so kontrovers über Literatur zu diskutieren. »Die sind alle aus meinem Buchclub«, erklärt mir Abby und stellte dann zwei ihrer Freunde vor. Die mustern mich mit betont desinteressierter Miene. Ich fasse mir ein Herz: »Wie wird man denn hier Mitglied?« Die beiden tauschen kurz skeptische Blicke aus und schauen dann mich an: »Gar nicht!«

»Also«, fügt der eine, der sich als Charles vorgestellt hatte, hinzu, »man kann sich jedenfalls nicht bewerben, man wird gefragt.«

Eine Woche später kam der Anruf. Die Gruppe hätte getagt, und sie hatten sich entschieden, mich aufzunehmen. Also trafen wir uns fortan alle sechs Wochen, in McLean, Chevy Chase oder Silver Spring. Wir lasen *Anna Karenina*, Stendhal und schließlich *Das Fest des Ziegenbocks* von Mario Vargas Llosa. Charles stellte das Buch vor, kein historisches Detail über Haitis grausamen Diktator war ihm entgangen. Darüber entspann sich auf Agnes' Sofas eine angeregte Diskussion, als hätten wir über ein Sachbuch diskutiert.

Ich melde mich zu Wort: »Wir können doch nicht über Vargas Llosa reden, ohne seine Vorstellungen von Sexualität und Macht zu erwähnen!« Alle blicken betreten in ihr Buch, keiner sagt etwas. Charles brummt dann, jaja, das sei schon richtig. Da ist aber die Hausherrin Agnes schon in der Küche verschwunden, um noch mehr Teewasser aufzusetzen.

Auf dem Rückweg mit Charles und seiner Frau herrscht Stille im Auto. Er durchbricht sie schließlich und sagt: »Jutta, es fällt Amerikanern schwer, über solche Themen zu reden. Wir sind ein bisschen prüde. Das merken wir immer, wenn wir mit Ausländern zu tun haben.« – »Oder in Europa unterwegs sind«, fügt seine Frau hinzu. »The Innocents – abroad?« Ja, gibt es die etwa immer noch? Ich dachte, die hätten sich spätestens im 20. Jahrhundert die Hörner abgestoßen. Mark Twain war derjenige gewesen, der das Phänomen zum ersten Mal beschrieben hatte. Gefolgt von seinem Schriftstellerkollegen Henry James, der in seinen Romanen, zum Beispiel in *The Portrait of a Lady* oder *The Europeans* arglose Amerikaner beschreibt, die es in die Alte Welt verschlägt, wo sie dann an der unmoralischen Dekadenz der Europäer und der Exilamerikaner zugrundegehen. Manchmal auch ganz wörtlich, am »roman fever«, wie in Henry James' Novelle *Daisy Miller.*

»Innocent Abroad« nannte denn auch kürzlich der außenpolitische Experte und frühere US-Botschafter in Israel, Martin Indyk, sein Buch über die Nahostpolitik der Clinton-Regierung. »Innocent«, diesmal wohl ironisch gemeint. So lobt Indyk zwar grundsätzlich die Verdienste der USA, kritisiert in seinem Buch aber das amerikanische Bestreben, die Region nach dem Vorbild

Amerikas verändern zu wollen; von »Naivität« spricht er in dem Zusammenhang, von »Ignoranz« und »Arroganz«.

Und in der Tat: Führt nicht manchmal diese eingebildete Unschuld, der Idealismus, das Gefühl moralischer Überlegenheit der Amerikaner, dieses »we are the good guys«, zu einem Schwarz-Weiß-Denken, das die eigene Rolle zu wenig hinterfragt und die Vielschichtigkeit der Probleme gern mal ausblendet? Nach dem Zweiten Weltkrieg hat diese idealistische Strömung – wie auch schon durch Wilson nach dem Ersten Weltkrieg – ja Gutes gewollt und auch viel Gutes erreicht, das wollen wir nicht unterschlagen. Aber wie sagte doch eine amerikanische Außenministerin, beseelt von diesem Geist, vor nicht langer Zeit: »Wir haben den Japanern und den Deutschen die Demokratie gebracht, warum dann nicht auch den Irakern?«

Bush und die Deutschen: »I like Gerhard!«

Die meisten der Amerikaner sind davon überzeugt, dass sich die amerikanische Hilfe nach dem Zweiten Weltkrieg gelohnt hat und dass aus Deutschland wieder ein florierendes Gemeinwesen geworden ist. Die Deutsche Einheit führte in den USA, anders als in Großbritannien, zu einem Freudentaumel. Auf allen privaten USA-Reisen in den 90er Jahren wurde ich darauf angesprochen, wie wunderbar es sei, dass die Mauer gefallen war und uns die Einheit beschert hatte. Dass der damalige Präsident George Bush und sein Außenminister James Baker sich bei der außenpolitischen Weichenstellung große Verdienste erworben hatten, ist in den USA allerdings weniger bekannt als in Deutschland.

In den Jahren zuvor hatte es durchaus Dissonanzen gegeben. Unvergessen sind die Proteste in Deutschland gegen den NATO-Doppelbeschluss und die Stationierung amerikanischer Raketen in Westeuropa. Die Slogans der Friedensbewegung in den späten 70er und 80er Jahren waren »Frieden schaffen ohne Waffen!« oder die Wiederauflage von »Lieber Rot als tot« und klingen bis heute nach. Auch der Zweite Golfkrieg Anfang der 90er Jahre provozierte noch antiamerikanische Töne.

Kritische Reaktionen kamen dabei bei Weitem nicht nur von links, von den 68ern und ihren Nachfolgern, sondern auch aus dem deutsch-nationalen Schmollwinkel der Kriegsgeneration. Mein Vater, der selbst mit 17 Jahren in den Krieg musste, konnte das allerdings nie verstehen. »Ohne die Unterstützung der Amerikaner hätten wir den Wiederaufbau nie so gut geschafft«, hatte er immer beharrt, »und auch die Einheit nicht bekommen.« Je stärker die Dissonanzen im deutsch-amerikanischen Verhältnis, umso heftiger beschwor die offizielle Politik stets die Bedeutung der transatlantischen Wertegemeinschaft. Das Bekenntnis dazu fehlt bis heute in keiner außenpolitischen Grundsatzrede – ebenso wenig wie dasjenige zu Europa.

Bot die Zeit nach 9/11 nun die Gelegenheit, den Amerikanern endlich unsere Dankbarkeit zu zeigen? Die uneingeschränkte Solidarität, die wir Amerika zugesichert hatten, leitete in der Tat eine kurze Phase deutsch-amerikanischen Liebesglücks ein. Die Botschaft in Washington schwelgte in einer Woge der Unterstützung. Hunderte E-Mails von begeisterten Amerikanern, die als GIs in Deutschland gewesen waren, gingen ein, auch Briefe deutschstämmiger Farmer aus Texas oder Missouri. Eine 89-jährige Dame aus Houston, deren Vater aus Berlin stammte, schrieb, dass Deutschland nun das erste Mal nach dem Zweiten Weltkrieg die Chance habe, das wieder gut zu machen, was die Amerikaner für uns beim Wiederaufbau getan hätten. Zum ersten Mal war die Dame wieder stolz auf ihre alte Heimat.

In der amerikanischen Hauptstadt machte ein Brief eines jungen Soldaten an seinen Vater die Runde, der allen Tränen der Rührung in die Augen trieb. Zwei Tage nach 9/11 war es in der Nordsee zu einer Begegnung zwischen der USS Winston Churchill und der deutschen Fregatte Lütjens gekommen. Die Amerikaner sahen, dass das deutsche Schiff eine amerikanische Flagge gehisst hatte. Als sie schließlich längsseits kamen, war die gesamte deutsche Crew in Blauzeug auf Deck angetreten und hielt ein Segeltuch hoch, auf dem stand: »We stand by you!« Niemand auf der Brücke, so schreibt der junge Rekrut, konnte seine Tränen zurückhalten. »Es war einer der bewegendsten Momente in meinem Leben.«

Die deutsche Crew war auf Deck angetreten und hielt ein Segeltuch hoch, auf dem stand: »We stand by you!«

Diese Geschichte erzählte man sich in Washington auf den Empfängen zwischen Häppchen und Weingläsern. Ich hätte die Besatzung der Lütjens umarmen können – einen besseren Dienst hätte sie der deutsch-amerikanischen Freundschaft nicht erweisen können. Später wurde die Besatzung der Lütjens zu einem offiziellen Besuch nach Washington eingeladen und übergab im Kapitol feierlich das »We stand by you«-Tuch an Senator Richard Lugar. Im Laufe des Jahres 2002 sollte sich das Blatt jedoch wenden. Der Deutsche Bundestag hatte noch am 22. Dezember 2001 das Mandat für die Beteiligung der Bundeswehr am ISAF-Einsatz in Afghanistan erteilt. Am 29. Januar 2002 hatte Bush die »Achse des Bösen« beschworen, welche sich von Nordkorea über den Iran bis in den Irak ziehe, so hatte er proklamiert.

Heißt es nicht im Hymnus vom Jüngsten Gericht: »Dies Irae – Tag der Rache, Tag der Sünden, wird das Weltall sich entzünden …«? Das Weltall vorerst nicht – doch ein bis dahin uninspirierter Präsident hatte sein Thema gefunden: Strafe für die, die Amerika auf brutalste Weise die eigene Verwundbarkeit vor Augen geführt hatten. Das durfte sich nicht wiederholen! Nicht schwer zu erraten, welches das nächste Angriffsziel sein sollte …

Bundeskanzler Gerhard Schröder kam im Januar 2002 nach Washington und traf Bush zu einem frühen Abendessen. »Eigentlich könnte ich mit Bush ja ganz gut, die direkte Art … wenn da bloß nicht seine Politik wäre.« So oder so ähnlich äußerte sich Schröder damals im kleinen Kreis. »I like Gerhard«, sagte auch Bush damals zum deutschen Botschafter.

Bei Tisch im Weißen Haus, nach dem Dessert bei Wein und Zigarre, soll dann, amerikanischen Quellen zufolge, Schröder Bush geraten haben, die Irak-Sache gegebenenfalls durchzuziehen, ohne lange zu fackeln. Wolfgang, der neben Schröder saß und Notizen machte, widerspricht der amerikanischen Darstellung nachdrücklich. Niemand könne, so seine Darstellung in der Folgezeit vielen Amerikanern gegenüber, aus dem Tischgeplänkel folgern, Schröder habe die Zustimmung Deutschlands zu einem militärischen Vorgehen gegenüber Bagdad erklärt.

Als George W. Bush fünf Monate später, am 22. Mai 2002, zum Gegenbesuch nach Berlin kam – sein erster Besuch überhaupt in Deutschland – hatte sich die öffentliche Stimmung bereits gegen ihn und seine vermuteten Absichten im Irak gewandt. Wolfgang und ich waren einen Tag vorher eingetroffen und schockiert: Die deutsche Hauptstadt war im Ausnahmezustand, die »normalen« Berliner weggesperrt hinter Gittern und Stacheldraht. Auf Kreuzbergs Straßen tobten die Demonstranten. Über deutsche Fernsehschirme liefen Bilder mit Transparenten, auf denen Bush als Kriegsverbrecher bezeichnet wurde. Tausende von Polizisten waren im Einsatz. Es galt die höchste Bedrohungsstufe, auch, weil nach 9/11 terroristische Angriffe nicht auszuschließen waren. Der

Regierende Bürgermeister Klaus Wowereit, der angekündigt hatte, während Bushs Aufenthalt in Australien zu sein, blieb dann doch in Berlin. Vergleiche mit dem Besuch von Putin Ende September 2001 drängten sich auf. Den russischen Präsidenten hatten die Berliner ein paar Monate zuvor eher freundlich gegrüßt. Hoffentlich, dachte ich, sieht man diese Protestbilder in Washington nicht. »Uneingeschränkte Solidarität« stellt man sich anders vor.

In diesen Maitagen kam uns ein makabrer Zufall zu Hilfe, der verhinderte, dass die Fernsehbilder aus Deutschland die amerikanischen Medien beherrschten. Ende Mai wurde im Rock Creek Park nördlich von Washington die Leiche der Tage vermissten Kongresspaktikantin Chandra Levy gefunden. Sie hatte, wie sich bald herausstellte, eine Affäre mit einem Abgeordneten gehabt. Immer wieder liefen die Bilder der Fundstelle in den US-Nachrichten. Amerikas oberster Kriegsherr reiste schließlich aus Berlin ab. Zuvor hatte er im Bundestag gesprochen und gesagt, was jeder erwartete. Dass der internationale Terrorismus die größte Herausforderung für das transatlantische Bündnis darstellte. An dem Tag, als der US-Präsident zu den Deutschen gesprochen hatte, wurde natürlich auch der amerikanischen Hilfe für das eingeschlossene Berlin der Nachkriegszeit gedacht. Schade nur, dass von deutscher Dankbarkeit auf den Straßen Berlins so wenig zu sehen war! Wolfgang unterhielt sich mit einem Taxifahrer, der sich noch an die Zeit der Luftbrücke erinnerte. »Nee, nee, wir lieben die Amis, dit können Se och ruhig globen. Und dit können se dem och sagen. Die, die da in Kreuzberg demonstrieren, können dit nur, weil die Amis zu uns jestanden sind. Sagen Se dit dem Bush.« Diese Geschichte verbreitete Wolfgang daraufhin unter den Amerikanern. Der Präsident war angetan, und die Story lief auf *CNN*.

Wie hatte sich Deutschland bei dem Präsidentenbesuch sonst präsentiert? Nach dem Großen Zapfenstreich im Park von Schloss Bellevue hatte es eine Teerunde für die Damen bei Christina Rau gegeben. Anwesend waren Laura Bush, Marcia Coats, die Frau des US-Botschafters in Berlin, Doris Schröder-Köpf und ich. Das heißt: zwei bibelfeste, langjährige Ehefrauen auf der einen, und Doris Schröder-Köpf und ich, zwei Journalistinnen, auf der anderen Seite. Die eine war alleinerziehende Mutter, bevor sie die vierte Frau des amtierenden Bundekanzlers wurde. Ich war gar nicht verheiratet, lebte aber, wie man früher sagte, in wilder Ehe mit dem deutschen Botschafter in Washington zusammen. Die »ordentlich« verheiratete Christina Rau rettete schließlich die Ehre des konservativen Deutschlands.

Auch bei dieser bilateralen Begegnung im Mai 2002 wurden die Positionen hinsichtlich des Iraks nicht geklärt. Wieder war Wolfgang dabei, als Bush auf die Frage Schröders nach dem Irak erklärte, es gäbe nichts zu besprechen, weil er noch gar keine Entscheidung über die Frage einer militärischen Intervention getroffen habe. Er werde sich melden, sobald eine Entscheidung getroffen werde: »I will be in touch with you, Gerhard.« In der Pressekonferenz wurde dann auch absprachegemäß von beiden mitgeteilt, über den Irak sei nicht gesprochen worden. Beiden Seiten war aber bewusst, das erzählte Wolfgang aus den Berliner Gesprächen Bushs, dass man aneinander vorbeiredete und nicht offen über Absichten und Pläne sprach. Man vertraute einander nicht mehr. Später behauptete das Weiße Haus, als Berlin sich offen vom Irakkrieg distanzierte, vom deutschen Bundeskanzler enttäuscht bzw. damals getäuscht worden zu sein. »He lied to me«, soll Bush gesagt haben. Damit war der Grundstein für das kommende Zerwürfnis gelegt. Kurz danach saßen wir schon wieder im Flugzeug Richtung Washington – mit ziemlich gemischten Gefühlen hinsichtlich der transatlantischen Beziehungen.

Im Sommer 2002 wurde in Berlin der Schwenk von »uneingeschränkter Solidarität« hin zu einem »Nein« zum Irakkrieg vorbereitet. Schröder nutzte die abweichende deutsche Haltung für seinen Bundestagswahlkampf. Einige würden später behaupten, dass es Außenminister Joschka Fischer war, der die Idee hatte, mit pazifistischen Themen für Rot-Grün auf Stimmenfang zu gehen. Schröder fand im französischen Präsidenten Chirac einen Verbündeten in der Ablehnung eines Irakkrieges, insbesondere, wenn er ohne ein UNO-Mandat begonnen würde.

Am 5. August 2002 jubelte eine große Menschenmenge auf dem Opernplatz in Hannover dem Wahlkämpfer Gerhard Schröder zu. Er hatte sein Erfolgsrezept für den Wahlkampf gefunden. Die Rede von Vizepräsident Dick Cheney Ende desselben Monats in

Nashville vor amerikanischen Kriegsveteranen kam dann gerade recht, schien sie doch – nicht nur in den Augen der Deutschen – die wahren Ziele der Bush-Administration im Irak zu enthüllen: Regimewechsel, auch weil, wie Cheney sagte, »das Risiko des Nichthandelns größer sei, als das des Handelns«. Diesmal fühlte sich Schröder von Bush getäuscht – hatte dieser ihm im Mai in Berlin nicht versprochen, sich im Falle einer Festlegung in Sachen Irak persönlich zu melden, »to be in touch«? Der Anruf aus dem Weißen Haus war ausgeblieben.

Von roten Männern und deutschen Bleichgesichtern

In den ersten Frühlingsmonaten 2002 reisten wir nach Dallas, wir waren auf die Ranch eines Freundes eingeladen. Zum obligatorischen Barbecue erscheint auch Holly, eine Freundin des Hausherren, die er noch aus Collegezeiten kannte: blonder Schopf, sommersprossiges Gesicht, blaue Augen. »Ich bin auch eine Deutsche!«, teilt sie uns sogleich mit. Ihre Familie stamme von deutschen Siedlern ab, die sich vor mehr als 150 Jahren in der Nähe des heutigen Fredericksburg niedergelassen hatten. »Und mein Ururgroßvater kannte sogar Meusebach«, sagt sie bedeutungsvoll. Aha. Meusebach?

Als Holly, die als Anwältin in Dallas arbeitet, merkt, dass sich unsere Kenntnisse in Grenzen hielten, holt sie aus und erzählt vom Mainzer Adelsverein, der in der Mitte des 19. Jahrhunderts die Auswanderung mehrerer Tausend Deutscher nach Südtexas betrieben hatte. Das Unterfangen, in der jungen Republik Texas Land zu erwerben und dort ein florierendes, deutsches Gemeinwesen aufzubauen, war jedoch nicht von langfristigem Erfolg gekrönt. An dem umtriebigen Otfried Hans Freiherr von Meusebach, der als Generalsekretär vor Ort eingesetzt worden war, hatte es offenbar nicht gelegen. Nicht nur hatte der Baron das texanische Fredericksburg gegründet, sondern auch den angeblich einzigen Friedensvertrag mit Indianern abgeschlossen, der nicht gebrochen wurde.

Holly zückt einen abgewetzten Zettel aus ihrer Geldbörse, den sie extra für den deutschen Botschafter mitgebracht hatte: »Ich habe hier ein Zitat von Meusebach«, strahlt sie und liest vor: »›Mein Bruder spricht von einer Barriere zwischen den roten Männern und den Bleichgesichtern. Ich schätze meine roten Brüder nicht geringer, weil ihre Haut dunkler ist, und ich halte nicht mehr vom Volk der Weißen, nur weil ihre Hautfarbe heller ist.‹« Sieh mal an, der Meusebach!

Die Deutschen, die sich im 19. Jahrhundert in Texas ansiedelten, hatten auch sonst einen guten Ruf, sie galten als fleißig und gelehrsam. Sie bauten auf weitläufigen Plantagen Tee, Tabak und Reis an, hielten aber nichts von Sklaverei. Angesichts der jüngeren deutschen Geschichte, dem Konglomerat aus Größenwahn, militärischer Aggression und Rassenhass, sind Berichte über idealistische Deutsche auf einem abgelegenen Stückchen Erde nur eine kleine Fußnote der Geschichte. Aber mal eine erfreuliche.

Die Geschichte deutscher Auswanderung nach Amerika begann schon früh. Im Herbst 1683 gründeten aus Deutschland emigrierte Mennoniten Germantown in Pennsylvania. Die Zeitläufe europäischer Geschichte hatten dann viele Deutsche, das heißt Pfälzer, Hessen oder Preußen aus den unterschiedlichsten Gründen in die Neue Welt gespült. Die meisten Einwanderer – bis auf solche, die als Söldner verhökert worden waren – waren auf der Suche nach einem neuen Leben, weit weg von religiöser und politischer Unterdrückung und wirtschaftlicher Not. Die Deutschen, im 19. Jahrhundert die größte Gruppe von Einwanderern in den Vereinigten Staaten, betrieben deutschsprachige Schulen, Vereine, Kirchengemeinden und Zeitungen.

Der Kriegseintritt der Amerikaner in den Ersten Weltkrieg gilt als Zäsur, er führte zu einer unbeschreiblichen Woge deutschfeindlicher Stimmung in den USA: Deutschamerikaner wurden mit Verboten und Repressalien in nie da gewesenem Maße konfrontiert. Die Hunnenrede von Kaiser Wilhelm II., die er im Juli 1900 mit den Worten »Pardon wird nicht gegeben. Gefangene werden nicht gemacht« abrundete, hatte ohnehin schon Ängste geschürt vor den barbarischen Deutschen. Die sah man nun bestätigt. Nicht zum letzten Mal in diesem Jahrhundert!

Nationalsozialismus und Zweiter Weltkrieg entfachten die antideutsche Stimmung erneut. Nach dem Ende des Krieges, nachdem auch das Ausmaß der Greueltaten, wie die Ermordung von sechs Millionen Juden, an die Öffentlichkeit gelangte, sahen sich Deutschamerikaner erst recht Anfeindungen ausgesetzt. Wer wollte sich da noch zu deutschen Wurzeln bekennen?

Seit dem Kriegsende sind 65 Jahre vergangen. Deutschland ist mithilfe der Amerikaner längst wieder in die Völkerfamilie aufgenommen. Und immerhin: Bei der Volkszählung im Jahr 2000 gaben 43 Millionen US-Bürger an, deutsche Vorfahren zu haben, noch 15 Prozent der Gesamtbevölkerung. Deutschamerikaner treten jedoch bis heute nicht so geschlossen auf wie andere Einwanderergruppen, wie zum Beispiel die Iren, Polen, Italiener und Asiaten, die oft ganze Stadtviertel in den großen Städten wie Los Angeles, New York City oder Washington D.C. für sich reklamieren. Die Hispanics zählen dabei zu den am schnellsten wachsenden Bevölkerungsgruppen der USA, wodurch manch konservativer WASP (»White Anglo-Saxon Protestant«) das alte protestantisch-angelsächsische Amerika in seinen Grundfesten bedroht sieht.

Der Diplomat Reinhard Schweppe, der in den 80er Jahren in der Deutschen Botschaft Washington für die deutschen Vereine zuständig war, hatte sich seinerzeit für eine bessere Vernetzung deutschstämmiger Amerikaner eingesetzt. »Es gab jenseits von klischeehaftem ›Rumtata‹ und den Lederhosenvereinen viele interessante Leute, Unternehmer, die etwas aufgebaut hatten, die man für Zukunftsprojekte hätte gewinnen können«, erzählt mir Reinhard, heute Botschafter bei den Vereinten Nationen in Genf. Doch ein solches Projekt kam nicht in Schwung.

Im Jahr 1987 wurde offiziell der 6. Oktober zum »German-American Day« gekürt – in Erinnerung an jenen Tag vor 300 Jahren, als die ersten Einwanderer aus Krefeld Germantown gründeten. Drei Jahre später hat die Geschichte den 6. Oktober wieder eingeholt. Die deutschen Auslandsvertretungen laden nun immer am 3. Oktober zum Tag der Deutschen Einheit. Ob nun 6. oder 3. Oktober – für die Amerikaner ist alles inzwischen ein einziges »Oktoberfest«! Womit wir wieder bei Bier, Lederhosen und Blasmusik wären. Und bei der Steubenparade.

Steuben oder der falsche Schrempp

Die Steubenparade war Mitte der 50er Jahre von einigen Deutschamerikanern zu Ehren des preußischen Offiziers Friedrich-Wilhelm von Steuben ins Leben gerufen worden, der im Amerikanischen Unabhängigkeitskrieg auf der Seite von George Washington kämpfte. Immer im September bewegt sich ihm zu Ehren ein Umzug mit Schützenkapellen, Karnevalsvereinen und Trachtenclubs die 5th Avenue herunter. Ein Großereignis in New York City, keine Frage.

Eines Tages legte Wolfgang das Einladungsschreiben auf den Tisch. Schlimmer noch: Er hatte bereits für uns beide zugesagt. Mindestens ein Mal, so meinte er entschuldigend, müsse der deutsche Botschafter daran teilnehmen.

»Außerdem«, grinste er, »kommt der Schrempp!« Der sollte Ehrengast sein, Grand Marshall.

Wir treffen am Vorabend in New York ein, gerade rechtzeitig zum »Grand Marshall's Dinner«. Da ist er, der Schrempp von Daimler Chrysler. Doch halt, das ist doch nicht der Vorstandsvorsitzende Jürgen Schrempp – sondern sein jüngerer Bruder Wolfgang Schrempp, Chef der Daimler-Niederlassung in Rom. Für die Veranstalter war das egal. Hauptsache Schrempp. Am nächsten Morgen beginnt die Parade deutschen Brauchtums, die, so wirkt es auf mich, die Moderne weitestgehend ignoriert. Dafür tragen die beteiligten Traditionsvereine aus Deutschland und Amerika so klangvolle Namen wie »Deutscher Wanderverein of New York and New Jersey«, die »Liederkranz Foundation«, der »Schuhplattlerverein Gemütliche Enzianer« oder die »Alpenland Dancers«, die »Jägermeister Jägerettes«, die »Funkenmariechen Dancers«.

Auch Wolfgang und ich marschieren – mit dicker Schärpe um den Bauch gebunden – die 5th Avenue herunter, ebenso wie der Organisator Bill Hetzler und der »falsche« Schrempp. Der

Senator Chuck Schumer und Bürgermeister Bloomberg gesellen sich hinzu und sind entzückt, den »großen Wirtschaftsführer« endlich kennenzulernen. Wissen die denn nicht, wie der richtige Schrempp aussieht?, wundere ich mich. Was für eine Posse! Auch als wir uns schließlich auf die Zuschauertribüne retten, ist der Spuk noch nicht vorbei. Über einen Lautsprecher werden die Ehrengäste der Reihe nach begrüßt: der deutsche Botschafter aus Washington und Mr. Schrempp von Daimler Chrysler, dem wichtigsten Unternehmen der Welt. Die Massen jubeln. Schrempp lächelt gnädig. Und Schuhmacher Voigt grüßt aus Köpenick.

Schlägt angesichts von Blasmusik, Spielmannszügen und Lederhosen das Herz der »expatriates«, der Auslandsdeutschen, höher? Eine Malerin aus Düsseldorf, die in New York lebt, sucht regelmäßig das Weite. Die Pflege deutschen Brauchtums steht unter den jüngeren Deutschen, die für den Job nach Amerika gekommen sind, nicht gerade an erster Stelle. »Die deutschen Kollegen sind immer die, die sich am schnellsten anpassen, den amerikanischen Akzent trainieren und ihre Weltläufigkeit demonstrieren«, hatte mir erst kurz vor dem Umzug ein amerikanischer Unternehmensberater aus Manhattan erzählt. Politisch interessierte, deutschstämmige Amerikaner engagieren sich allerdings häufig in der transatlantischen Zusammenarbeit, in Organisationen wie dem American Council in Germany, dem German Marshall Fund, der Atlantik-Brücke, dem American Field Service (AFS), beim Arthur F. Burns Fellowship oder bei Universitätsinstituten, wie dem AICGS in Washington. Mitglieder dieser Organisationen gehören alle zum Stammpublikum der Deutschen Botschaft, haben ein dichtes Netz an Kontakten auf allen Ebenen geknüpft und in Zeiten der Krise für Kontinuität und Stabilität in den deutsch-amerikanischen Beziehungen gesorgt.

Es sind dabei oft Amerikaner mit deutsch-jüdischem Hintergrund, die zu den besten transatlantischen Brückenbauern und Fürsprechern des modernen Deutschlands geworden sind, und zwar nicht nur in der Phase der Verhandlungen über die Deutsche Einheit, sondern auch angesichts der jüngsten transatlantischen Krisen.

Henry Kissinger

Als Henry Kissinger im Februar 2009 in München den neu gestifteten Ewald-von-Kleist-Preis entgegennimmt, erzählt er folgende Geschichte: Sein Vater, Lehrer in Fürth, und er hätten einmal darüber gesprochen, was aus ihm geworden wäre, wenn sie nicht hätten auswandern müssen, sondern in Fürth geblieben wären. Der Vater habe gesagt: »Vielleicht hättest du es zum Lehrer in Nürnberg gebracht.« Mit Helmut Kohl hatte Henry viele Jahre später eine ähnliche Diskussion. »Na, bis München hätten Sie es wohl geschafft!«, hatte der Kanzler ihm zugerufen. »Jetzt also«, sagt Henry und macht eine Pause, »bin ich nun doch in München angekommen.« Heftiger Beifall brandet los. Als ob er nicht an allen Orten dieser Welt schon viel früher angekommen wäre!

Auch nach Deutschland, dem Land seiner Vorfahren, kam er zurück. 1944 als amerikanischer Soldat. Später als amerikanischer Außenminister. Wie kein Zweiter ist er auch heute noch auf der transatlantischen Bühne präsent. Henry Kissinger hat unzählige Preise und Ehrungen bekommen, 1973 sogar den Friedensnobelpreis, was auf der Seite der Linken eine erhebliche Kontroverse auslöste. Im Sommer 2008 hatte er in Berlin George Bush sen. den Henry-A.-Kissinger-Preis überreicht. »Als ich mit meiner Familie Deutschland 1938 verließ, war der Gedanke, dass ich eines Tages an einer Veranstaltung teilnehmen würde, die den früheren Präsidenten der Vereinigten Staaten ehrt und an der ein früherer deutscher Präsident und ein deutscher Außenminister teilnehmen, ein unmöglicher Traum gewesen«, sagte er. Nun erhielt er selbst in München einen Preis. Beide, der eindrucksvolle Ewald von Kleist, Überlebender des deutschen Widerstands um Stauffenberg und Begründer der Münchner Sicherheitskonferenz, und Henry, Kind deutscher Juden, die 1938 aus Nazideutschland geflohen waren, waren ungefähr gleich alt. So viel Deutsches stand da im Raum, Weltumspannendes, so viel Unausgesprochenes, was trotz aller versöhnender Gesten der Nachkriegszeit zwischen uns und seinem Leben steht: die Abgründe der deutschen Geschichte, an deren Überbrückung er selbst so engagiert mitgewirkt hat, wie viele andere amerikanische Juden deutscher Herkunft auch. Von den jüngsten transatlantischen Verstimmungen zwischen Berlin und Washington, zwischen Bush und Schröder, war auch Henry Kissinger nicht begeistert gewesen, zumindest nicht von der Art und Weise, so schrieb er seinerzeit in der *Washington Post*, wie die deutsche Regierung »offene Opposition gegenüber den USA« betrieben hatte.

Solche Einwände hatten ihn aber nicht daran gehindert, noch im Sommer 2005 als Ehrenredner zum 40. Jubiläum der Aufnahme der diplomatischen Beziehungen zwischen Deutschland und Israel in der Deutschen Botschaft aufzutreten. Denn allen Abgründen der Geschichte zum Trotz sind die Beziehungen zwischen Deutschland und Israel eng – ein Umstand, der einer weiteren amerikanischen Öffentlichkeit kaum bekannt ist. Die Feier fand bei uns in der Residenz statt. Der israelische Botschafter Danny Ayalon und seine Frau Anne waren gute Freunde geworden, die uns auch zur Bat Mizwa ihrer Tochter eingeladen hatten. Inzwischen ist Ayalon Stellvertretender Außenminister.

Als Henry Kissinger an das Rednerpult tritt und die ersten Worte spricht, wird es still in der Botschaftshalle. In seinem unverwechselbaren Reibeisenbass beschreibt der frühere amerikanische Außenminister das deutsch-israelische Verhältnis: »Gerade für Deutschland kann ich bezeugen, dass jeder Politiker, den ich kannte, diese Beziehung unterstützt hat. Nicht aus Umsicht, sondern aus einer inneren Notwendigkeit, als Verantwortung, die Deutschland nicht nur für das jüdische Volk, sondern auch für sich selber hat.«

Deutsch-Jüdisches in Amerika

Als Wolfgang in der Zeit der transatlantischen Irak-Verstimmungen einmal zusammen mit seinem französischen Botschafterkollegen Jean-David Levitte vor AIPAC, einer bedeutenden amerikanisch-israelischen Lobbyorganisation, reden sollte, war er sehr besorgt. Die Stimmung war nicht gut, die Mienen misstrauisch: Konnte, wer nicht mit Washington gegen Saddam Hussein zu Felde zog, überhaupt ein Freund Israels sein? Solche und ähnliche Fragen standen damals im Raum. Levitte, der selbst aus einer jüdischen Familie stammt, schien hier die eindeutig besseren Karten zu haben. Wolfgang atmete tief durch und zog seine – letzte – Trumpfkarte: »Ist Ihnen eigentlich klar, dass ich hier ein Land vertrete, dessen Präsident mehr als 30 Mal in Israel war? Wo gibt es ein Land, dessen Staatsoberhaupt sich mit dieser Intensität Israel zugewandt hat?«

Das Eis war mit einem Schlag gebrochen, erinnert sich Wolfgang, dank des damaligen Bundespräsidenten Johannes Rau, der in der Tat außerordentlich viel für die deutsch-israelische Versöhnung getan hatte. Der Austausch mit jüdischen Persönlichkeiten und Institutionen hatte in der Botschaftsarbeit für Deutschland hohe Priorität – vor allem in den USA, später auch in Großbritannien. Zu den Institutionen, die uns auch persönlich besonders ans Herz wuchsen, gehört das Leo-Baeck-Institut, das sich der Erforschung und Pflege des deutsch-jüdischen Brauchtums verschrieben hat und Anlaufpunkt ist für viele emigrierte Familien.

Institutionen bleiben Institutionen. Wirklich interessant aber wird es, wenn die Menschen dahinter zum Vorschein kommen. Menschen zum Beispiel, die nach fast 70 Jahren zum ersten Mal den Fuß über die Schwelle einer Deutschen Botschaft setzen. Ich sehe sie noch vor mir, diese alten Paare, wie sie bei einem Fundraiser für das Leo-Baeck-Institut gebeugt, einander stützend, sich unsicher umschauend, unser Haus betraten. Und dann erzählen sie, wie alles war. Wie sie dem Grauen entkommen waren, ein neues Leben begonnen hatten, und wie sie dennoch irgendwann zurückgekommen ist, die Sehnsucht nach dem, was früher mal Heimat war.

Ein solches »Heim-Weh« muss es gewesen sein, das den Nachkommen einer jüdischen Unternehmerfamilie in die Stadt im Schwäbischen zurücktrieb, in der sein Elternhaus steht. Mit Stolz erzählte der alte Herr bei einem Treffen in der Botschaft, dass an dem Haus jetzt eine Plakette angebracht worden sei: »Hier wohnte Familie Hirsch«. Diese – wohl gemerkt kleine – Geste der Stadtverwaltung, sie war ihm wichtig, da er die Verbindungen nach Deutschland nie hinter sich lassen wollte. Was aber, wenn die Erinnerung an die deutsche Identität oder an das Schicksal von Eltern und Geschwistern immer noch zu sehr schmerzt, um die Verbindung zum Heimatland wieder aufzunehmen?

Bei einer privaten Geburtstagsfeier sitzt diese Dame neben mir: langes, schmales Gesicht, glühende Augen. Als sie bemerkt, dass ich Deutsche bin, wird ihr Blick ganz starr. Jüdin ist sie, Tochter von Holocaust-Überlebenden. Sie wollte mit Deutschland, dem Land ihrer Vorfahren, nichts zu tun haben, sagt sie mir. Nach Berlin würde sie nie im Leben gehen. Alte Fotos, die reichen ihr. Von dem Haus im Grunewald. »Von dort aus gingen auch die Transporte nach Auschwitz ab, nicht wahr?« Viele Verwandte seien umgekommen, dort und woanders. »Dass ihr jetzt ein Denkmal für die Ermordeten baut, das ist der Gipfel der Geschmacklosigkeit. Wen soll das wieder lebendig machen ...?«

Diese Begegnung werde ich so schnell nicht vergessen. Auch, weil man in Amerika selten so persönlich wird. Dabei ging es ihr nicht um Amerika, sondern um »Euch Deutsche«. Die Tochter der Überlebenden sah auch in mir nichts anderes als eine Vertreterin des Tätervolkes, eine, die jetzt Stellung zu beziehen hatte zu den Schatten, die ihre Seele so lange schon verdunkelten.

Einige Zeit später reiste ich zum 25. Jubiläum des Austauschprogramms der Konrad-Adenauer-Stiftung mit dem American Jewish Committee nach Berlin. Das AJC war die erste jüdische Organisation überhaupt, die nach dem Holocaust den Kontakt mit Deutschland aufgenommen hatte. Mitte der 90er Jahre hatte ich an dem Austauschprogramm vom AJC selbst teilgenommen und in Cleveland, New York und Washington zwei interessante Wochen verbracht.

Bei der Jubiläumskonferenz in Berlin im Juli 2005 trat die damalige Oppositionsführerin und CDU-Vorsitzende Angela Merkel auf – für viele der amerikanischen Gäste die einmalige Gelegenheit, die Frau zu sehen, die bei der Bundestagswahl drei Monate später gegen Kanzler Gerhard Schröder antreten würde.

Andere interessierten sich mehr für das kontrovers diskutierte Denkmal für die ermordeten Juden, das im Mai eingeweiht worden war: das Stelenfeld. In Washington hatte die Botschaft kurz nach der Einweihung ein Zusammentreffen mit Vertretern der jüdischen Community, Repräsentanten des Holocaust-Museums und Architekt Peter Eisenman organisiert; auch unsere Freundin Carol Kahn Strauss vom Leo-Baeck-Institut war dabei. Eisenman wirkte damals defensiv. Das Projekt war hoch politisiert, und »beliebig« war noch eine harmlose Vokabel aus dem Wortschatz der Kritiker in Deutschland.

In Berlin wollte ich mir unbedingt selber ein Bild machen. Als ich bei hochsommerlichen Temperaturen auf dem Stelenfeld ankam, stieß ich zwischen Schattensuchern und picknickenden Punks prompt auf andere Teilnehmer der Tagung. Wir hockten uns gemeinsam in den Schatten einer Säule und waren plötzlich mittendrin in einer hitzigen Diskussion: Braucht Deutschland wirklich einen solchen Ort der Erinnerung – angesichts der bestehenden Originalschauplätze des Grauens, die an Eindrücklichkeit wohl kaum zu übertreffen sind? Das Gespräch von der Geburtstagsfeier war in meinem Gedächtnis haften geblieben. Die Meinungen gingen heftig auseinander. Jeder bemühte sich, die richtigen Worte zu finden. Bis Ben aus New York das ganze zum Abschluss brachte. »Lasst gut sein«, sagte er, »ich kann ehrlich gesagt nicht so viel anfangen mit dem Stoppelfeld hier.« Beeindruckend fand er aber, dass die Deutschen dafür ein so großes Stück »Prime Real Estate« in bester Lage geopfert hätten. Das müsse ja ein Vermögen wert sein. Alle lachten. Typischer Fall von »comic relief«.

»Ich kann ehrlich gesagt nicht so viel anfangen mit dem Stoppelfeld hier«

»Comic«? Nun ja. Vielleicht für den winzigen Bruchteil einer Sekunde …

Wie zentral die Beziehungen zu den jüdischen Organisationen und Persönlichkeiten in Amerika für Wolfgang und mich geworden waren, wurde mir noch einmal zwei Jahre nach unserem Abschied aus Washington bewusst, nämlich als Wolfgang im Dezember 2008 die Leo-Baeck-Medaille bei einer großen Feier in New York City verliehen wurde. Unter den Festrednern waren Professor Fritz Stern genauso wie James Wolfensohn, der frühere Weltbankpräsident, und Richard Holbrooke. Wolfgang erzählte später, dass diese Ehrung für ihn mehr bedeutet habe als alle sonstigen Erfolgserlebnisse. Wenn es ein Thema für seine Generation gab, die Nachkriegsgeneration, dann war es wohl das Ziel, der Verantwortung für die entsetzlichen Taten des Naziregimes auch als »Nichttäter« gerecht zu werden und für neues Vertrauen zu arbeiten. Für persönliches, aber auch für Vertrauen in die junge Bundesrepublik. Als Jugendlicher in den 60er Jahren hatte er sich, damals nicht unüblich, erbitterte Auseinandersetzungen mit seinem Vater geliefert, der Luftwaffenoffizier im Zweiten Weltkrieg gewesen war, und den er wüst beschimpfte: Er müsse doch damals etwas gewusst oder geahnt haben und würde allein deshalb zu den Nazitätern zählen. Erst später hätten sich Vater und Sohn ausgesöhnt und wieder zueinander gefunden.

Bei der Feier in New York zitierte er in seiner – ansonsten viel zu langen – Dankesrede am Schluss Franz Rosenzweig mit den Worten: »Vertrauen ist ein großes Wort. Es ist der Same, daraus Glaube, Hoffnung und Liebe wachsen, und die Frucht, die aus ihnen reift. Es ist das Allereinfachste und gerade darum das Allerschwerste.« Ja, Vertrauen ist wunderbar – aber so schwer. Heute empfinden wir es beide als ein großes Glück, dass für uns in den USA-Jahren einige dauerhafte Freundschaften und Verbindungen mit Menschen entstanden sind, die trotz des fürchterlichen Holocaust-Schicksals ihrer Familien bereit waren, sich uns Deutschen zu öffnen. Ein großes Geschenk.

»Eighty is the new sixty«

Am Washingtoner Firmament bemisst sich die gesellschaftliche Stellung des Einzelnen an der Nähe zur Sonne. Und die strahlt im Weißen Haus. Die Planeten können nur leuchten, wenn der Glanz der Sonne auf sie fällt. Es sind vor allem die Institutionen, die Wahrzeichen von Amerikas Glanz und Größe und deren Hüter, die zu den unangefochtenen Stars der Hauptstadt gehören und die auch dann noch leuchten, wenn die Sonne nicht mehr scheint. Zu den Washingtoner Fixsternen zählt das Kapitol, der Supreme Court, aber auch die Oper, das Kennedy-Center, die National Gallery und die Library of Congress.

Ein seit Jahrzehnten gleichbleibender Reigen von Galas und Bällen strukturiert die gesellschaftliche Saison in Washington. Das Magazin *Washington Life* veröffentlicht regelmäßig die Liste der Persönlichkeiten, die am häufigsten eingeladen wurden. Sie wird stets vom Präsidentenpaar angeführt, gefolgt vom Vizepräsidenten und anderen Personen mit Einfluss, Geld und Titel. Dem Hofstaat also. Denn Washington hat auch etwas von einem Königreich: Alles ist auf den Präsidenten ausgerichtet, als wäre er Monarch. Ein gewählter Monarch, so hatte es ein Diplomat aus London ausgedrückt, wo man sich mit so etwas ja auskennt.

Das Klagelied, dass Washington nicht mehr so glanzvoll sei wie früher, wurde in der Ära Bush überall gesungen. Die Macht trägt silbergraue Schläfen in dieser Stadt, dazu dunkle Anzüge und amerikanische Farben am Revers. Orden sind der beste Schmuck, Jugend oder Schönheit eher überflüssig. *Vanity Fair* bestätigte in einem Artikel, was meine neuen Freundinnen betrauerten: Viele der großen Gastgeberinnen seien nicht mehr da. Mit anderen Worten: Sie waren dahingeschieden.

Zu einer »bookparty« anlässlich des Erscheinens einer Jackie-Kennedy-Biographie im Cosmos Club gehe ich in Begleitung einer deutschen Fernsehjournalistin. Dichtes Gedränge herrscht in den Salons, im einen finden sich nur Männer, im anderen die Damen. Sabine stellt mir Ben Bradlee, den langjährigen Chefredakteur der *Washington Post,* vor. Eine Berühmtheit in Washington, immer noch gutaussehend, ein geistreicher Bonvivant, der noch öfter unsere Wege kreuzen wird.

»Eighty is the new sixty!«, grinst Sabine. Das Alter der Gäste an diesem Abend ist undefinierbar, aber erkennbar nicht mehr jung. Weißhaariger Johannes-Heesters-Charme, so weit das Auge reicht. Damen undefinierbaren Alters mit glamouröser Vergangenheit klammern sich mit aller Kraft an den Ruhm von gestern, der als Eintrittskarte in die Salons der Macht jedoch nicht immer ausreicht. Denn Ruhm, der nicht täglich neu errungen wird, verblasst. Da Washington eine Regierungsstadt ist, in der Posten und Macht zählen, geht hier niemand, der auf sich hält, in den Ruhestand, sondern rettet sich auf neue Posten und zu neuen Titeln. Der beliebteste ist natürlich – »Präsident«. Und die Stadt wimmelt vor Präsidenten. Präsidenten für alle Jahreszeiten – dafür werden täglich neue Organisationen oder Initiativen aus der Taufe gehoben. Die bescheren dann, mit etwas Glück und Geld, einen festen Platz auf den Einladungslisten der Washingtoner »power broker«.

Aber auch die Gastgeberinnen der Stadt stehen unter dem Zugzwang, ihre Gästelisten stets mit interessanten Neuzugängen anzureichern. In der politisch so dynamischen, aber gesellschaftlich so statischen amerikanischen Hauptstadt sind neu eingetroffene Botschafterpaare, jedenfalls in der Ära Bush, umworbene Objekte der Begierde. Kaum war ich drei Mal ausgegangen, stürzten sich mehrere Damen auf mich, keine unter 75, dafür mit eisernem Willen zur Akquise. Eine klapprige Blondine mit gestraffter Kinn-Wangen-Partie und spitzen Stiefeletten hatte es auf mich abgesehen. Sie bestand jedes Mal, wenn wir uns bei einem »social event« trafen, darauf, dass ich in ihr Haus zum Lunch käme. Schließlich sagte ich zu. Es kam sogar noch eine formelle Einladungskarte auf dickem Karton, auf die mit wackliger Schrift Ort und Zeit gekritzelt worden waren. Als ich ein paar Tage später zum verabredeten Zeitpunkt vor ihrer Haustür im Vorort McLean stand und klingelte, öffnete der Butler die Tür nur halb und flüsterte: »Sorry, Madam passed away two nights ago.« Verblasster Ruhm …

Frühere Musen, elegante Damen französischer, österreichischer oder russischer Herkunft residieren in Villen in Chevy Chase oder in Apartmenthäusern an der Mexico Avenue, in denen der Hauch von Gestern weht. Die Enkel und die verblichenen Ehemänner in stattlicher Uniform oder im Golferlook schauen aus dicken Silberrahmen. Die Feuchtigkeit der Sommermonate hat sich in den Stoffen eingenistet. In der Luft liegt deshalb stets der Geruch von Mottenpulver. Nicht minder ehrgeizige Gastgeber präsentieren gerne ihre großen »mansions« mit historisierenden Interieurs. Im Garten überrascht dann schon mal die ein oder andere antike Säule. Sollen wir etwa glauben, die Griechen wären schon vor Kolumbus hier durchgezogen? Andererseits, warum sollten die Anleihen bei den Imperien der Antike, die sich schon die Gründerväter für ihre Hauptstadt ausgedacht hatten, nicht auch dem heimischen Vorgarten den Glanz der Ewigkeit verleihen?

Kein Wunder also, dass auf dem gesellschaftlichen Parkett die alten Gesichter bleiben. Jahr um Jahr. Und es bleibt auch das Wissen, dass sie in zehn Jahren noch da sein werden. Falls sie nicht gestorben sind …

Kiesinger bei den Amish

Konnte man das unbeschadet überstehen? Dieses Ringelreihen der Höflinge, das Schaulaufen der Mächtigen und solcher, die es sein wollen? Ich befand mich in einer atemlosen Aufholjagd mit dem eigenen Kalender und dem, was er diktierte: Wichtiges, weniger Wichtiges, Überflüssiges oder Interessantes. Die Unterscheidung fiel jedenfalls mir am Anfang nicht immer leicht. So waren die Tage gefüllt mit offiziellen Auftritten, mal mit Small Talk, mal mit ernsthaften Diskussionen. Stunde um Stunde, Tag für Tag, Abend um Abend. Bisweilen hatten wir in drei Wochen kaum zwei freie Abende. Wenn wir nicht selber als gastgebendes Paar am Eingang unserer Empfangshalle standen, reihten wir uns anderswo in eine »receiving line« ein – oder umrundeten sie, weil wir drei oder vier Termine an einem Abend schaffen mussten.

Oft begannen diese Tage morgens um sechs Uhr mit der Fahrt zum Großmarkt: Dort suchten wir die Blumen für ein Achtzig- oder Hundert-Personen-Dinner aus, bezahlten und verfrachteten sie. Für die meisten Nahrungsmittel hatte Koch Benoît Gott sei Dank Lieferanten. Außerdem lagerten große Mengen Fleisch und Gemüse in den Kühlkammern – damit hätten wir ohne zu verhungern durchaus eine mehrwöchige Belagerung überstanden. Oder mehrere von diesen Ostküstenschneestürmen, die das öffentliche Leben in Washington binnen Minuten völlig lahmlegen können.

Oft begannen diese Tage morgens um sechs Uhr mit der Fahrt zum Großmarkt

Eines Tages, nachdem ich bereits das morgendliche Großmarktprogramm absolviert hatte, sollte ich die Frau eines Ministerpräsidenten aus Deutschland durch Old Town Alexandria führen und verhalf ihr bei der Gelegenheit zum ersten Kaffee ihres Lebens bei Starbucks. Währenddessen begleitete Wolfgang den aufgeregten Ehemann ins Weiße Haus, der dort einen Termin beim Präsidenten hatte.

Wolfgang erzählte mir später, wie sich das Ganze zugetragen hatte: Nachdem das Gespräch im Oval Office vorüber war und man draußen auf dem Flur stand, sagte Wolfgang zu dem Ministerpräsidenten: »Wenn Sie gleich hinaus zur Presse gehen, werden die natürlich auf die Uhr gucken und nachrechnen, wie lange Sie bei Bush waren. Ihr Kollege XY, der neulich auch hier war, war für 20 Minuten beim Präsidenten. Sie waren jetzt 15 Minuten lang drinnen. Auch nicht schlecht. Da vorne ist ein Waschraum, wenn Sie vielleicht …«

»Ich muss aber nicht«, wehrte sich der Gast.

»Ja, man kann sich ja sonst etwas frisch machen. Das dauert dann ja ein paar Minuten …«, erwiderte Wolfgang.

Da fiel der Groschen endlich. Der Ministerpräsident verschwand im Waschraum. Wolfgang sollte seinen Rat noch bereuen, denn er musste fast eine Viertelstunde warten, ehe der andere wieder auftauchte und man gemeinsam zur Pressekonferenz weitergehen konnte. Auf dem Rasen vor dem Weißen Haus konnte dann ein triumphierender deutscher Ministerpräsident der Weltpresse verkünden, dass sein Termin beim amerikanischen Präsidenten über eine halbe Stunde gedauert habe! Bewundernder Kommentar dann später zu Wolfgang: »Sie sind aber ein guter Botschafter!«

So geriet der ohnehin knappe Zeitplan dieses Tages völlig ins Wanken. Als ich aus Alexandria in die Residenz zurückgekehrt war, wartete dort schon ungeduldig eine Gästeschar, die sich zu einer Ordensverleihung eingefunden hatte. Ich versuchte sie zu beruhigen, der Botschafter werde gleich da sein. Ein paar Minuten später traf er ein, und die Zeremonie konnte beginnen. Noch bevor sie zu Ende war, sah ich durch die Glastür, dass die nächsten Gäste bereits im Anmarsch waren: eine Gruppe deutscher Kunsthistoriker auf Washingtontrip, denen ich die Ungers-Residenz zeigen sollte. Ihr Tourenbus fuhr gerade am Tor vor. Die passten unmöglich zu den Militärs von der Ordensverleihung! Ich flüsterte Katheryne, der Protokollsekretärin, zu, sie möge die Kunsthistoriker doch einfach schon mal durch unseren Park schicken: »Sanssouci am Potomac«, so was sähen die auch nicht jeden Tag!

»One of those days« – irgendwann am späten Abend herrschte dann endlich Ruhe.

Am nächsten Morgen bei der Protokollbesprechung in der Botschaft traf mich die nächste Überraschung: Wolfgang hatte das einzige Wochenende, das noch nicht völlig verplant war, auch noch mit Terminen gefüllt. Wir sollten einer Einladung von Ehepaar Wentzel, das er vor 20 Jahren kennengelernt hatte, nach West Virginia folgen. Ich hob mir meinen Zorn für später auf, wenn keine Zeugen mehr anwesend sein würden: Er könnte allein zu diesen Leuten fahren, die ich nicht kannte – und die ich auch nicht, teilte ich ihm mit, kennenlernen wollte. Mein Noch-Nicht-Mann gelobte Besserung; ich versprach »dieses eine Mal noch« mitzukommen.

Über die Wentzels wusste ich so gut wie nichts. Aber ich hatte schon einige antiseptische Farmen der feinen »Washingtonians« gesehen. Kein Halm Stroh auf dem Boden, Rennpferde in den Boxen, dahinter Koppeln, umschlossen von weiß lackierten Holzzäunen, John-Deere-Traktoren und jede andere erdenkliche, natürlich neueste Technik im Dienst der Profitabilität. Wer echtes ländliches Idyll erwartete, wurde hier enttäuscht. Mit Ähnlichem rechnete ich nun bei den Wentzels. Also war ich skeptisch. Außerdem waren Momente der zweckfreien Entspannung in einem Botschaftsleben seltener als echte Perlen.

Ich setze mich mit grimmiger Miene neben Wolfgang in den Jeep. Weit ist es auch noch, vier Stunden Autofahrt. Die anderen »Washingtonians« haben ihre Farmen in der Nähe der Hauptstadt. Sie liegen entweder eingebettet in die Rolling Hills rund um Middleburg, wohin es auch Jackie Kennedy immer wieder zog. Oder auf der Eastern Shore, an der Chesapeake Bay, wo die Herren der Entenjagd frönen. Die Wentzels jedoch wohnen, wo man nicht wohnt, nämlich in West Virginia. »Country Roads, take me home to the place I was born, Shenandoah Valley, Blue Ridge Mountains«; John Denvers alter Song klingt uns in den Ohren, während die Straßen schmaler, die Wälder undurchdringlicher und menschliche Behausungen immer seltener werden. Nach monotonen vier Stunden rumpelt unser Wagen einen geschotterten Waldweg hoch, der alsbald zur Lehmpiste wird. Auf einer kleinen Lichtung halten wir direkt vor einem verwitterten Blockhaus. Aus dem Kamin steigt schwarzer Rauch auf. Über der Eingangstür baumelt eine rote Flagge mit einem verblichenen Emblem in der Mitte – war das mal ein Totenkopf gewesen? Und schon treten die Bewohner vor das Haus: Viola in einem weiten, schlammfarbenen Gewand und Volkmar, weißhaarig, charmant und, wie ich später erfahre, fast 90 Jahre alt. Er zwinkert mir zu. Mehrere Hunde springen, wild bellend, um sie herum. Das Fell des einen besteht fast nur aus kahlen Stellen und verkrusteten Wunden, ein Auge fehlt. Sein Knurren gleicht einem Fauchen. »Den haben wir aus dem Tierheim«, strahlt Viola, »jetzt geht es ihm schon viel besser.« Rocky findet die neue Gesellschaft allerdings nicht allzu vertrauenserweckend und zieht sich sogleich wieder ins Auto zurück.

Volkmar, einst gefeierter Fotograf von *National Geographic*, entpuppt sich als weitgereister Unterhalter. Viola hatte ihn Anfang der 60er Jahre als junge Doktorandin an der Universität von Georgetown kennengelernt. Sie hatte Volkmar sozusagen umgehend geheiratet, Kinder bekommen und – schon aus eigenem Interesse – ein Reisebüro eröffnet, um billige Flüge über den Atlantik zu organisieren. Wir werden in einem alten Bauernhaus am anderen Ende der Farm einquartiert. Mit den Worten: »Ihr habt doch keine Angst vor Fledermäusen?«, schreitet Viola voran und stößt die Fensterläden auf. Dichter Staub wirbelt auf. Draußen, von uns nur durch ein löchriges Fliegengitter getrennt, liegt ein grüner Tümpel, an dessen Ufer sich Enten und Gänse in den Schlamm graben. Ponys, Esel und Schafe grasen friedlich dahinter. Über ihnen schwirren zwei Millionen Fliegen. Wir verbringen einen gemütlichen Tag ohne Kojoten oder andere gewöhnungsbedürftige Naturereignisse. Rocky freundet sich schließlich sogar mit dem Einäugigen an. Am Sonntagmorgen führt uns Viola in ein Dorf der Amish People in Pleasant Valley bei Oakland zu den protestantischen Glaubensgemeinschaften, die in Amerika eine neue Heimat fanden. Zu ihnen zählen eben auch die aus der Täuferbewegung hervorgegangenen Amish, die immer noch einer sehr antimodernistischen Lebensweise verhaftet sind. Autos, Spül- und Waschmaschinen lehnen sie ab. Amish fahren Einspänner mit klapprigen Holzrädern, die Männer tragen schwarze Schlapphüte. Blonde Kinder springen an

»Ihr habt doch keine Angst vor Fledermäusen?«

der Hand der Mütter am Straßenrand entlang. »Die gehen zur Kirche«, verkündet Viola und winkt allen zu. Die meisten grüßen freudig zurück. Das scheint unsere Gastgeberin zu genießen. »Ich kenne alle, mein Vater hat sich mit den Älteren angefreundet, er hat uns hier oft besucht, bevor er starb«, erzählt sie, als wir schon wieder auf dem Weg zum Blockhaus sind. Gleich über der Essecke hängen Fotos, offenbar von Volkmar gemacht. Darunter immer wieder Aufnahmen eines Mannes, der da nicht reinzupassen scheint mit seinen hohen Wangenknochen, die fast indianisch wirkten. Gleichzeitig kommt er mir aber seltsam vertraut vor.

»Mein Vater!«, sagt Viola.

»Ist das nicht –…?«, frage ich.

»Ja«, grinst sie. »Kurt Georg Kiesinger.«

Kiesinger, ja richtig! Ich erinnere mich dann, dass Wolfgang irgendwann einmal erwähnt hatte, die Tochter von Kiesinger zu kennen, der Bundeskanzler der ersten Großen Koalition in den 60er Jahren gewesen war. Als wir uns zu den Wentzels aufmachten, hatte Wolfgang schlichtweg vergessen, mich über die Zusammenhänge aufzuklären. Die spielten auch längst keine Rolle mehr. Das sei alles lange her, meint dann auch Viola abends beim Barbecue. Später erzählt sie dann doch noch ein paar Geschichten, die uns vor Lachen die Tränen in die Augen treiben. Als Tochter des Bundeskanzlers war das Haus von Viola oft Anlaufstation des einen oder anderen Mitglieds der ersten Großen Koalition, wenn diese nach Washington reisten. Beliebte Reisezeit, damals wie heute, war Karneval. Viola erinnert sich auch, wie ein gestandener SPD-Minister in den frühen Morgenstunden angeheitert vor ihrem Fenster ein Ständchen brachte. So, als stünde er an der Loreley. Ich musste ihr versprechen, keine Namen zu nennen.

Viola und Volkmar, der inzwischen verstorben ist, führten nicht nur eine Wild-West-Existenz, sondern auch ein elegantes und emsiges Stadtleben in ihrem Haus gegenüber der französischen Botschafterresidenz. Von dort hatten sie alles im Blick, auch Verteidigungsminister Donald Rumsfeld, ihren Nachbarn zur Linken. Viola war den Mächtigen in diesem Land auch sonst ziemlich nah gekommen. Als Bundeskanzler Adenauer starb und ihr Vater der Großen Koalition in Bonn vorstand, erreichte sie ein Anruf des Social Secretary des Weißen Hauses. Ob sie mit Präsident Johnson in seiner Maschine zu dem Begräbnis nach Deutschland fliegen wolle? Viola, obwohl schwanger, sagte sofort zu. Als sie dann an Bord der Air Force One saß, schaute Lyndon B. Johnson sie besorgt an und ermahnte sie, sich hinzulegen. Beinahe hätte Viola eine Fehlgeburt erlitten – in der Air Force One, im Bett von Lady Bird Johnson. Der Ausflug nach West Virginia hatte sich gelohnt: Viola, auch sie eine Hundebesitzerin (!), wurde eine meiner liebsten Freundinnen. Und: Wer sonst könnte in Washington eine solche Geschichte erzählen?

Unantastbarkeit des Lebens – zu Besuch in der Todeszelle

Es gehört zu den Aufgaben deutscher Auslandsvertretungen, sich für die Belange deutscher Staatsbürger im jeweiligen Gastland einzusetzen. Zu den Schutzbefohlenen gehören selbstverständlich auch diejenigen – unabhängig von der Schuldfrage –, die mit den Gesetzen des Gastlandes in Konflikt geraten sind.

In der Zeit nach 9/11 hielten Probleme mit Sicherheitsvorschriften und Einreisebestimmungen an den Flughäfen die Washingtoner Botschaft, aber auch die deutschen Konsulate, ganz schön auf Trab. Eines Abends rief unsere Freundin Patricia an. Ihr Mann, den sie aus Deutschland zurück erwartete, säße am Dulles Airport in der Zelle und solle abgeschoben werden! Grund: Der in Washington akkreditierte Korrespondent des *Spiegel* hatte bei der Wiedereinreise einen Pass benutzt, der zwar gültig war, aber ein nicht mehr lesbares Visum enthielt. Die Flughafenbehörden setzten Gerhard erst einmal fest. Er konnte gerade noch seine Frau informieren, dass er noch am selben Abend in die letzte Maschine nach Deutschland verfrachtet werden sollte.

Wolfgang führte an diesem Abend zahllose Telefonate mit dem Außenministerium, der Homeland Security, und den Einwanderungsbehörden am Flughafen. Zunächst vergeblich. Erst nachdem sich der deutsche Botschafter höchstpersönlich verpflichtet hatte, den Delinquenten über das Wochenende in Sicherheitsverwahrung zu nehmen, kam Gerhard frei. Anschließend musste er dennoch ausreisen und seine Papiere in Ordnung bringen.

Von solchen eher harmlosen Fällen abgesehen, erstreckt sich die Fürsorgepflicht natürlich auch auf jene deutsche Bürger, die von der amerikanischen Justiz zu Gefängnisstrafen oder gar zum Tode verurteilt wurden. Rechtsbeistand wird gewährt, Auslieferungsgesuche werden beantragt, Hafterleichterungen oder auch Begnadigungen werden zu erwirken versucht. In vielen amerikanischen

Bundestaaten gilt nach wie vor die Todesstrafe. Und immer wieder werden auch Deutsche zum Tode verurteilt. In diesen Fällen muss das Konsulat oder auch der Botschafter selbst vorsprechen, im Zweifel beim Gouverneur persönlich.

So kam es zu dem Besuch bei den Brüdern Apelt im Todestrakt des Staatsgefängnisses von Arizona. Mein Mann hatte weitere Termine in Arizona, aber die Visite im Hochsicherheitsgefängnis von Florence, Arizona, war gleich für den ersten Tag der Reise angesetzt. Den zweiten Mann des zuständigen Generalkonsulats in San Francisco hatten wir schon am Flughafen getroffen. Dies war nicht sein erster Besuch bei den deutschen Brüdern, die wegen eines grausamen Mordes an einer Amerikanerin verurteilt worden waren. Sein knapper Kommentar zur Einstimmung: »Waisenknaben sind das nicht.« Sie saßen seit fast zwei Jahrzehnten im Todestrakt.

Wir fahren also zum Staatsgefängnis. Es geht durch ödes Land, nur Strommasten und Kakteen heben sich gegen den Horizont ab, und am Straßenrand verrotten ausgebrannte Autos und Hundekadaver. Wachtürme und Stacheldrahtrollen weisen schließlich auf die Nähe des Staatsgefängnisses hin. Uniformierte Bewacher winken uns durch. Es geht von einem Kontrollposten zum nächsten. Nachdem wir mehrere Metalldetektoren und Sicherheitsschleusen hinter uns gelassen haben, stehen wir im Besucherzimmer und blicken auf eine Glaswand, in die separate Zellen eingelassen sind, die an Dolmetscherkabinen erinnerten. Dort hinein werden die Brüder geführt: in orangefarbenen Sträflingsoveralls gekleidet und mit kahlgeschorenen Köpfen, die Arme auf dem Rücken gefesselt. Erst der eine, später der andere. Wir dürfen sie nicht gleichzeitig sprechen, da sie keine Erlaubnis haben, miteinander zu verkehren. Beide beklagen sich dann über die in der Tat unsäglichen Bedingungen in der Einzelhaft. Telefonate werden nur ausnahmsweise ermöglicht, und da die beiden auf Deutsch telefonieren, muss immer ein Dolmetscher zuhören, was die Gefängnisverwaltung natürlich teuer zu stehen kommt. Möglichkeiten zur Fortbildung oder sinnvollen Betätigung gibt es nicht. Da die beiden Brüder kaum Englisch können, nütze ihnen auch das Fernsehen wenig.

»Außerdem beschimpfen sie uns hier als Nazis«, beschwert sich der eine. Der Vertreter des Konsulats kannte die Klagen schon.

Er erläutert, dass sich bei Todeskandidaten nach Auffassung der Behörden von Arizona jegliche Resozialisierungsmaßnahmen erübrigen. Wieso für einen Menschen noch Geld ausgeben, wenn seine Exekution bevorsteht? Also nur noch warten auf den Tod? Den Himmel nicht sehen, die Vögel nicht hören, keine frische Luft atmen, nur noch die Zeit spüren zwischen jetzt und dem Moment, der das Ende bringt. Strafe haben beide verdient, daran bestehen kaum Zweifel. Aber den Tod?

Wieso für einen Menschen noch Geld ausgeben, wenn seine Exekution bevorsteht?

Die divergierende Meinung zur Todesstrafe und ihrer Legitimation trennt unsere Länder noch immer. Das wird der deutsche Botschafter in einem Interview für einen Lokalsender in Phoenix später auch zum Ausdruck bringen: »Wie kann man Abtreibung mit dem Argument der Unantastbarkeit menschlichen Lebens ablehnen, zugleich aber die Todesstrafe befürworten?« Dieses Engagement gegen die Todesstrafe machte Wolfgang in Arizona naturgemäß recht unbeliebt. Die überwiegende Zahl der Anrufer in der Radiotalkshow verbat sich aufgebracht Ratschläge aus dem Ausland und fragten den Botschafter, ob er anders argumentieren würde, wenn das ermordete Mädchen seine Tochter gewesen wäre.

Unterstützung finden europäische Kritiker der Todesstrafe hingegen bei der katholischen Kirche in Amerika. »Es geht darum, unseren Freunden von der Pro-Life-Bewegung klarzumachen: Wer wirklich für das Leben ist, muss auch die Todesstrafe ablehnen«, sagte Theodore Edgar Kardinal McCarrick Erzbischof von Washington, den ich für den *Rheinischen Merkur* interviewte. So eindeutig sehen das allerdings nicht alle, nicht mal bei den amerikanischen Katholiken. Zum Zeitpunkt des Interviews im Herbst 2005 war immerhin etwa die Hälfte von ihnen für die Todesstrafe.

Postscriptum: Inzwischen wurde bei Rudi Apelt, einem der Brüder, die Hinrichtung abgewendet. Im Mai 2009 stufte ihn eine Richterin nach Prüfung aller Gutachten als »geistig zurückgeblieben« ein und ordnete seine Verlegung aus dem Todestrakt an. Nach geltendem Recht in Arizona setzt die Exekution einen Mindest-IQ des Delinquenten voraus.

Hochzeit in Zeiten des Krieges

Eines Morgens, als die Sonne über dem Potomac aufging und den Raum in gleißendes Sonnenlicht tauchte, sagte Wolfgang feierlich: »Übrigens, alle finden, du hast deine Reifeprüfung als Frau eines Botschafters bestanden!«

Was sollte das schon heißen! Wer wollte sich anmaßen, mich zu prüfen in einer Rolle, die es gar nicht gab und für die ich nicht einmal die formellen Bedingungen erfüllte. Denn Wolfgang und ich waren ja nicht verheiratet.

»Ist ja gut und schön«, gab ich zurück, »aber ich vermisse dennoch meinen Job.«

Wie schwierig es war, dass ich in Washington Vollzeit als politische Journalistin arbeite, darüber hatten wir schon oft gesprochen. »Da kannst du es niemandem recht machen«, so hatte Wolfgang stets argumentiert, »wenn du zu gute Informationen hast, sind deine deutschen Kollegen sauer und werfen mir Begünstigung vor.«

Wären meine Berichte aber weniger präzise, würden sie sich über mich lustig machen. Zeigte ich zu viel Verständnis für Bush, würde sich ganz Berlin darüber mokieren. Kritisierte ich ihn gar, könnte das in Washington für Unruhe sorgen und den Botschafter in Bedrängnis bringen.

»So ist das eben, du bist keine normale Journalistin mehr, du stehst von allen Seiten unter Beobachtung.« Ich sagte nichts mehr.

»Was meinst du«, fragte Wolfgang nun, »wollen wir nicht jetzt bald heiraten?«

Auf den Ort hatten wir uns schon vorher geeinigt. Annapolis, die Hauptstadt von Maryland. Die Stadt an der Chesapeake Bay, die nach Ende des Amerikanischen Unabhängigkeitskriegs nur für wenige Monate Hauptstadt der Vereinigten Staaten war, ist heute vor allem durch die »Naval Academy« geprägt. Sonntags flanieren die Matrosen in Ausgehuniform mit ihren Verlobten durch die Straßen mit den buntbemalten Holzhäusern. Die heute so malerisch wirkende Hafenstadt war allerdings einst auch der bedeutendste Sklavenmarkt an der amerikanischen Ostküste … Auf diesen geschichtlichen Faktor, entschieden wir, konnten wir jetzt keine Rücksicht mehr nehmen.

Im Staat Maryland genügen zur Beantragung einer »marriage license« die Unterschrift und die Anwesenheit nur eines Heiratswilligen. Also nahm ich das in die Hände – wie zuvor auch schon den Möbelkauf. Die Vorbereitungen und das Zusammentragen der Dokumente waren erfreulich einfach. Unserer Hochzeit am 18. Juli 2002 stand also nichts mehr im Wege.

Am Vortag erhielt Richard Holbrooke, der 1993 US-Botschafter in Deutschland gewesen war, das Große Bundesverdienstkreuz mit Schulterband. Wir luden deshalb zu einem »Black Tie Dinner«. Wolfgang hatte mir oft genug von seinen Lunchterminen in der Amerikanischen Botschaft in Bonn, als Holbrooke dort Botschafter war, erzählt. Im Speisesaal erschien dann plötzlich der Butler und reichte dem Gastgeber mit wichtiger Miene ein Zettelchen. Botschafter Holbrooke sprang dann auf und entschuldigte sich: Anruf von der Air Force One. Er müsse jetzt leider telefonieren.

Ob es stimmte oder nicht – die jeweiligen Mittagsgäste waren stets tief beindruckt, wenn in solchen Momenten der Hauch der Geschichte durch den Raum wehte oder sie es hier zumindest mit jemandem zu tun hatten, der wusste, wie man den Glanz des Weißen Hauses auch im fernen Bonn für sich nutzte. Später hatten Holbrooke und Wolfgang gemeinsam im Rahmen der Bosnien-Friedenskonferenz in Dayton versucht, Zukunftslösungen für den Balkan zu finden. Auch da wurden die Unterhändler Zeuge, wie Holbrooke bei schwierigen Verhandlungen aus dem Raum stürmte, fluchend wieder reinkam, sein Handy schwenkte und rief: »In 20 Minuten ruft mich der Präsident an. Er wird in einer Stunde eine Pressekonferenz geben und möchte ein Ergebnis vermelden. Was soll ich ihm sagen? Dass Sie unserem Vorschlag zustimmen? Ich muss ihn in zehn Minuten wieder anrufen!«

Oft erzielte Holbrooke mit solchen diplomatischen Tricks erhebliche Erfolge. Der Mann ist eine Klasse für sich: intelligent, besessen vom Willen zur Durchsetzung und charismatisch. Eigenschaften, die ihm bei seiner derzeitigen schwierigen Mission als

Afghanistan-Beauftragter Obamas hoffentlich wieder helfen. An jenem Abend in der Botschaft war ich es, die seinen diplomatischen Überredungskünsten ausgeliefert war. Er beugte sich zu mir und fragte leise: »Jutta, wollt ihr eigentlich irgendwann heiraten?«

»Schon«, sagte ich, »es ist aber noch geheim.«

Richard ließ nicht locker: »Wann?«

»Versprich, dass du es niemanden sagst: morgen!«

»Was, morgen?«

Er war fassungslos: »Bitte ... darf ich? Ich würde so gern etwas sagen ... mein Glas erheben !«

Mit Mühe konnte ich ihn am Aufstehen hindern: »Nein bitte, Richard! Es weiß niemand, und es soll auch niemand wissen!«

Wir wollten den Tag ganz für uns – und das schafften wir dann glücklicherweise auch.

Der 18. Juli begrüßte uns mit strahlend blauem Himmel. Wir fuhren durch Washington die New York Avenue hinunter in Richtung Eastern Shore. Im State House von Annapolis führte uns eine Standesbeamtin in den Heiratsraum, in den eine mit Blumengirlanden verzierte Laube integriert war und wickelte die Zeremonie freundlich und sachlich in fünf Minuten ab, was meiner Rührung aber keinen Abbruch tat. Leicht benommen von der Schwere des Augenblicks schwankten wir dann aus dem klimatisierten Gebäude mitten hinein in das schwüle Waschküchenklima. Doch auch 35 Grad und 98 Prozent Luftfeuchtigkeit hielten uns nicht davon ab, in Richtung Hafenbecken zu spazieren und auf einer Hotelterrasse Champagner zu trinken – mit Blick auf die Segelboote, die im Hafenbecken schaukelten.

Unsere Hochzeitsreise dauerte zwei Tage und führte uns nach St. Michels an der Chesapeake Bay, ein Seglerparadies mit Holzhäuschen, Fähnchen und Wimpeln, Cafés in Pastellfarben, mit Muscheln und Häkeldeckchen auf den Tischen. Wir wohnten im »Inn at Perry Cabin«, einem Landhotel mit East-Coast-Charme.

Auf dem hoteleigenen Tandem machten wir uns als frischvermähltes Brautpaar dann auf, den kleinen Ort zu erkunden. Alsbald gingen die gepflasterten Straßen in Holzplanken über: Wir näherten uns dem Wasser. Dort stand ein »Crabhouse«, ein Fischrestaurant, das saisonbedingt Blue oder Softshell Crabs servierte.

Am Eingang des Restaurants lockte das Schild: »Don't wait to be seated!« Das ließen wir uns nicht zwei Mal sagen.

Den traditionellen Ablauf einer Mahlzeit an der Chesapeake Bay muss man kennen: Die Schalentiere werden in einem großen Topf im traditionellen Old-Bay-Paprikasud gegart und dann sofort vor dem Gast auf den Tisch geschüttet. Der schlägt dann mit einem Hammer den Panzer ein, schält das weiße Fleisch heraus – und genießt. Gegessen wird an langen Holztischen mit weißen Tischtüchern aus Papier, die hinterher mit den darin eingerollten Essensresten im Müll entsorgt werden.

Mit Mühe fanden wir noch zwei freie Plätze. Alle Tische waren voll besetzt mit fröhlich hämmernden Gesellen, einige hatten ihre Boote direkt am Steg festgemacht. Neben uns hockten eine Frau und zwei Männer mit hochgekrempelten Ärmeln kräftig bei der Arbeit. Kaum hatten wir uns gesetzt, füllte der Kellner aus einem großen »pitcher« je einen halben Liter Bier in unsere Gläser. Eine Sekunde später schüttete der gleiche Bursche eine Ladung Krabben vor uns auf den Tisch, und wir machten uns ans Werk, alsbald von Fett verschmiert und mit rot-glühenden Gesichtern. Doch wir hatten noch anderes vor an diesem Tag. »Cheque, please!«, verlangte Wolfgang schließlich. »What cheque?« Er möchte bezahlen, sagte Wolfgang. »Bezahlen?«, fragt der Kellner noch einmal. »Wieso? Gehören Sie denn nicht zu der Gruppe?« – »Wir sind alle von der Vereinigung der Steuerprüfer von Maryland. Das ist unser Jahresausflug«, verkündete die Frau an unserem Tisch.

»Das ist mir jetzt aber sehr unangenehm«, sagte mein Ehemann.

»Wir haben heute geheiratet«, fiel mir ein.

Daraufhin stieg der rothaarige »accountant« neben mir auf die Bank und rief: »Alle mal herhören, die beiden haben heute geheiratet!« Unter tosendem Applaus und mit Glückwünschen bedacht verließen wir das Lokal. Und die Vereinigung der Steuerprüfer von Maryland übernahm unsere Zeche.

Es ist einfach, in Amerika zu heiraten. Während die deutschen Behörden im Vorfeld Abstammungs- und Ehefähigkeitszeugnis, Geburtsurkunden etc. sehen wollen, scheren sich die Amerikaner darum meistens nicht. Jeder darf heiraten, wen er will. Rechtliche oder finanzielle Ansprüche können dann immer noch vor Gericht eingeklagt werden. Der Staat tritt, anders als bei anderen Fragen, hier im Vorfeld nicht als Ordnungsmacht auf – höchstens dann, wenn Interessen Dritter nachweislich betroffen sind.

An einen ausgedehnten Honeymoon war im Sommer nach 9/11 nicht zu denken. Ein verlängertes Wochenende allerdings hatten wir noch, jedoch nicht ganz für uns. Freunde von Wolfgang hatten zu sich auf ihre Ranch nach Jackson Hole in Wyoming eingeladen. Zugesagt hatten wir, lange bevor die Hochzeit geplant war.

Als wir unser Zimmer als heimliche »honeymooners« in dem riesigen alten Blockhaus zwischen Pferdekoppeln und Wiesen bezogen, prallte ich zurück. Zwei Einzelbetten, die aus oberschenkeldicken Holzbohlen zusammengenagelt waren, standen mindestens sechs Meter voneinander entfernt. Und das auf der Hochzeitsreise! Heimlich inspizierte ich die anderen Zimmer. In diesem Haus, dessen gespachtelte Holzwände aussahen wie bei den Cartwrights von Bonanza, war kein einziges Doppelbett zu finden. Dafür war die Natur konkurrenzlos schön: Glockenblumen, Pferdekoppeln und im Hintergrund die schneebedeckten Rocky Mountains. Was wollte man mehr?

Die Dame des Hauses hatte für ihre Gäste ein Programm zusammengestellt, das ohnehin keine Denkpausen zuließ. Morgens um halb acht beim Gong sammelte man sich in der Küche und teilte sich in Gruppen auf, die wandern oder reiten gingen oder auf alten Autoschläuchen den White Snake River hinabfuhren – »Inner Tubing«. Wer sich abends auf einen gemütlichen Ausklang am Kamin gefreut hatte, sollte enttäuscht werden. Es standen heitere Gesellschaftsspiele auf dem Programm. Skat und Schach, vorher noch schnell eine Partie Boccia im Garten.

»Hey, was macht ihr denn da vor dem Kamin?«, scheuchte sie ihre Gäste auf. »Weiter geht's, jetzt spielen wir Bingo!«

Schließlich zogen wir uns gegen 21 Uhr zurück. »Spielverderber«, brummte die Gastgeberin hinterher. Da platzte es aus ihm heraus. »Aber wir haben doch vor vier Tagen geheiratet!«

Den Honeymoon als Gruppenreise hatten wir uns selbst eingebrockt, er gab aber doch einen ziemlich genauen Vorgeschmack auf das, was auch das Eheleben in der Botschaft prägen sollte: Allein waren wir so gut wie nie.

Honeymoon und andere Beziehungskrisen

In dieser Zeit hatte sich über dem Nordatlantik ein kräftiges Beziehungstief zwischen Berlin und Washington zusammengebraut. Kurz vor der Bundestagwahl am 22. September 2002 hatte die damalige Justizministerin Herta Däubler-Gmelin in einer Rede den amerikanischen Präsidenten in Zusammenhang mit Adolf Hitler gebracht. Bush wolle von innenpolitischen Schwierigkeiten ablenken, sagte die Ministerin. Das sei eine beliebte Methode: »Das hat auch schon Hitler gemacht.«

Eine Woge der Entrüstung war die Folge. Ausgerechnet Deutschland hatte es gewagt, so beklagten sich einige amerikanische Zeitungen, ihren Präsidenten mit »the Führer« zu vergleichen. Auch Sicherheitsberaterin Condoleezza Rice empörte sich: »Wie kann man nur Hitler und den Namen des amerikanischen Präsidenten in einem Satz nennen!« Sie bestellte den Botschafter an einem Samstagmorgen ins Weiße Haus ein und sprach von einer »vergifteten Atmosphäre«.

Bundeskanzler Schröder zwang seine Ministerin nicht zum Rücktritt, und über den Entschuldigungsbrief an Bush sagten die Mitarbeiter des Weißen Hauses, dass er alles Mögliche enthielt – nur keine Entschuldigung. So wurde aus Misstrauen offene Gegnerschaft. Ja, die Atmosphäre war vergiftet, in Washington konnte man das überall spuren. Dann gewann Schröder am 22. September 2002 die Bundestagswahl. Die Analysen der *Washington Post* oder *New York Times* waren bei ihrer Berichterstattung um Sachlichkeit bemüht, zitierten aber voller Unverständnis Schröder, der vor Bush »nicht die Hacken zusammenschlagen« wolle. Auch die deutschen Wirtschaftsdaten kamen auf den Prüfstand und wurden für nicht gut befunden. Amerikanische Experten fragten, warum man Deutschland als Partner überhaupt noch ernst nehmen solle, angesichts einer schwächelnden Konjunktur, mangelnden Reformwillens, hoher Steuern und eines sklerotischen Arbeitsmarkts.

Ein führender außenpolitischer Experte drückte dies am Rande der Wahlparty in der Botschaft Washington so aus: »Erst versichert ihr uns ›uneingeschränkte‹ Solidarität‹, und jetzt schlagt ihr uns ins Gesicht!« Freunde dürfen kritisieren, aber eben als Freunde. Das war der Tenor fast aller Gespräche in dieser Zeit.

Sowohl ehemalige Angehörige der Clinton-Administration als auch Republikaner räumten ein, dass sachliche Kritik zum Beispiel an der US-Haltung zum Klimaprotokoll von Kyoto, zum Internationalen Strafgerichtshof oder selbst am Irakeinsatz erlaubt sei. Bewusste Brüskierungen aber verbat man sich. Das Wort von einer »neuen deutschen Unberechenbarkeit« machte in Washington die Runde. Falls der Kanzler glaube, nach der Wahl einfach wieder zur Tagesordnung übergehen zu können, habe er sich getäuscht. Zu groß sei der Scherbenhaufen. Das bekam auch die Botschaft zu spüren.

Kurz nach der Wahl kam es zu einem Gespräch zwischen einigen Abgeordneten aus Berlin, Professoren, Journalisten und Experten der Think Tanks in der Botschaft. Die amerikanischen Senatoren und Mitglieder des Kongresses hatten alle abgesagt. Während der Pause tummelten sich die Teilnehmer in der kalten Empfangshalle der Botschaftsresidenz und blickten in den grauen Washingtoner Winternachmittag. Welche Langzeitstrategie die Bundesregierung denn verfolge, welche Bündnisse sie in Zukunft suche, fragte ein Professor der Georgetown University. Ein SPD-Abgeordneter aus Rheinland-Pfalz hob die Augenbrauen. Strategie? Schröder habe »situativ« gehandelt. Dessen Bauchentscheidung habe sich erst im Nachhinein durch die Allianz mit Frankreich und Russland als strategisches Vorgehen verkaufen lassen.

Bush hingegen näherte sich dem Zenit seiner Macht. Am 5. November 2002 gewannen die Republikaner bei den Kongresswahlen sensationell hinzu, und die Dominanz der Demokraten im Senat war hinfällig. Dann ging alles seinen unvermeidlichen Gang. Internationale Initiativen, ein militärisches Vorgehen gegen den Irak doch noch abzuwenden, fruchteten nicht. Deutschland und Frankreich versuchten vergeblich, den Sicherheitsrat der Vereinten Nationen zu nutzen, um die USA von einem Vorpreschen abzuhalten. Im März 2003 begann die Invasion. Schon im Januar zuvor hatte Verteidigungsminister Donald Rumsfeld die Welt in Freund und Feind eingeteilt: Altes Europa gegen Neues Europa. Dann folgte sein berühmter Satz, dass Kuba, Libyen und Deutschland die Länder seien, die nicht auf der Seite Amerikas stünden.

Deutschland und Amerika – auf unterschiedlichen Seiten? »Die dargestellten Differenzen beruhten größtenteils auf widersprüchlichen Interessen in der Sache und wären ohnehin aufgetreten, ganz gleich, ob das Verhältnis der führenden Personen zueinander von Zutrauen und Anerkennung geprägt war oder von Zweifel und Kritik.« So resümierte der deutsche Botschafter in Washington, um dann zu schließen: »Dennoch hat die enge freundschaftliche Partnerschaft zwischen den USA und Deutschland nicht gelitten.« Der Autor dieser Sätze ist nicht Wolfgang Ischinger, sondern einer seiner Vorgänger, Berndt von Staden. Dieser war Botschafter in Washington bis 1979, dem Jahr, in dem der NATO-Doppelbeschluss für transatlantische Turbulenzen sorgen sollte. Differenzen, Turbulenzen – immer wieder war in den letzten Jahrzehnten vom »Graben zwischen dem Atlantik« die Rede gewesen, den man überwinden müsse, der »transatlantischen Wertegemeinschaft« zuliebe.

War das aktuelle Krisengerede also relativ betrachtet ein ganz üblicher Ausschlag nach oben im Beziehungsgeflecht zwischen den USA und Deutschland? Andererseits: Wann nach Ende des Zweiten Weltkriegs herrschte jemals Funkstille zwischen wesentlichen Teilen der Regierungen in Washington und Berlin? Von Paris ganz zu schweigen!

Dass US-Amerikaner und Europäer darüber hinaus von unterschiedlichen Kräften gesteuert werden, das postulierte in jenen Tagen Robert Kagan in seinem Buch *Of Paradise and Power*. Die Amerikaner seien vom Mars und zeigten sich dementsprechend kriegsbereiter, männlicher. Die Europäer hingegen stammten von der Venus, lautete seine kontroverse These, seien also weicher, mehr an Stabilität und Ruhe interessiert als an schnellen Veränderungen. Nicht von der Hand zu weisen ist wohl, dass die politisch-historischen Wurzeln Nordamerikas revolutionären Ursprungs sind, auf Veränderung zielend, eben nicht auf Bewahrung des Status quo, und erst recht nach 9/11.

Was ist aus dem Streben nach Veränderung geworden? Die ganze Nahostregion verändern, Saddam Hussein und Osama bin Laden ausschalten, die ganze Welt vom Terrorismus befreien und mit Demokratie beglücken: Die damals am Reißbrett entworfenen »Transformationspläne« sind auch Jahre später noch immer nicht umgesetzt. In Washington teilte man die Welt in Freund und Feind. Doch nicht nur in der nah- und mittelöstlichen Krisenregion: Auch »die Kriegsverweigerer« Deutschland und Frankreich wurden an den Pranger gestellt. In einigen Zeitungen und Internetforen, so etwa bei »Germany stinks«, wurde zum Boykott deutscher Marken aufgerufen.

Die Franzosen hatte es schlimmer getroffen. Washington nahm der »Grande Nation« ihre Absage noch übler als uns. Wolfgangs französischer Kollege Jean-David Levitte, heute Berater des französischen Präsidenten Sarkozy, erzählte von Landsleuten, denen in New York auf der Straße das Handy entrissen wurde, nur weil sie Französisch sprachen. Chanel und Hermès bekamen große Schwierigkeiten, ihre Produkte auf dem amerikanischen Markt abzusetzen. Wohl um einen Rest von Sympathie im politischen Washington auf sich zu ziehen, hatten sich Jean-David und seine Frau Marie Cecile bereit erklärt, in jenem Jahr den Opernball, eines der gesellschaftlichen Highlights der Washingtoner Sommersaison, auszurichten. Als Ballgeschenk gab es ein Seidentuch von Hermès in Rot, Blau und Weiß – ein modischer Ausdruck der amerikanisch-französischen Verbundenheit für all jene, die vergessen haben mochten, wie bedeutsam die Hilfe der Franzosen im Amerikanischen Unabhängigkeitskrieg gegen das britische Mutterland gewesen war. Das war schließlich eine Weile her.

In der Berliner Politik sahen viele unserer amerikanischen Freunde das, was auch mancher in Deutschland unterstellte – einen instinktiven Akt der Selbstbefreiung des Bundeskanzlers aus der innenpolitischen Flaute. Anders als den Franzosen trauten nur wenige den Deutschen zu, dass sie die Rolle der amerikanischen Supermacht langfristig oder systematisch infrage stellen würden. Dennoch: Unser Image war angekratzt. Und nicht nur das: Totgeglaubte Gespenster der Vergangenheit feierten ihr Comeback – zumindest in der amerikanischen Fantasie.

Werwölfe und Geister der Vergangenheit

Kann man das Nachkriegsdeutschland von 1945 mit dem sich nun vermeintlich im Nachkriegszustand befindlichen Irak von 2003 vergleichen? Condoleezza Rice tat es und eröffnete damit eine absurde Debatte, die ich für den *Rheinischen Merkur* beschrieb. Als die nationale Sicherheitsberaterin im August 2003 vor Kriegsveteranen sprach, sagte sie, dass Deutschland nach dem Krieg keineswegs sofort stabil und wohlhabend gewesen sei. Eine nationalsozialistische Freischärlerbewegung, die sich »Werwolf« nannte, habe alliierte Kräfte angegriffen und Sabotage betrieben, wie heute die Anhänger der Baath-Partei und die Fedajinkämpfer. Nachweislich geradezu eine groteske Geschichtsklitterung, jedenfalls wenn sie von einer promovierten Historikerin kommt. Die Organisation »Werwolf« war zwar im Herbst 1944 von Heinrich Himmler gegründet worden und rekrutierte sich hauptsächlich aus Anhängern der Hitlerjugend. Sie sollte in der Tat den Feind in einem besiegten Deutschland weiterhin bekämpfen. Doch ihre Aktivitäten blieben in dieser Hinsicht unerheblich. Von einem erbitterten Partisanenkampf konnte wirklich keine Rede sein.

Übertrieben oder nicht – in Washington schienen solche Bezüge einigen politischen Kreisen durchaus gelegen zu kommen. Die Deutschen galten jetzt als Quertreiber. Die im Nachhinein erfolgreiche Resozialisation Deutschlands war in den USA nach Ende des Zweiten Weltkriegs bei Weitem nicht von allen erwartet worden. »Das Misstrauen den Deutschen gegenüber war groß und wurde durch die Greuel in den Konzentrationslagern noch verstärkt«, hatte Robert Wolfe, ehemals Militärhistoriker an den National Archives, festgestellt. Der Historiker Jeffrey Herf von der Universität Maryland wird hierzu noch deutlicher: »Manche fragten sich, ob Deutsche überhaupt zu Anstand in der Lage waren, oder ob man sie nicht davon abhalten müsste, wieder ihre Nachbarn anzugreifen.«

Wesentlich für den Aufstieg Nachkriegsdeutschlands war unbestritten die wirtschaftliche Erholung. Kein Wunder, dass Vertreter der US-Administration die Milliarden-Dollar-Hilfspakete für den Irak gerne mit dem Marshallplan verglichen. Ein weiteres, von den Anhängern der Irakpolitik George W. Bushs häufig gebrauchtes Argument lautete, dass das Engagement der Amerikaner in Deutschland während des Kalten Krieges sich mit dem Sieg über den Kommunismus auch ideologisch ausgezahlt habe. Es habe sich gelohnt, das geschlagene Land wieder stark zu machen. Schade nur, dass sich ausgerechnet die von Amerika wieder aufgepäppelten Deutschen jetzt so undankbar zeigten.

Libyen, Kuba, Deutschland, die »Werwölfe«, Hitler, Bush, Schröder – vieles war da in einen Topf geworfen worden und zu einem üblen Gebräu verrührt worden. Die deutsche Regierung hatte sich nicht mit Ruhm bekleckert, aber die Administration in Washington auch nicht. Wie verfahren die Situation war, sah man bei der Münchner Sicherheitskonferenz im Februar 2003. Dort hatte mein Mann Verteidigungsminister Rumsfeld eine Frage gestellt, die gar nicht böse gemeint war: Was man gegen die antiamerikanischen Ressentiments in aller Welt tun könne? Donald Rumsfeld blieb eine Antwort schuldig und weigerte sich hinfort, diesen frechen deutschen Botschafter jemals wieder zu empfangen. Auch über Außenminister Joschka Fischer kann Rumsfeld nicht erfreut gewesen sein, denn der hatte sich mit ihm bei derselben Konferenz in München über das Vorgehen im Irak einen heftigen Schlagabtausch geliefert. Bis heute hat Rumsfeld den Vergleich zwischen Kuba, Libyen und Deutschland übrigens nicht zurückgenommen.

Ute Lemper singt fürs deutsche Image

Die USA hatten ein Imageproblem in Deutschland und in anderen Teilen der Welt, kein Zweifel. Doch umgekehrt verhielt es sich leider nicht anders: Bereits ein Jahr nach der Verkündung der uneingeschränkten Solidarität war der Ruf der Deutschen in Washington weitgehend ruiniert. Für die Deutsche Botschaft Washington begann ein Albtraum – und viel Arbeit. Verschiedenste Abteilungen der Botschaft bastelten fieberhaft an Maßnahmen zur Verbesserung des deutschen Ansehens. Das Ergebnis war ein bunter Strauß von Aktivitäten, an denen dem Botschafterpaar oft eine zentrale Rolle zukam wie auch den bilateralen Organisationen: German Marshall Fund, American Council on Germany, American Institute on Contemporary German Studies, Atlantik-Brücke: Vertreter dieser und vieler anderer Nichtregierungsorganisationen gingen bei uns in diesen Tagen aus und ein, ehrlich besorgt um den Stand der transatlantischen Beziehungen.

Kulturell versuchte Deutschland mit Höchstleistung zu punkten. Die Berliner Philharmoniker waren auf Tournee in den USA, wie auch das Hamburger Ballett. Wir gaben Empfänge zu Ehren der Ensembles und luden selbst zu Konzerten, zum Beispiel des Philharmonia Quartetts, in die Residenz. Wir organisierten einen Empfang für den kunstsinnigen Herzog Franz von Bayern, der eine Auszeichnung der Duncan Phillips Collection bekommen hatte. Die war so wichtig, dass Seine Königliche Hoheit sogar, von uns begleitet, von Laura Bush zum Tee im Weißen Haus empfangen wurde. Als die First Lady mich begrüßte, erzählte ich sofort – um das Eis zu brechen –, wie beeindruckt Caroline von der Begegnung mit dem Präsidenten gewesen war, vor allem von seinem erzieherischen Exkurs über Vater-Töchter-Beziehungen. Laura Bush nickte und lächelte maskenhaft, ohne die Augen zu bewegen. Anders als ihr Mann wirkte sie häufig etwas geistesabwesend – sympathisch, aber nicht wirklich präsent.

Kunst und Musik waren das eine. Als anderes wichtiges Aushängeschild boten sich die guten deutsch-amerikanischen Wirtschaftsbeziehungen an. Die USA waren der größte Markt für deutsche Produkte außerhalb der Europäischen Union. Amerikanische Unternehmen beschäftigten 800 000 Angestellte in Deutschland und deutsche Unternehmen hatten insgesamt fast eine Million Jobs in den USA geschaffen. Sollte man daraus nicht auch politisch Kapital schlagen können?

Im Mai 2003, ein Jahr nach Bushs Deutschlandbesuch, versammelten sich die Mitglieder knapp hundert Vorstände deutscher und amerikanischer Unternehmen sowie Politiker beider Länder im Saal der amerikanischen Chamber of Commerce zum »German-American Business Summit«, organisiert von der Deutschen Botschaft. Zwei Tage lang diskutierten die Teilnehmer, darunter als eine der wenigen Frauen auch Friede Springer, über die transatlantischen Herausforderungen und betonten die Wichtigkeit der deutsch-amerikanischen Handels- und Investitionsbeziehungen. Für Wolfgang und seine Mitarbeiter war das ein Riesenerfolg: Mithilfe der Wirtschaft gelang es, die Funkstille zwischen Weißem Haus und Bundeskanzleramt zu überbrücken und die Kraft der bilateralen Beziehungen zu demonstrieren.

Der damalige Wirtschaftsminister Wolfgang Clement kehrte sichtlich beeindruckt von seinem Termin bei Vizepräsident Dick Cheney zurück; die Herren hatten sogleich Bilder der Enkelkinder ausgetauscht. Monate später kam Cheney, überredet von seinem alten Freund Don Kendall, einst Chef von Pepsi-Cola, als »dinner speaker« im Rahmen einer Tagung in die Botschaft. Dieses Mal übertraf das Ausmaß der Sicherheitsvorkehrungen alles, was wir bisher erlebt hatten. Das ganze Personal musste in den Keller. Wegen des Glasdachs über der Halle betrat der Ehrengast das Haus durch den Seiteneingang, der durch die Küche führte, und trotz 35 Grad Hitze musste die Klimaanlage pausieren (wohl damit kein Giftgas eingeschleust werden konnte). So bekamen wir am eigenen Leibe zu spüren, was seit 9/11 in Amerika Routine ist. Niemals wieder sollte Sicherheit dem Zufall überlassen werden.

Die Wirtschaftskonferenz war vielleicht auch deshalb ein so großer Erfolg, weil der deutsche Chansonstar Ute Lemper abends die Gäste unterhielt. Lemper, die schon mehrere Jahre in den USA lebte, trug ein rotes Federboakleid über den langen Beinen und gab freche Balladen von Kurt Weill und Bertolt Brecht zum Besten. Das hatte ungeahnte Folgen. Harald Schmidt, der wie Wolfgang aus Nürtingen stammte, bemerkte am nächsten Tag in seiner Late-Night-Show, dass dieser deutsche Botschafter – »natürlich aus Nürtingen!« – bei seinem Wirtschaftsgipfel in USA die Chuzpe gehabt habe, Ute Lemper vor den versammelten Bonzen ausgerechnet marxistische Balladen singen zu lassen.

Lemper trug ein rotes Federboakleid über den langen Beinen und gab freche Balladen von Kurt Weill und Bertolt Brecht zum Besten

Am folgenden Abend fand das Wirtschaftsdinner in den Räumen der National Gallery statt, wo Porsche eine Ludwig-Kirchner-Ausstellung gesponsert hatte. Wer konnte damals ahnen, dass fünf Jahre später die Autoindustrie, gerade auch Porsche, weltweit in so schweres Fahrwasser geraten würde? Damals hielten alle den Terror für die größte Bedrohung unserer Gesellschaft, nicht ahnend, dass der Zusammenbruch des Banken- und Kreditwesens wenige Jahre später die größte Wirtschaftskrise seit fast 100 Jahren auslösen würde.

Auch ich wollte meinen Beitrag leisten und hatte vorgeschlagen, für unsere Leistungsshow deutscher Wirtschaft und deutschen Talents mein Washingtoner Netzwerk der Ladys zu bemühen. Warum nicht deutsche Mode vorführen? Eine Anfrage bei den großen Modehäusern blieb allerdings ergebnislos. Und ich begann zu verstehen, dass das früher erfolgreiche Label »Made in Germany« in der Mode nicht als Aushängeschild galt. Die Firmen, deren Kleider ohnehin in Hollywood, Paris oder Rom getragen werden, setzen eher auf Internationalität. Eine Ausnahme war Bogner. Das Unternehmen ließ seine Jacken und Skianzüge auch in den USA produzieren und war durchaus an Publicity interessiert. Willy Bogner, den Wolfgang seit den Olympischen Winterspielen in Salt Lake City 2002 persönlich kannte, hatte dann auch für den Wirtschaftsgipfel zugesagt.

Als es so weit war, war mein »International Club Number I« vollzählig in Ungers' imposanter Empfangshalle versammelt, nebst anderen Damen der Washingtoner Society. Ute Lemper war gemeinsam mit ihrer Tochter geblieben und begutachtete mit allen anderen die neue Winterkollektion, die von sechs Models vorgeführt wurde. Skianzüge, bestickte Mäntel, die Damen waren entzückt. Sonia Bogner nahm nach mir das Mikro und pries ihre Mode als erfolgreiche deutsch-amerikanische Koproduktion.

Es waren schließlich vor allem die Modenschau und der Auftritt Ute Lempers, die das Thema Wirtschaftskonferenz überhaupt erst in die Medien brachten. Nicht nur als Modenschau, sondern vor allem als das, was es tatsächlich war: Werbung für Deutschland und für deutsche Produkte, die in den USA hergestellt wurden. »Public diplomacy«!

Harald Schmidt, die Berlin Bar und Haarspray für den Kanzler

Mit der Werbung für Deutschland gingen wir noch einen Schritt weiter: Wir öffneten die Botschaft für Nachtschwärmer! Generell hat fast jede deutsche Auslandsvertretung eine Art »Bierkeller«. So vorhanden, ist er der beliebteste Raum für inoffizielle Gespräche und Meetings in den frühen Abendstunden. Meist sind diese »typisch« deutschen Bierkeller altdeutsch-holzgetäfelt, mit Kuckucksuhr und Zapfanlage. Ein solches Ambiente konnten – und wollten – wir unseren Gästen nicht bieten, dafür aber hatten wir einen anderen Trumpf. Und der befand sich auch im Keller.

Als wir 2001 in Washington eingetroffen waren, stießen wir in den Katakomben der Botschaftsresidenz auf ein trauriges Geheimnis. Was in der Baubeschreibung als Partykeller ausgewiesen war, entpuppte sich als Abstellraum mit kalkweißen Wänden und schwarzen Armaturen. Grabkammer, Mausoleum – das waren die Attribute, die sich bei der ersten Besichtigung aufdrängten. Was, wenn wir diesen Ort aus dem Totenschlaf befreien und eine richtige Bar daraus machen würden, wie eigentlich vorgesehen? Wir ließen die beiden Kellerräume kurzerhand in Ochsenblutrot streichen. Und um die Einrichtung zu verbilligen und vor allem zu beschleunigen, konnten wir die Innendekoration vor Ort organisieren, statt die Hilfe eines von Oswald Mathias Ungers legitimierten deutschen Architekten in Anspruch zu nehmen.

Für die Bar-Lounge wählten wir Möbelkreationen eines New Yorker Designers, quadratisch-kubisch anmutende Sitzelemente mit Ottomanen, die als Tische umfunktioniert wurden, abwechselnd schwarz und weiß. Ungers' Neonleuchten an den Wänden wurden fortan nicht mehr gebraucht und zugunsten einer bargemäßen Schummeratmosphäre kaum noch angeknipst, außer zum Staubsaugen. An die roten Wände kamen Schwarz-Weiß-Fotos aus dem Nachkriegsberlin mit Trümmerfrauen, Checkpoint Charlie und so weiter. Kerzen und kleine Tischleuchten sorgten für die entsprechende Atmosphäre, die – in Umgehung des in der Architektenwelt verpönten Wortes »gemütlich« – informelle Kommunikationssituationen dramatisch beförderten. Im zweiten, an die eigentliche Bar angrenzenden Raum – wir tauften ihn »Berliner Zimmer« – schufen wir eine Art postmoderne Weinstube.

Dann war es so weit: Zur Eröffnungsparty der Berlin Bar kamen Hunderte schaulustige, dem Nachtleben entwöhnte, überarbeitete »Washingtonians«. Über dem Treppeneingang leuchtete dann auch in pinken Neonlettern »Berlin Bar«, in demselben Schriftzug wie derjenige der Paris Bar in Berlin. So manch einer unserer amerikanischen Freunde hatte dort bis Mitternacht sein Weinchen getrunken und auch schon mal den Kanzler am Nebentisch erspäht. Vergleichbares würde ihm in Washingtoner Lokalen nie passieren, da dort spätestens um 22 Uhr Nachtruhe einkehrte. Wir feierten mit »le tout Washington«. Eine Jazzkapelle gab Songs aus den 20er Jahren zum Besten, Pantomimen mit Preußenperücken und weißgeschminkten Gesichtern veräppelten die Gäste. Das Highlight aber kam aus Nürtingen. Wolfgang war es tatsächlich gelungen, seinen Mit-Nürtinger Harald Schmidt zur Teilnahme an der Party zu bewegen. Nicht nur das: Auf der Fahrt vom Flughafen zu uns hatte sich der Entertainer spontan bereit erklärt, eine Tombola durchzuführen. Die zog er dann bravourös durch, selbstverständlich auf Englisch. Unsere amerikanischen Gäste jedenfalls lachten Tränen über seine Gags. Der *Georgetowner* hatte nach der Eröffnung über unsere Bar geschrieben: »The huge imposing residence finally has a heart.«

Einen Abend später brachten wir Schmidt, den die *Washington Post* am nächsten Tag »als deutsche Antwort auf David Letterman« bezeichnete, und seine Frau mit einem anderen schlagfertigen Talkmaster zusammen, mit Christopher Matthews von *Hardball*. Da erlebten wir überrascht einen anderen Harald Schmidt, einen, der Fragen stellte und zuhörte.

In der Berlin Bar sollte in den nächsten Jahren vieles stattfinden, unter anderem EU-Stammtische, Weinproben, Pressebriefings. »Gehen wir in die Bar?«, fragten die meisten Gäste, kaum hatten sie die Schwelle zur Residenz übertreten. Kurz nach der Eröffnung etwa fand in Washington ein Symposium zum heiklen

Thema Beutekunst und Restitution ehemals jüdischen Eigentums statt, ein Dauerbrenner auf der deutsch-amerikanischen Agenda. Willkommen in der Vergangenheit.

Zu den Teilnehmern gehörten Deutsche, Amerikaner, Österreicher, Juden und Nicht-Juden, Rechtsanwälte und Kunstexperten. Eine von ihnen war meine Freundin Laurie Stein, Kunsthistorikerin aus Chicago. Sie rief mich ganz aufgeregt an: »Die Gruppe ist bei den Österreichern eingeladen, aber nicht bei euch, und dass bei einem Thema zum Dritten Reich. Das kommt nicht gut an!«

Doch weder Botschafter noch Kulturchef waren in der Stadt. Deshalb tat ich etwas, was eigentlich über meine Rolle, die es ja eigentlich ohnehin nicht gab, hinausging: Ich lud die Gruppe in die Residenz ein. Wenig später fuhr auch schon der Bus vor, und eine sehr gemischte Gruppe, von der ich nur Laurie kannte, kam auf mich zu. Ich ging zur Kellertreppe und knipste den Schalter an: Augenblicklich tauchten die Neonlettern der Berlin Bar alles in ein unwirkliches Pink. Verdutzter hätten die Gesichter nicht dreinschauen können. Ich sagte ein paar Worte zum Thema Beutekunst, sprach von der besonderen Verantwortung, die wir Deutschen in diesem Zusammenhang tragen. Dann entspannte sich zum Glück alles. Einige lehnten an den Tresen und probierten frischgezapftes deutsches Bier, andere ließen sich auf den Filzquadern nieder. Laurie zwinkerte mir zu, deutete dann auf zwei Männer, die sich mit einem Glas Wein in die hinterste Ecke zurückgezogen hatten und flüsterte: »Diese beiden sind den ganzen Tag aufeinander losgegangen. Und jetzt reden sie. Gut, dass ihr so eine Schummeratmosphäre habt!«

Dass ich die Berlin Bar zum Leben erweckt hatte, fand man in der Botschaft, im Nachhinein zumindest, »so ganz gut«. Das war jedoch nicht von Anfang an so gewesen. »Was fällt der ein, wer soll denn die Farbe bezahlen? Wer hat das angeordnet?« Das waren nur einige der Kommentare und Fragen, die ich aufschnappte. Und immer wieder: »Darf die das überhaupt?« Als ob ich gewusst hätte, was ich nun durfte oder nicht! Die Grenzen zwischen Residenz und Botschaft, zwischen Privatem und Offiziellem sind selten scharf konturiert. Und diese Grauzone ist groß, groß genug auf jeden Fall für Pannen, Missverständnisse und Blamagen.

Kommunikationspannen wiederholten sich etwa bei Einladungen zum Betriebsausflug: Hier wurde das Residenzpersonal von den verantwortlichen Stellen in der Botschaft regelmäßig »vergessen«. In den botschaftsinternen E-Mail-Verteilern kam das Residenzpersonal gar nicht vor. Ist ja »Residenz«, also privat. Von der Frau des Botschafters gar nicht zu reden. Und mehr als einmal überraschte mich Feueralarm im Haus. Wie an jenem kalten Vormittag im Februar: Ich rief nach den Angestellten, fand aber niemanden mehr vor, stürzte also ins Freie. Bombendrohung, Feuer, Anthraxalarm? Ein bisschen seltsam kam es mir schon vor, dass ich die Einzige war, die draußen vor der Tür stand und wartete. Auf Löschzug, Terroreingreiftruppe oder auch Entwarnung. Irgendwann rief das Zimmermädchen von innen: »Madam! Kommen Sie wieder rein, es war ein Probealarm, wussten Sie das denn nicht?« Alle waren informiert worden, dass ein Probealarm geplant war – nur ich nicht. Dies wiederholte sich so ähnlich einige Monate später. Diesmal hatten wir Hausgäste, die aufgescheucht vom Heulen der Sirene halb angezogen nach draußen flohen. Auch ich konnte ihnen nicht sagen, was los war. Beim nächsten Alarm, schwor ich mir, würde ich mich nicht vom Fleck bewegen. Brenne, was wolle.

Wenige Wochen nach dem ersten Probealarm zeigte die Botschaft wiederum ihre unerbittlich-bürokratischen Seiten. Ich hatte gelegentlich aus Deutschland einige Kräutersamen wie etwa Liebstöckel, Bärlauch und Kerbel eingeschmuggelt. In Washington war dergleichen nicht aufzutreiben. Deshalb legten wir ein Kräuterbeet an, nahe der Hauptküche. Das Grünzeug wuchs schnell, und Benoît machte in seiner Großküche begeistert Gebrauch davon. Ich hatte nun wieder Nachschub aus Deutschland besorgt und bat – erstmals – den mexikanischen Gärtner um Hilfe beim Einpflanzen von vier Päckchen Samen. Nach zwei Wochen war immer noch nichts passiert. Stattdessen erhielt ich einen Anruf von Wolfgangs Sekretariat, dass die Botschaftsverwaltung mit mir reden müsse. Treffpunkt: Garten; der streng dreinblickende Verwaltungsangestellte erschien mit einem dicken Aktenorder unter dem Arm und drängte zu den Kräutern. Dort schlug der Mann den Aktendeckel auf, und ich sah, dass im Inneren die Kräutersamen klebten, auf jeder Seite ganz ordentlich ein Päckchen.

Beweise der Anklage. Gegenüberstellung am Tatort. Was sollte als Nächstes kommen? Fingerabdrücke? Ob es korrekt sei, dass ich dem Gärtner diesen Auftrag erteilt hätte, fragte er mich mit strenger Stimme. Ich gestand. Diese Befugnis obliege mir nicht, das sei außerdem unzumutbar für den Gärtner, man bräuchte für diesen Vorgang selbstredend schwereres Gerät, und der Aufwand betrüge mehrere Arbeitsstunden …

Diese Befugnis obliege mir nicht; das sei unzumutbar für den Gärtner

Das Verhältnis von Botschaft und Residenz ist nie frei von Spannungen. Es erfordert den ständigen Wechsel zwischen den Ebenen, zwischen Öffentlichem und Privatem, Formellem und Inoffiziellem – und ganz räumlich gesehen innerhalb der Botschaftsresidenz – zwischen »upstairs« und »downstairs«. Jede Ausgabe muss korrekt abgerechnet werden, privat oder offiziell. Dienstleistungen, die dem Botschafter privat zugute kommen, werden auch von ihm bezahlt. Allerdings war die Trennung der Bereiche schon räumlich nicht immer leicht. Auch in den privaten Räumen waren wir in Washington selten ungestört, es konnte jederzeit passieren, dass irgendein Besucher dorthin vordrang, ein Hausgast oder ein Minister. So wie Joschka Fischer, der eines Tages mit den Worten »Habt ihr hier keinen Fernseher?«, mit seiner ganzen Entourage nach oben in unser Privatwohnzimmer stürmte und die Sofas besetzte. Ich konnte mich mit meiner Yogamatte gerade noch in Sicherheit bringen …

Eine unerschöpfliche Quelle für peinliche Zusammenstöße oder Überraschungen sonstiger Art war auch in der Lage der offiziellen Gästezimmer gegeben. Diese Räume hatte der Architekt ausgerechnet in den Privatflur des Botschafters gelegt. Nie werde ich vergessen, wie ich eines Abends meinen Mann entdeckte, als er sich im Pyjama und mit einem Teller Hühnersuppe vor der Brust hinter der Küchentür verschanzte. Unser Hausgast, ein Abgeordneter aus Berlin, war gerade die Treppe hochgekommen und winkte mir zu.

Ein anderes Mal kehrte ich in die Residenz zurück, als gerade Bundeskanzler Schröder zu Besuch war. Eben hatte ich noch die Kolonne der Staatskarossen durch das Tor fahren sehen. Als ich unser Bad betrat, bot sich mir ein Chaos: Alle Schubladen waren aufgezogen, sämtliche Kosmetika, Döschen und Flaschen lagen auf einem großen Haufen verteilt auf dem Marmorboden. Ein Einbruch, ein Unfall? Keine der Angestellten wollte etwas damit zu tun gehabt haben.

Rosie rückte als Erste damit raus: »Vielleicht war es … Sir?«

Sie meinte Wolfgang. Das konnte ich mir nicht vorstellen. Doch »Sir« gab später am Abend alles zu. Schröder habe ihn gefragt: »Sagen Sie, hat Ihre Frau vielleicht Haarspray?« Daraufhin hatte mein Mann das ganze Bad durchkämmt – leider ohne Erfolg. Das Einzige, was er aus dem Fläschchen- und Tiegelhaufen bergen konnte, war eine halbvolle Tube mit Wetgel. Das vergilbte Preisschild von Schlecker klebte noch drauf. Ich kann nicht sagen, ob Schröder diesen Sprayersatz tatsächlich benutzt hat …

Die Deutschen verstecken sich in den Bäumen

Im Sommer 2004 verbrachte der Schriftsteller Peter Schneider aus Berlin einige Monate als Gastdozent an der Universität von Georgetown. Peter ist auch in den USA kein Unbekannter, denn er publiziert regelmäßig in der *New York Times* zu aktuellen Themen, so auch zum Irakkrieg. Ich schlug also dem Buchclub vor, eines von seinen ins Englische übersetzten Bücher zu lesen, und dann mit ihm darüber zu reden. Außerdem könne man ja, warum nicht, auch über aktuelle Themen diskutieren.

Der Buchclub traf sich also zum Sonntagsbrunch in der Deutschen Botschaft. Mit von der Partie waren der Grünenpolitiker Cem Özdemir, damals »Fellow« des »German Marshall Fund« und mein Freund Amitai Etzioni, ein in Köln geborener Jude. Über Palästina war er schließlich in die USA gekommen. Als ich ihn drei Jahre zuvor zum ersten Mal in Washington getroffen hatte, war ich ganz aufgeregt. In der SPD der frühen 90er Jahre hatte es einige Begeisterung für seine Lehre, den Kommunitarismus, gegeben. Ich hatte mich als Journalistin auch durch sein kommunitaristisches Manifest gearbeitet. Dessen Essenz, von Amitai selbst auf den Punkt gebracht, lautet: Wer von Menschen etwas will, der muss sie an den Entscheidungen beteiligen: »Share the burden, share the responsibility.« Seit Langem lehrte er Soziologie an der George Washington University. Als er in der Deutschen Botschaft das Bundesverdienstkreuz der Bundesrepublik Deutschland erhalten sollte, lernten wir uns kennen. Da stand er mit seinem widerspenstigen grauen Haarschopf und wusste nicht recht, wie ihm geschah, als er in der Frau des Botschafters einen Fan seiner Schriften fand.

Seit diesem ersten Treffen kam er regelmäßig zu Vorträgen oder Empfängen in die Residenz. Ich genoss die Unterhaltungen mit ihm immer sehr und freute mich, dass er zum Treffen des Buchclubs gekommen war.

Alles beginnt ganz harmlos. Peter Schneider grüßt freundlich in die Runde und liest anschließend aus der englischen Übersetzung seines Buches *Eduards Heimkehr*. Einige haben sich das Buch in der englischen Übersetzung besorgt, andere wollten sich überraschen lassen. Mir ist etwas mulmig zumute – *Der Mauerspringer* wäre mit lieber gewesen, wir hatten es aber nicht in englischer Sprache auftreiben können – denn *Eduards Heimkehr* ist ein Berlinroman, in dem es nicht nur um die Aufbrüche in der Nach-Wende-Stadt geht, sondern auch um sexuelle Probleme. Trotz meines vorsichtigen Hinweises, Peter möge an dieser Stelle auf die etwas empfindlicheren Herrschaften des Buchclubs Rücksicht nehmen, liest er natürlich gerade die explizitesten Stellen vor. Der alte Schelm! Agnes erbleicht auch wie erwartet, sagt aber nichts. Auch die anderen lassen die Lesung so stoisch über sich ergehen wie eine Behandlung beim Zahnarzt.

Agnes erbleicht auch wie erwartet, sagt aber nichts

Während der Diskussion um den Irak wird es munterer: Amitai, alles andere als Republikaner, verteidigt den Irakkrieg. Er hatte zuvor mit anderen amerikanischen Intellektuellen zu einem ziemlich frühen Zeitpunkt in einem Manifest Krieg als Vorgehensweise gerechtfertigt. Die Schrift der 60 amerikanischen Intellektuellen *What We're Fighting For: A Letter From America* hatte auch in den deutschen Feuilletons für Aufsehen gesorgt, weil nicht nur Konservative wie Samuel Huntington und Francis Fukuyama unterzeichnet hatten, sondern gleichermaßen liberale oder linke Denker wie Michael Walzer und eben Amitai. So entspinnt sich eine ungewöhnlich offene Diskussion über die Frage, ob ein gerechter Krieg möglich sei. Peter Schneider erzählt mir hinterher, dass es für ihn spannend und provozierend gewesen sei, dass selbst erwiesene »Friedensfreunde« wie Etzioni die Möglichkeit eines »gerechten Krieges« erwogen. Er hatte Etzioni zu bedenken gegeben, dass es seiner Ansicht nach zwar »notwendige und gerechtfertigte« Kriege gebe, nicht aber »gerechte«; in einem *Spiegel*-Essay hatte er im Jahr 2002 geschrieben, dass ihm »im Ernstfall um die Reaktions- und Handlungsfähigkeit von Leuten, die zwischen einem Terrorakt von islamistischen Faschisten und einem gerechtfertigten Gegenschlag nicht sicher unterscheiden können«, bange sei.

Niemand ahnte damals, wie lange diese Kriege, ob in Afghanistan oder im Irak, noch dauern würden. Es war schon mehr als ein Jahr her, dass Präsident George W. Bush auf dem Flugzeugträger USS Abraham Lincoln stehend – und aus heutiger Sicht reichlich verfrüht – das Ende der Kampfhandlungen im Irak verkündet hatte. Meine Freunde aus dem Buchclub bedanken sich schließlich für einen »sehr anregenden Sonntagmorgen« und ziehen von dannen. Agnes, inzwischen dem jungenhaften Charme von Peter Schneider erlegen, ging als Letzte. Ich war zufrieden: Niemand hatte verbissen argumentiert oder rechthaberisch auf seiner Position beharrt.

Nicht ganz so friedlich verlief kurze Zeit später ein anderer Abend. Friedrich Merz war im November 2004 Partner in einer international agierenden Kanzlei geworden, und mein Mann und ich waren mit ihm bei einem seiner amerikanischen Partner zum Dinner eingeladen. Die Gastgeber wohnten vor den Toren der Stadt. Sie hatten eine ziemlich konservative Runde versammelt: darunter Bundesrichter Antonin Scalia und Ted Stevens, Senator aus Alaska. Es dauerte nicht lange – und es ging um die deutsche Haltung im Irakkrieg. Ich erklärte, dass ich Schröders Nein zwar in der Form missbilligte, nicht aber dem Inhalt nach: »Ich bin nicht der Meinung, dass ein Krieg gegen den Irak die Welt zu einem sichereren Ort macht …«, sagte ich und blickte in erstaunte Gesichter, »obwohl ich natürlich verstehe«, fügte ich schnell hinzu, »dass die USA nach 9/11 in einer Ausnahmesituation sind.« In das Schweigen zischte dann die Dame des Hauses: »Wie kannst du das sagen, wenn ihr uns dann doch nicht helfen wollt.«

Richter Scalia zog die Augenbrauen hoch. Senator Stevens ging voll auf Angriff: Wie wir Deutschen es überhaupt wagen könnten, unsere Pflichten zum Beistand der USA nicht zu erfüllen! Wolfgang verwies auf Afghanistan: »Wir haben mehr Truppen in Afghanistan als die Amerikaner.« Stevens brach in zorniges Gelächter aus: »Ich habe aber noch keinen einzigen Deutschen da gesehen. Die verstecken sich ja wohl in den Bäumen.« So ging es weiter. Unser Gast aus Berlin staunte. Ich auch. Wie konnte es sein, dass die sonst so höflichen Amerikaner derart aus der Rolle fielen? Die Gastgeberin servierte mit zusammengepressten Lippen das Dessert. Kleine cremige Sahnetörtchen wurden vor mir auf den Teller gestellt. Ich wollte eigentlich nur noch aufstehen und endlich gehen.

Wie diplomatisch muss »frau« sich verhalten als Gattin des deutschen Botschafters? Wutausbrüche sollten nicht die Regel sein, so viel war mir klar. Andererseits war ich zum Weglächeln von Unverschämtheiten auch nicht geboren. Meinen Mann konnte nach langen Jahren als Diplomat und Krisenmanager so schnell nichts erschüttern. Nach außen stets geschmeidig und freundlich, bleibt er in der Sache aber hart und unbeirrt. Stets dem Gegenüber die Chance geben, das Gesicht zu wahren und Geduld haben – das, so hörte ich es oft von ihm, seien die Tugenden eines guten Diplomaten.

An diesem Abend konnten wir niemanden von deutschen Tugenden überzeugen. Auf dem Nachhauseweg saßen wir schweigend mit Friedrich Merz im Auto. »Passiert Ihnen so was öfter?«, fragte er, sichtlich beeindruckt. »Sie sehen«, gab mein Mann zurück, »Diplomaten müssen durchaus etwas tun für ihr Geld.« Wir konnten ihn beruhigen, so schlimm wäre es eigentlich nicht. Und in der Tat: Nie wieder während unserer Zeit in den USA wurden wir in einem privaten Haushalt mit derart massiver Kritik für die Politik unseres Landes persönlich in Haft genommen.

»Breaking News« der Schrecklichkeiten

Wolfgang hatte ganz im Sinne von »public diplomacy« jede sich ihm bietende Gelegenheit, die Berliner Haltung zum Irak zu erklären, genutzt. Ein Balanceakt: Denn bei allen Versuchen, Abläufe zu rekapitulieren, politische Überzeugungen oder Missverständnisse zu erläutern, galt es eines zu vermeiden: offene Kritik an der Politik des Gastlandes. Das wäre der Sündenfall für einen Berufsdiplomaten. Bereits am 17. Januar 2003, also vor der Invasion, hatte er in der *Washington Post* unter der Überschrift »First Wars First« geschrieben: Viele Europäer seien zutiefst besorgt, dass ein Krieg gegen den Irak zwei Niederlagen auslösen könnte, nämlich eine Niederlage in der Auseinandersetzung mit dem internationalen Terrorismus einerseits und eine Niederlage im Kampf um Köpfe und Herzen von Hunderten von Millionen Muslimen in der Welt: »This is one of the reasons why many in Europe continue to oppose a war against Iraq.«

Wolfgang trat fast überall auf, im Informationssender *C-Span*, bei *CNN* und *Fox News*. Eines Tages traf eine Einladung zum *O'Reilly Factor* ein, was die Pressestelle der Botschaft in Aufregung versetzte. »Bloß nicht hingehen!«, war deren eindeutiges Votum. Der Moderator Bill O'Reilly ist berühmt und berüchtigt zugleich für seine polemisch-garstigen Angriffe. Und seine Show gilt als die wichtigste politische Talksendung im Land. Ein Auftritt dort, das war allen klar, bot die Chance, eine hohe Zahl von Zuschauern zu erreichen, gleichzeitig riskierte man aber auch, vor einem Millionenpublikum jämmerlich zu scheitern. Sendungen waren schon abgebrochen worden, weil ein Gast in Tränen ausbrach oder aus dem Studio floh. Ein deutscher Journalist war erst kurz zuvor nach einer Reihe heftiger Verbalattacken völlig verstummt. Unflätigkeiten und polemische Angriffe sind das Markenzeichen der O'Reilly-Kreuzverhöre. Wolfgang schlug alle Warnungen in den Wind. Seine Kollegen hielten den Atem an.

»Herr Botschafter, ich finde, wir haben den Deutschen schon viel geholfen«, fing der Moderator an, den die Regie im bedrohlichen Schattenriss doppelt so groß darstellte wie Wolfgang, »ihr aber habt uns nun im Stich gelassen. Ihr seid undankbare Bastarde!«

Wolfgang setzte an, etwas zu erwidern. Doch O'Reilly legte noch eins drauf: »Wenn ich der amerikanische Präsident wäre, dann würde ich euch ...« Da bäumte sich mein Mann auf: »Gut, dass Sie nicht der amerikanische Präsident sind, Bill. Sie sind schlicht verantwortungslos.« Der schaute kurz verdutzt, um dann sogleich mit ungebremster Kraft auf den Vertreter dieser treulosen Nation loszugehen. Nach der Sendung erreichten uns zahllose E-Mails, in denen sich US-Bürger für die Unverschämtheiten des Moderators gegenüber dem deutschen Botschafter entschuldigten. Hier zeigt sich die amerikanische Grundhaltung der Fairness, die leider stärker bei der Bevölkerung ausgeprägt ist als bei Medien und Politikern.

Jenseits dieser Extreme gilt auch für die amerikanischen Leitmedien, dass sie mit andersdenkenden Ausländern (oder ganzen Nationen) durchaus hart ins Gericht gehen, ihre eigenen Machthaber aber eher nachsichtig begleiten. Die *Washington Post* und die *New York Times* – die beiden großen Zeitungen der Ostküste – dankten nach 9/11 ab in ihrer Rolle als vierte Gewalt. Gelegentlich stellte noch eine Kolumne auf der Meinungsseite die eine oder andere kritische Frage – dies blieb aber immer sehr behutsam, leise.

Die berühmte alte Dame des amerikanischen Journalismus, Helen Thomas, nahm in ihrem 2006 erschienenen Buch *Watchdogs of Democracy: The Waning Washington Press Corps and How It Has Failed the Public* vor allem die Kriegsberichterstattung ihrer Kollegen aufs Korn, die in die militärische Gesamtstrategie der amerikanischen Regierung »embedded« waren: Wie können Journalisten eine eigene Meinung vertreten, fragt Helen Thomas, wenn sie »unter dem Schutz der Militärs ins Kriegsgebiet reisen und einen Vertrag unterzeichnen, der einschränkt, wann und was sie schreiben«? Auch in Washington habe man sich einlullen lassen, kritisierte die damals schon 86-Jährige die Kollegen, die zu Rumsfelds Kriegsbriefings gepilgert seien wie zu einer Kultveranstaltung. Die Bilder von eintreffenden Särgen an der Dover Airforce

Base in Delaware wurden der Öffentlichkeit vorenthalten. Auch das sieht Helen Thomas als Teil der großangelegten Manipulation durch die US-Regierung, die die Medien zu lange hingenommen hätten. Erst Präsident Obama hat die Praxis seines Vorgängers aufgegeben, solche Bilder geheim zu halten. Die Anweisung, der Öffentlichkeit Aufnahmen von heimkehrenden Särgen vorzuenthalten, stammte noch von George Bush sen. aus dem Jahr 1991.

Die großen Zeitungen ließen sich viel Zeit, bevor sie die Misshandlungen von Gefangenen in Abu Ghraib von Seite 7 auf die Titelseiten hoben. Um wen zu schonen? Die Nation sah schweigend zu, wie Amerika seine moralische Autorität mehr und mehr verspielte. Wer sonst, wenn nicht die Medien, hätte in dieser aufgeheizten Stimmung ein Korrektiv bilden müssen? »Unsere freie Presse aber«, befand schon 2006 das *Slate Magazine*, »hat sich nur an die Macht rangeschmissen.«

Rückblickend erscheint alles als Teil ein und derselben Kriegsmaschinerie, deren Getriebe von den Medien jedenfalls kaum gestört wurde. Weil Verleger und Geschäftsführer sich um Quoten und Auflagenzahlen sorgten, weil einzelne Reporter Repressalien fürchteten? Deutlich sichtbar gegen den Mainstream schwamm in dieser Zeit vor allem Michael Moore mit seinem Film *Fahrenheit 9/11*, der Sinn und Zweck des Irakkrieges in Zweifel zog und der einen oder anderen wüsten Verschwörungsgeschichte nachhing. Renommierte Reporter der *Washington Post* oder *New York Times* lehnten sich nicht so weit aus dem Fenster. »Es ist nicht leicht, in so einer Situation gegen den Strom zu schwimmen«, erklärte mir unser Freund John damals, der lange für den *New Yorker* schrieb, »9/11 hat selbst diejenigen zu unkritischen Patrioten gemacht, die es sich nie hätten träumen lassen ...« Weil Amerikaner sich prinzipiell für die Guten halten?

Sind wir Deutschen da so anders? Gewiss, die Erinnerung an die zerstörerische Kraft nationaler Überheblichkeit, die so viele Leben vernichtete und ganz Europa in Schutt und Asche legte, ist noch frisch. Die Lehre aus diesen düsteren Kapiteln deutscher Vergangenheit ist eine erhöhte Wachsamkeit in Bezug auf uns selbst – und auch auf andere. Manchmal artet diese Wachsamkeit auch in Rechthaberei aus. Kein Wunder also, dass es da zu Konflikten kommen kann: Auf der einen Seite die Amerikaner, die im Sinne von Max Weber verantwortungs- und handlungsbereit ins Weltgeschehen eingreifen. Auf der anderen Seite die Deutschen, die vor dem Hintergrund der Schrecken des Nationalsozialismus zunächst auf die Gesinnung achten. In Deutschland übernimmt die Rolle der »Wächter des Guten« die Presse: Sie ist stets jedweden (auch vermeintlichen) Komplotten oder Verfehlungen auf der Spur. Kommerzielle Interessen spielen natürlich eine Rolle, doch der aufklärerische Impuls, auch bei den Printmedien, ist weitgehend ungebremst und verteilt sich auf eine Vielzahl konkurrierender Zeitungen und Magazine. Im Prinzip kommt niemand ungeschoren davon, weder der deutsche Papst noch die deutsche Kanzlerin. Ob nun berechtigerweise »angeklagt« oder nicht.

Gelegentlich hat es den Anschein, als diskutiere das ganze Land nur ein Thema. Die Seiten 1 und 2 der *BILD* und die Titelseiten der überregionalen Zeitungen sind dabei genauso Teil der Meinungsspirale wie Bundestagsdebatten, Umfragen der großen Demoskopieinstitute, abendliche Nachrichtensendungen, Talkshows oder Stammtische. Fehlverhalten von Regierung oder von Parteien führt gelegentlich zu Parlamentsdebatten oder Untersuchungsausschüssen mit breitem Medienecho. Inzwischen kommt das Internet hinzu, die »social networks«, Blogs und Tweets. Wer entscheidet also, was gut und rechtens ist? Die Politik, alte oder neue Medien, jeder für sich selbst?

Und wie bringt man diese Antworten, sollte man sie denn finden, in internationalen Einklang? Gelegentlich erhielt ich in Washington einen Anruf aus Deutschland mit der Frage, was denn »die Amerikaner« beispielsweise zum Entwurf von Daniel Libeskind für den Wiederaufbau des World Trade Centers halten? »Die« Amerikaner, sagte ich, gibt es so nicht. Ein Großteil der Amerikaner lebt – unbeeindruckt davon, was eine interessiertere Öffentlichkeit an Ost- und Westküste bewegt – im »Corn and Grain Belt«. Das Zeitungsfeuilleton als Austragungsort gesellschaftspolitischer Debatten existiert nicht in den USA, in den dortigen »art sections« stehen vor allem Rezensionen zu Filmen und Büchern. Intellektueller Diskurs findet dort nur selten statt. Fernsehen und Radio sind die Hauptinformationsquellen.

Zu den erfolgreichsten Mastern des Talkradio zählt beispielsweise der Moderator Rush Limbaugh, der mit populär-konservativen Sprüchen in aggressiver Weise polarisiert und unterhält. Information sieht anders aus.

Auch das Fernsehen in Amerika trennt die Welt gern in Gut und Böse. Die Sendeanstalten überziehen das ganze Land mit einer Endlosserie der Schrecklichkeiten. In die »breaking news« schafft es nicht nur das Ereignis selbst, sondern schon das Warten darauf. Wie oft hielten die Kameras auf Reporter, die ausgerüstet mit Mikrofon und Mütze auf die ersten Schneeflocken warteten, um die Menschheit vor dem bevorstehenden Jahrhundertschneesturm zu warnen? Was macht es da schon, wenn »the perfect storm« längst eine andere Richtung eingeschlagen hat? Die Berichte von der zerstückelten Ehefrau, von der Geisterfahrt eines Lastwagens oder vom Einsturz einer Kirche werden mit Bildmaterial unterbrochen, das amerikanische Soldaten in Afghanistan und im Irak zeigt.

In die »breaking news« schafft es nicht nur das Ereignis selbst, sondern schon das Warten darauf

Ohnehin scheint es, dass Bilder aus dem Ausland nur von Interesse sind, wenn Amerikaner zu sehen sind. Kritische Reportagen oder Länderberichte gibt es kaum. Ausnahmen, wie Jim Lehrers *News Hour* auf *PBS* oder eine gelegentliche gute Comedy- oder Talkshow, bestätigen nur die Regel. Wer wirklich wissen will, was in der Welt passiert, dem bleiben nur *BBC World* und die stetig ansteigende Zahl der Auslandssender (von *France 24* und *R-TV* bis hin zu *Al-Jazeera* und der *Deutschen Welle* – auch wenn Letztere eher dadurch auffällt, dass sie im Vergleich etwa mit dem französischen Sender weniger Haushalte empfangen können).

Und dann ist da natürlich noch das immer dominanter werdende Internet, welches das Meinungs- und Informationsmonopol der traditionellen Medien aufhebt. Dort findet dann auch in den USA heftige Kritik an der Politik statt – die Demokratie sucht sich eben neue Wege. Das Pentagon, wo einst der Grundstein für die Entwicklung eines solchen örtlich ungebundenen Netzwerks gelegt wurde, kann es schon längst nicht mehr kontrollieren. Wie vieles andere übrigens auch nicht …

Im Jet von Donald Trump

In Palm Beach findet traditionell im Frühling der Internationale Rot-Kreuz-Ball statt. Zweimal hintereinander schon hatten wir die Einladung ausgeschlagen. Doch unsere Protokollchefin gab nicht auf. Es wäre wichtig, dass Deutschland in Zeiten der transatlantischen Turbulenzen wenigstens hier Flagge zeige. »Ein bisschen gut Wetter machen, Herr Botschafter, ›public diplomacy‹, das sagen Sie doch selber immer ...« Nun gut. Wir sagten zu.

Was uns dann in Palm Beach erwartete, war anders als alles, was wir uns vorgestellt hatten. Wir verbrachten zwei Tage auf einem anderen Stern, der funkelte und glitzerte und dann zerplatzte wie eine große Seifenblase.

Dulles Airport in Washington: Am Terminal für private Jets trinken wir Kaffee aus Pappbechern. Die Auszeit beginnt: zwei Tage »reality camp« bei den Superreichen von Florida. Der deutschstämmige New Yorker Immobilien- und Medienmogul Donald Trump hat sein Flugzeug bereitgestellt, um Diplomaten von der Hauptstadt der USA nach Palm Beach zum Benefizereignis des Jahres zu fliegen. Dieses Mal sind wir nun dabei. Für den guten Zweck und ein bisschen Sonne. Knapp ein Dutzend »distinguished ambassadors« nebst Ehefrauen steigen in den Privatjet, die Pelzmäntel noch auf dem Arm, die Sonnenbrille bereits gezückt.

An Bord des Jets dösen die Exzellenzen dann, versunken in die Samtfauteuils, der Sonne Floridas entgegen. Das Interieur lässt erahnen, was uns erwartet: holzgetäfelte Wände mit Repliken französischer Impressionisten, vergoldete Wasserhähne im »bathroom«. Im Zentrum des Flugzeugs, eingerahmt von zwei Salons, gibt die offene Tür den Blick frei in das Trump'sche Schlafzimmer mit ausladendem Kingsizebett. Die elegante Stewardess verteilt derweil Truthahnwraps und Wasserflaschen mit Donald Trumps Foto auf dem Etikett. Das stecke ich mir als Souvenir in die Reisetasche.

Landung in Palm Beach. Wir werden in Privathäusern wohnen, wissen aber nicht, bei wem. Wie aufgeregte Schulkinder drücken wir die Nasen an die Flugzeugfenster. Hundert Meter entfernt parken schon die Limousinen der »Gasteltern«: Cadillacs, natürlich Mercedes, sechstürige Lincoln Continentals, eine Stretchlimo mit Chauffeur, ein Bentley, ein Hummer ....

Unsere Gasteltern Jill und John sind mit ihrem betagten Jaguar gekommen. Sonnengegerbte Gesichter, fröhliches Lachen. Die Männer nehmen vorn im Auto Platz, wir Frauen hinten. Die Brücke, die das Festland mit Palm Beach verbindet, erzählt Jill während der Fahrt, wurde früher nach Einbruch der Dämmerung abgeriegelt. Aus Sicherheitsgründen. Denn – und das gilt in den USA als offenes Geheimnis – auf dem 13 Meilen langen Landstreifen der Insel Palm Beach residieren hinter hohen weißen Mauern und undurchdringlichen Hecken jene, denen 25 Prozent von Amerikas Reichtum gehören. John und Jill zum Beispiel haben ihr Geld mit Altenheimen gemacht. Sie stammen ursprünglich aus dem kalten Chicago. Treue Bush-Anhänger sind sie und gänzlich unglamourös. Die Vereidigung des Präsidenten haben sie auf Video aufgenommen. Auf der Kommode im Wohnzimmer neben den Bildern der Kinder und Enkel prangt ein Foto mit Gouverneur Jeb Bush, dem Bruder des Präsidenten. In der Garage steht Johns ganzer Stolz, ein restauriertes Mercedes-Cabriolet aus der Adenauer-Ära. In diesem machen wir dann auch bald unsere erste Spritztour über die Insel.

Später: Lunch im Beach Club direkt am Atlantik. Jill hat zwei deutsche Freundinnen eingeladen. Marianne ist Kunstfliegerin, Ende 60, als Studentin mit ihrem Mann vor fast 50 Jahren in die USA ausgewandert und reich geworden. Sie sieht aus wie eine dieser wagemutigen Pilotinnen aus den Pionierzeiten der Fliegerei. Helga stammt vom Niederrhein. Ihr Mann hat vor Jahren das Familienunternehmen an einen Großinvestor verkauft. Vom Erlös haben sich die Deutschen den Platz an der Sonne Floridas gesichert. Nach dem Essen steigt Helga in ihren cremefarbenen Maybach. Ob sie den daheim in Viersen auch fahren würde? Palm Beach zieht zweifellos Geld an. 83 Prozent der Inselbewohner besitzen jeweils mindestens vier Millionen Dollar.

Auf der Worth Avenue reiht sich Designerladen an Designerladen. Doch das Leben hier dreht sich nicht nur um Konsum. Mehr als 100 Wohlfahrtsorganisationen, darunter die »Heart Society«, die Allianz gegen Brustkrebs und das Rote Kreuz, buhlen um die Gunst der wohlhabenden Klientel. Ein Benefizevent jagt das andere; wer viel gibt und häufig als Chairman auftritt, rangiert im Mikrokosmos der Milliardäre von Palm Beach ganz oben – zumindest für eine Saison. »Hier kommt es nicht darauf an, was einer verdient«, verrät ein erfahrener Charitybesucher, »sondern wie viel einer spendet.«

Das Rote Kreuz ist an diesem Abend in den Händen eines Mannes, der sein Geld mit Tauchmasken und Gummitieren gemacht hat: Simon C. Fireman. Der »Mega-Philanthropist« hat in diesem Jahr dem Ball 750 000 Dollar spendiert und außerdem für 200 Gäste ein feudales Dinner am Vorabend des Balls ausgerichtet. Also wurde er prompt Chairman des Rot-Kreuz-Balls. Der findet dieses Jahr zum ersten Mal in Donald Trumps Riesenvilla Mar-a-Lago statt.

Das 1926 von Marjorie Merriweather Post (Erbin von General Foods, heute Kraft) erbaute Anwesen gibt dann auch die ideale Kulisse für das Stelldichein der Rotkreuzritter samt ihrer Damen: ein bisschen Märchenschloss, Disneyland, Hollywood und altes Spanien. Trump hatte den Besitz Mitte der 80er Jahre erworben und dann in einen exklusiven Club verwandelt. Und kann man für Geld nicht alles kaufen? Prestige und Internationalität? Kein Problem. Dafür wurden schließlich die Diplomaten eingeflogen. Sie sind der Reichen begehrte Beute: »Dieses Jahr habe ich leider keinen Botschafter für zu Hause bekommen«, nörgelt die Dame mit der roten Federboa und der Gehhilfe. »Dabei liebe ich doch die Europäer so sehr, ihr wisst so viel über Geschichte und Weltkriege, das ist so aufregend.«

Trump ist inzwischen mit seiner schönen Melania erschienen, die er eine Woche zuvor im selben Saal geheiratet hatte. Auch sie ein Import aus dem alten Europa. Oder ist Slowenien das junge, Verzeihung, das neue Europa? Fest steht jedenfalls, dass Melania deutlich jünger ist als ihr Milliardärsgatte. Dessen kunstvoll in Seitenwellen fixierte Blondfrisur und das draufgängerische Lächeln sind Legende: »Donald Trump«, stellt er sich vor und drückt mir die Hand, »mein Vater kommt aus Bad Dürkheim.« Steht da, wie der nach ihm benannte Turm in New York City, der zum Symbol wurde für die Wirtschaftskraft der Neuen Welt und die Schamlosigkeit der Vermarktung – egal ob Hochzeit oder Immobilie. Staunend vor der amerikanischen Ikone, die ihre Tochter geheiratet hat, stehen ganz offenkundig auch Melanias Eltern aus Slowenien, die mit ihrer Tochter am Tisch sitzen. Sie sind nach der Hochzeit noch in Florida geblieben. Und wohl froh darüber, dass sie den slowenischen Botschafter auf dem Ball getroffen haben. Denn Englisch sprechen sie leider nicht. Schwiegersohn Donald ist ohnehin beschäftigt, fungiert an diesem Abend als »Grandchairman of Ambassadorial Arrangements«. Die können sich sehen lassen. Den Exzellenzen jedenfalls vergeht Hören und Sehen, kaum je zuvor hat man sie so hofiert.

Den Exzellenzen jedenfalls vergeht Hören und Sehen

Vor allem zu Beginn des Balls herrscht ein strenges Zeremoniell. »Der Botschafter von Finnland!«, dröhnt es aus dem Lautsprecher. Trompetenstöße, Fanfaren, 700 Paar diamantberingte Hände applaudieren erwartungsvoll. Wieder ein Tusch. Geleitet von einem uniformierten Marinesoldaten, schreitet das nächste Paar über den roten Teppich nach vorn. Der Rot-Kreuz-Ball ist eines der wenigen verbliebenen Alte-Welt-Ereignisse, schwärmt die lokale *Palm Beach Post.*

Die Damen der Botschafter von Argentinien, Brasilien und Thailand sind ohne ihre Männer angereist und werden nun wie Debütantinnen einzeln in den Saal geführt. Beim Einmarsch der Argentinierin stimmt die Band aus unerfindlichen Gründen »Little Nickelodeon« an. Dann darf auch sie Seiner Hoheit Simon C. Fireman die Hand reichen, bevor sie Platz nimmt.

Später wiegen sich knorrige Paare zum Tanz im rosengeschmückten Saal, die Männer in Frack, Orden und Kummerbund, die Damen in üppigen Roben und mit Tiara. Viel Goldgepränge im Saal, Kristall, Brokat und Silikon. Scharfkantig sind die Profile, schwer die Juwelen und der Puder, entschlossen die Mienen der betagten Tänzer – allesamt Leute, die sehr wohl verstehen, mit Geld umzugehen. Und es auszugeben.

An diesem Abend kommen zwei Millionen Dollar für das Rote Kreuz zusammen. Ein guter Teil davon wird den Opfern der Hurrikane zugute kommen, die Florida im vergangenen Herbst verwüstet hatten. 30 000 Menschen haben allein in der Gegend von Palm Beach das Dach über dem Kopf verloren. Natürlich nicht in Palm Beach selber. Da waren allenfalls ein paar Dachziegel davongeflogen, hatte uns John erzählt. So ist sie eben, diese Welt. Sie macht vor allem den Armen schutzlos.

Am Tag darauf verlassen wir die Insel des Geldes. Auf dem Weg zurück zum Trumpjet geht's über die Brücke nach West Palm Beach. Die Mittagssonne taucht alles in flamingofarbenes Licht. Selbst bröckelnde Hausfassaden mit Sturmschäden stehen stolz da. Was für eine alte Gleichmacherin die Sonne doch ist, denke ich, vor allem im Gegensatz zu ihrem wütenden Bruder, dem Hurrikan. Vor Desato's Pharmacy hocken junge Burschen auf alten Autoreifen und schlürfen den Pausenkaffee. Normale Menschen. Die hat man in Palm Beach genauso wenig gesehen wie Kinder.

Für Washington ist Schnee angesagt. Deshalb startet Trumps Maschine früher als geplant. Abschied von den Bentleys, den Jaguars, von Jill und John und auch von den reichen Deutschen. An Bord schnell der Griff zur *New York Times*, zurücktauchen in die Wirklichkeit, die uns vertraut ist. Hinter Wolken, Nebel und Zeitungsschlagzeilen verblasst sie dann auch schneller als gedacht: die grelle Welt der Reichen auf der Sonnenseite Amerikas.

Entwicklungshilfe für die Supermacht

Wer in Washington auf dem sozialen Parkett etwas gelten will, muss entweder spenden oder sammeln für einen guten Zweck. Die Hauptstadt bietet dabei eine machtvolle Kulisse für das Gesellschaftsspiel Nummer eins: die Organisation von Charitys und Fundraisers.

Privates Engagement, das muss man fairerweise sagen, ist dabei von unverzichtbarem Wert, in einem Land, in dem der Staat (schon das Wort existiert so nicht im Amerikanischen Englisch) nur elementare Mittel für Sozialwesen, Erziehung, aber auch für die Kultur zu Verfügung stellt. Natürlich organisierte die Botschaft deshalb auch Fundraiser für die deutsch-amerikanische Community oder andere Organisationen mit Deutschlandbezug, wie zum Beispiel »Humanity in Action«. Die vor 1997 gegründete Organisation knüpft durch Stipendienprogramme ein weltweites Netz von jungen Menschen, die sich für Menschenrechte und gegen Rassismus engagieren. Ausgangspunkt für die Gründerin ist die Erfahrung des Holocaust.

Hunderte von Bettelbriefen großer und kleinerer Wohltätigkeitsorganisationen überschwemmten täglich auch meinen Schreibtisch. Doch ohne Deutschlandbezug hatten sie wenig Chancen, erhört zu werden. Sollte sich die Botschaft am Aufbau einer Krebsklink beteiligen, für die Heilsarmee spenden oder doch eher für den Garden Club of America? Auch ich war nicht sicher, welches der vielen Projekte ich als Botschaftergattin unterstützen sollte: Wäre es meine Aufgabe, Gelder für ein Waisenhaus aufzutreiben oder eine Wärmestube für Junkies zu eröffnen?

Aber wir lebten auch nicht in der Dritten Welt, sondern in Amerika, in einem der mächtigsten und reichsten Länder der Erde. Konnte da irgendjemand von uns oder einer anderen Botschaft finanzielle »Entwicklungshilfe« erwarten? Wohl kaum. Das hätten die deutschen Steuerzahler gewiss nicht verstanden. Die hatten sich ja gerade auch erst großzügig gezeigt: Nach 9/11 hat kaum ein anderes Volk so viel Geld für die Opfer gespendet wie die Deutschen. Daran hatte auch die Botschaft in Washington mit ihrem Spendenaufruf an die deutsche Wirtschaft mitgewirkt. Machte man es sich einfach, könnte man es dabei belassen.

Wer aber eine Weile in der Hauptstadt der Supermacht lebt, der kommt nicht umhin zu bemerken, dass das glitzernde, international geprägte Washington nur einen kleinen Teil ausmacht. Dass da vor allem östlich des Kapitols und südlich des Anacostia River eine andere Welt existiert. Eine Welt, in der vor allem Afroamerikaner leben, deren Hoffnungen auf ein besseres Leben oft schon an der Schultür scheitern. In manchen Schulen in Anacostia fehlt es am nötigsten, gibt es weder Tafeln noch Klopapier oder gar Bücher. Entscheidend ist dabei nicht allein der Unterschied zwischen privaten und staatlichen Schulen, nein, die Trennlinie läuft bereits mitten durch das staatliche Schulsystem. Vereinfacht ausgedrückt heißt das: Je ärmer die Gegend, desto schlechter (ausgestattet) ist die Schule.

In den teuren grünen Vororten sind die staatlichen Schulen gut, in den oft verwahrlosten »inner cities« eher nicht. Mehr als 70 Prozent aller schwarzen Schüler in den USA besuchen sogenannte »high poverty und high minority schools«, so steht es im Bericht State of Black America 2007, der von der National Urban League herausgegeben wird.

Um Schülern von öffentlichen Schulen in D.C. auch einen Blick in den internationaleren Teil der Hauptstadt zu ermöglichen, hatte die »Washington Performing Arts Society« (WPAS) vor einigen Jahren das sogenannte Embassy-Adoption-Programm aufgelegt. Die Idee: Angehörige der Botschaften verschiedener Länder gehen regelmäßig in staatliche Schulen und erzählen – im Idealfall in der jeweiligen Landessprache – von ihrer Heimat. Ein Reigen von »activities« mit deutschem (und italienischem, französichem und so weiter) Bezug durchzieht das Schuljahr, an dessen Ende die Kinder dann mit Betreuern und Lehrern in die Botschaften und Residenzen eingeladen werden. Ob ich bereit wäre, eine Gruppe Kinder zu empfangen, fragte die Kulturabteilung der Botschaft per Aktenvermerk in unserem ersten Jahr.

Anfang Juni 2002 war es so weit. Eine Gruppe von circa 50 Jungen und Mädchen betrat die Residenz. Die Mädchen sahen entzückend aus in ihren rosa Kleidchen und den Schleifen in den Haaren. Die Jungs trugen Sonntagsanzüge. Nach den ersten zaghaften Minuten tobten sie durch den Garten und stärkten sich an Coca-Cola, Gummibärchen und Keksen. Später sangen die Kinder in der Aula auswendig gelernte deutsche Lieder und trugen Gedichte vor. Ich lobte sie und dankte ihnen und auch allen Lehrerinnen und ehrenamtlichen Helfern. Die üblichen Floskeln, dass internationaler Kontakt und Austausch die Grundlage für die Völkerverständigung sei, ließ ich weg. Das hätte eher zum internationalen Sparkassentag gepasst als zu einer Gruppe von Kindern. Die Kids durften dann alle Fragen stellen, die sie so auf Lager hatten. »Was macht eine Botschaft so?« – »Bist du eigentlich reich?« Oder: »Warum hast du keine Kinder?«

»Was macht eine Botschaft so?«

Als sie gegangen waren, fühlte ich mich merkwürdig. Das sollte es gewesen sein, ein Tag mit »candies« und Coca-Cola. Konnten wir nicht mehr tun? Einige Zeit später stand eine Dienstreise an, der deutsche Botschafter sollte in St. Pauls, Minnesota, Vorträge über die transatlantischen Beziehungen halten, an einem College und vor einer interessierten Business-Community. Eine bewährte Kombination mit möglichst großer Öffentlichkeitswirkung. Die Kulturabteilung der Botschaft hatte zudem einen Besuch in Waldsee vorgeschlagen, einem zum Concordia College gehörenden deutschen Sprachcamp mitten in den Wäldern von Minnesota. Dieses Konzept kann nur verstehen, wer die Ausmaße der USA kennt, die außer Kanada und Mexiko keine direkten Nachbarn hat: Da ist es nicht so leicht, sein Kind mal eben zum Sprachenlernen über die Grenze zu schicken. Praktisch veranlagt wie die Amerikaner sind, hat die Freizeitindustrie ohnehin zu fast jedem Thema ein Camp im Angebot: Tennis, Theater, Golf, Musik, Mathematik – oder eben auch eine Sprache.

Da die meisten Eltern das Jahr über kaum mehr als zwei Wochen Urlaub, die Kinder aber allein im Sommer mehrere Wochen Ferien haben, sind Camps, auch »day camps«, beliebte Überbrückungshilfen und sorgen dafür, dass der Tagesablauf des Nachwuchses durchorganisiert ist wie sonst auch. Das hatten wir auf unserer Reise nach Wyoming erlebt, als auch der vierjährige Sohn der Gastgeber einen Stundenplan hatte wie ein Manager: Schwimmen, Schach, Bogenschießen, Mathematik. Die letzten freien Minuten füllte die Mutter mit Chinesischunterricht. Unvergessen ist auch der Kommentar von Agnes, meiner Buchclubfreundin. Als wir Marcel Prousts *Auf der Suche nach der verlorenen Zeit* lasen, protestierte sie unvermittelt: »Also das ist ja völlig unglaubwürdig, es kann doch nicht sein, dass ein 12-jähriger Junge den ganzen Tag lang nur unter einem Baum sitzt und sich Gedanken über die Erwachsenen macht. Was ist denn mit den ›activities‹?«

Auch Waldsee war natürlich »activity«-orientiert. Aber es ging auch um subtiles Lernen und Begreifen einer fremden Kultur. Dafür hatte man in den Wäldern im Norden der USA mit viel Mühe ein Miniaturdeutschland aufgebaut. Hollywood hätte die Kulissen nicht besser bereitstellen können: Ein Bahnhof, ein Marktplatz und viele bunt bemalte Häuser waren umringt von Birkenwäldern, wie es sie östlich von Berlin gibt. Waldsee bietet ein zwei- oder vierwöchiges Programm für Kinder ab acht Jahren an. Chelsea Clinton und die Kinder des ehemaligen amerikanischen Botschafters in Bonn, Richard Burt, gehören zu den Absolventen. Es wird Deutsch gesungen, gespielt, gegessen und geredet. Theaterstücke werden zwischen dürren Birken und Fichten des Märchenwaldes zur Aufführung gebracht. Als Währung gibt es Eurospielgeld, für das die Kids im lokalen Shop Gummibärchen erstehen können.

Was für andere Camps gilt, trifft auch auf Waldsee zu: Die Gebühren sind so hoch, dass meist nur vermögende Eltern ihren Kids diesen Bildungsurlaub finanzieren können. Doch Stipendien für Bedürftige werden auch hier vergeben, auch an Kinder von der John Eaton Elementary School, die am Embassy-Adoption-Programm teilgenommen hatten.

»Afroamerikanische Kids aus sozial schwächeren Verhältnissen«, erzählt der Leiter des Camps »glucken am Anfang immer zusammen und lassen sich nur schwer integrieren.«

Doch das ändere sich bald. Ein Monat Deutschtraining in Waldsee ersetze, so der Leiter, ein Jahr Deutsch an der Highschool. Viel

Natur, kein Fernseher, viel liebevolle Anleitung. Wer würde da nicht aufblühen wie ein Schneeglöckchen in der Frühlingssonne?

In mir wuchs ein Gedanke. Könnte man nicht mithilfe von Waldsee das Embassy-Adoption-Programm zu einem vollen Stipendienprogramm ausbauen? Stipendien an der Deutschen Schule für zwei oder drei Schüler pro Jahr bis zum Abitur oder zum Highschooldiplom? Bis jetzt stand für die Embassy-Adoption-Kids lediglich ein eintägiger Besuch bei der Deutschen Schule auf dem Programm. Nett, aber nicht gerade nachhaltig. Nach unserer Rückkehr besprach ich meine Idee mit dem Leiter der Kulturabteilung. Wäre ein Monat Waldsee nicht eine gute Vorstufe für die samstägliche Deutschsprachschule und schließlich für den Eintritt in die Deutsche Schule? Herr Wriessnig war genauso angetan wie ich. Wir beschlossen, die deutsche Wirtschaft für das Gesamtprojekt zu gewinnen, das wir als Nachbarschaftshilfe definierten, »neighbourhood outreach«. In Zeiten der transatlantischen Krise war das für die Business-Community doch eine gute Chance, Imagepflege zu betreiben.

Wir traten in Kontakt mit »Prep for Prep«, einer Organisation in New York, die es sich zur Aufgabe gemacht hatte, die nächste Generation von Führungspersönlichkeiten aus Minderheitenfamilien heranzubilden. Auffällig: Die Stichwörter, die dort fielen, waren »Exzellenz«, »Leistungsträger« oder »Elite«. In Deutschland tut man sich schwer mit solchen Begriffen, gerade in Bezug auf Minderheiten ist eher die Rede von »fördern« und »sozialer Integration«. Weil man in Wahrheit von Menschen mit Migrations- oder Armutshintergrund gar nicht viel erwartet – ist das nicht die eigentliche Diskriminierung? Weitere Gesprächspartner waren der »Black Students Fund« und auch der Präsident der traditionsreichen schwarzen Howard University, Patrick Swygart, der selbst Deutsch sprach. Wir tagten mehrfach: Pfarrer, Lehrer, Gewaltmediatoren und Sozialarbeiter und loteten die Erfolgschancen und Fallstricke des Projekts aus.

Der neue Direktor der Deutschen Schule war ebenfalls aufgeschlossen. Er fand, dass es seiner Schule gut anstand, Stipendien im Sinne eines nachbarschaftlichen Engagements einzuführen. Die Deutsche Schule verfügte zudem über eine Samstagssprachschule und eigene Busse, die auch den Transfer von einem Stadtviertel ins andere ermöglicht hätten.

Wir gründeten schließlich den German-American-Scholarship-Fund und ließen ihn als gemeinnützigen Verein nach amerikanischem Recht eintragen. Unterdessen hatten wir auch weitere Vorbereitungen für den Beginn unseres Stipendienprogramms getroffen. Ab dem neuen Schuljahr sollten die ersten Kinder an der Deutschen Schule beginnen. Doch da kam Herr Wriessnig verstört von einer Schulversammlung zurück: alles Bedenkenträger! Lehrer maulten über die zu erwartende Mehrarbeit, redeten von baulichen Veränderungen an der Schule, die Priorität hätten und von unkontrollierbaren Kosten. Mehr Kosten wegen höchstens zwei oder drei Schülern zusätzlich im ganzen Schuljahr? Der Kulturattaché zuckte hilflos die Schultern; er hatte ernste Zweifel, ob die Schule, die als privater Verein organisiert war, wirklich mitmachen wollte. Doch wie sollten wir ohne die Schule weiterkommen? Wir liefen gegen Windmühlen.

In diese Lage platzte die Nachricht von unserer bevorstehenden Versetzung nach London. Welche Möglichkeiten gab es noch von London aus, den zähen Prozess zu reanimieren? Aber vielleicht hatte ich mich ja getäuscht, vielleicht hatten sie ja doch den Elan aufgebracht, ihre Schule für die Ärmsten der Armen, die anderswo keine Chancen hatten, zu öffnen.

Im Sommer 2009 rief ich den Direktor an, es war sein letzter Arbeitstag, bevor er nach Deutschland zurückkehrte. Was aus unserem Projekt geworden sei, fragte ich ihn. Schweigen. Er räusperte sich. Die vom »round table« hätten sich bei ihm nicht mehr gemeldet, sagte er. Die Schule habe man nun ausgebaut. »Schön«, sagte ich. »Als Sie weg waren, fehlte der Fürsprecher.« Das sagte der Mann, der selbst Fürsprecher hätte sein können. Er sei ja eigentlich auch dafür gewesen. Gut gemeint, dachte ich, ist selten gut. Jammerschade!

Schwarz-weißes Denken

Das internationale Washington, der Jahrmarkt der »wheeler and dealer«, der Politiker, Lobbyisten und Journalisten war auf den höheren Arbeitsebenen und auf dem gesellschaftlichen Parkett eine Bastion der Weißen. Diejenigen, die dazugehörten, trafen sich immer an denselben Plätzen, in alten Clubs, bei privaten Dinners in »mansions« mit weißen Säulen, hohen Eichen und manikürtem Rasen wie in *Vom Winde verweht.* Schwarze Gesichter sah man unter den Gästen ebenso wenig wie bei den großen Charityveranstaltungen in der National Gallery, der Library of Congress oder bei Opernpremieren im Kennedy-Center.

Wie war das möglich? Die Stadt am Potomac wird schon seit Jahren von einem schwarzen Bürgermeister regiert. Nur 33 Prozent der Einwohner sind laut Statistik Weiße, dafür werden 55 Prozent als Afroamerikaner geführt. Wo waren die alle? Diese Widersprüchlichkeiten waren mir im Laufe unserer Pläne für das »scholarship« bewusst geworden. Und während sich dieses Projekt weiterentwickelte, sollte sich mein Leben im Januar 2004 mit einem Mal ändern: Ich war schwanger. Nie hätte ich es für möglich gehalten, dass mir die Schwangerschaft auch neue Einblicke in die »Farbenlehre« der amerikanischen Hauptstadt verschaffen sollte.

Da trotz unserer großen Freude niemand zu früh von meinem Zustand erfahren sollte, checkte ich mehr oder weniger anonym im Georgetown University Hospital ein. Dort fiel ich allein wegen meiner Hautfarbe auf: Alle anderen Wartenden waren afroamerikanischer Herkunft. Sarah Poggi, meine Ärztin, erklärte mir einige Wochen später die Hintergründe: Das Georgetown Hospital verfügt über ein weitreichendes, karitatives Programm und übernimmt die Schwangerschaftsbetreuung für Patientinnen mit geringem Einkommen oder schlechter Versicherungslage. »Und das betrifft eben viele Afroamerikaner«, schloss Sarah ihre Erläuterungen.

Fast acht Monate lang verbrachte ich mehr Zeit im Georgetown Hospital als an jedem anderen Ort außerhalb der Residenz. Wie oft ich auf den harten Plastikstühlen hin und her gerutscht bin, während ich auf meinen Termin wartete. Stets thronte Donna, »African-American« und stark übergewichtig, hinter der Glaswand des »reception desk«. Die Ärzte waren Weiße, einige auch Inder oder Araber. Der Großteil der Schwestern und der anderen Hilfen waren wie Donna schwarz. Auch da klärte mich Sarah Poggi auf: Bill Clinton habe Mitte der 90er Jahre Millionen schwarzer Frauen in Arbeit gebracht. Viele von ihnen seien im Gesundheitswesen gelandet. Schwarze junge Männer dagegen rangierten auf der sozialen Hierarchie ganz unten. Sie sitzen statistisch gesehen häufiger im Gefängnis als im College.

Eines Vormittags musste ich direkt vom Krankenhaus zu einem »Ladies Luncheon«. Ich fuhr immer noch den alten Wrangler mit Starrachse, der derartig über die Schlaglöcher der Foxhall Road holperte, dass ich schon dachte, das Baby würde das keine Minute länger mitmachen. Ich kam durchgeschüttelt bei Karen an. Sie führte mich auf ihre Terrasse. Die meisten Damen standen bereits fröhlich zwitschernd unter den hohen Eichen. Doch bei 32 Grad und 90 Prozent Luftfeuchtigkeit half auch der Eistee nicht – bald flüchtete alles ins klimatisierte Innere. Die meisten waren schon Großmütter und nahmen an meinen sich rundenden Formen regen Anteil. Als ich von meinen neuen Einsichten ins Gesundheitswesen erzählte, schauten sich alle betroffen an: »Jutta, wir haben doch gesagt, dass du ins Sibley Hospital gehen sollst und nicht ins Georgetown. Da ist es einfach viel luxuriöser.«

So einfach also. Zwei Tage später wartete ich wieder vor Donnas Glaskasten. Es gab nichts, aber auch gar nichts, was ihre Welt mit der der weißen Ladys verband, dachte ich. Sie waren in demselben Land geboren, das war alles, danach berührten sich ihre Welten nicht mehr.

Und wie ist das eigentlich in Deutschland, mischen sich in Berlin die sozialen und ethnischen Welten wirklich leichter und in mehr Bereichen des täglichen Lebens als hier? In der U-Bahn sitzt zumindest in Berlin jeder neben jedem. Keine Einzige der Ladys, die ich kannte, würde je in Washington den Fuß auch nur in die

Nähe eines U-Bahnschachtes setzen. Schon allein aus Angst vor Berührung mit dem Unvertrauten. In Deutschland gibt es immerhin noch Stadtzentren, Marktplätze und Fußgängerzonen. In den meisten amerikanischen Großstädten sind die Innenstädte verwahrlost, ohne Leben und Geschäfte. Besonders berüchtigt ist »innercity« Detroit, aber auch in Washington D. C. fährt man zum Großeinkauf nicht in die Stadt, sondern aus ihr heraus zur Mall – und bleibt geschützt und unerkannt.

Ich schrak aus meinen Gedanken auf. Donna hat mich aufgerufen. Durch Zufall erfuhr ich später, dass sie in der kommenden Woche Geburtstag hatte. Beim nächsten Mal drückte ich ihr ein kleines Geschenk in die Hände. Nichts Besonderes; ein Embassy-Halstuch und eine Schachtel Lindt-Pralinen. Sie murmelte ein »thank you«, versenkte das Päckchen sofort in einer Jutetasche und starrte betont geschäftig auf den Bildschirm. Meine heimliche Hoffnung, dass ich meine Position im Wartezimmer durch diese kleine Aufmerksamkeit vielleicht verbessern könnte, sollte sich erfüllen: Jedes Mal, wenn ich zum Termin erschien, schickte mir Donna ein kleines, schüchternes Lächeln und winkte mich zum Ultraschall durch. Ich schämte mich fast ein bisschen für den Erfolg meiner Charmeoffensive.

Wenige Stunden nach Josies Geburt wurde in meinem Krankenhauszimmer ein zerknautschtes Päckchen abgegeben. Es war von Donna. Ein rosa Babyjäckchen von dem Discounter Filene's Basement. Josie sollte noch mit vielen, teuren und prächtigen Geschenken überhäuft werden. Das von Donna vergaß ich nie. Als ich mich von ihr verabschiedete, schaute sie das kleine Menschlein unter dem Wärmemützchen an und sagte: »Ich wünsch ihr alles Gute!«, sie zeigte auf das Kind, »aber meine guten Wünsche braucht sie eigentlich nicht, sie wächst ja in einer guten Familie auf …« Da waren sie wieder – diese Welten, die so gut wie nichts miteinander zu tun hatten.

»Road trip« im Wohnwagen

In unserem letzten Jahr in Amerika setzten wird in die Tat um, was wir uns schon lange vorgenommen hatten: mit dem Auto das Land zu erkunden. Genauer gesagt Neuengland und Kanada. Nur wir, mit Kind und Hund, ohne Aufpasser und Protokoll. Eine Auszeit vom Botschaftstrubel. Diese Reise, die wir schließlich in einem riesigen Wohnmobil antraten, wurde ein Trip der besonderen Art, den ich nach unserer Rückkehr für die *Washington Post* Revue passieren ließ: »The Ambassador & the RV«. Die verwöhnte Botschaftergattin, die sich auf dem Campinglatz ziemlich blöd anstellt und die Amerikaner gegen sich aufbringt – dem *Spiegel* konnte nichts Besseres passieren, und er widmete mir danach eine seiner legendären, gehässigen »Personalien«.

Aus der *Washington Post*, 18.12.2005:

Wir waren auf einer dieser typischen Benefizveranstaltungen in Washington geladen, man erschien natürlich in Smoking und langer Abendgarderobe.

»Stimmt es?«, eine etwa 70-jährige Lady starrte mich fassungslos an, »ich höre, Sie und Ihr Mann leihen sich wirklich ein Wohnmobil für den Sommerurlaub?«

»Jawoll, ganz genau.«

»Wow!« Sie weiß kaum, was sie sagen soll. »Wohin soll's gehen, und wer fährt euch?«

»Wolfgang fährt!«

»Wolfgang? Das ist ja allerhand!«, antwortete sie mit einem Gesichtsausdruck, als ob sie auf …

Damals lebten wir schon vier Jahre in Washington. Es war ja nicht so, dass wir nicht umhergereist wären: Auf offiziellen Reisen hatten wir Flugzeuge, Limousinen, Hotels, Speisesäle und Kongresszentren zur Genüge erlebt. Nur: Wo und wie war das wahre Amerika, das Land jenseits aller offizieller Termine? Die sprichwörtliche Weite des

Westens, die Rocky Mountains, die Küsten Neuenglands – das alles fand offensichtlich anderswo statt, und zwar ohne uns!

So wurde irgendwann zwischen Mitternacht, letzten, allerletzten Zigaretten und ein paar Gläsern Wein die Idee mit dem Wohnmobil geboren. Nach Neuengland sollte es gehen. Wir würden die Hitze von Arizona oder New Mexico meiden, da ja schließlich die elf Monate alte Josie und der Hund mit von der Partie sein würden. Für Wolfgang war es dagegen nicht das erste Mal, denn vor mehr als 20 Jahren war er schon einmal in einem Wohnmobil die Ostküste entlanggefahren. Und jedes Mal, wenn er sich daran erinnerte, bekam er glänzende Augen und schwelgte in nicht enden wollenden Erinnerungen: »Die Freiheit der Landstraße, ungebunden sein, übernachten können, wo man will ... Das Wetter war gut, wir waren jung, und im Autoradio trällerten die Bee Gees *Massachusetts*.« Da hat es dann auch nichts ausgemacht, dass das Autodach unliebsame Bekanntschaft mit einer Straßenunterführung machte und dabei einfach abrasiert wurde. So war Wolfgang dem Hippiehimmel einfach noch näher ...

Ich male mir aus, wie er heute reagieren würde: wohl selbst bei einer schlichten Beule durchaus drastischer. Ähnliches musste ihm auch durch den Kopf gegangen sein. Dem Zufall wollte mein Mann diesmal jedenfalls unsere Reiseplanung nicht überlassen. Täglich korrespondierte er fortan mit dem Amerikanischen Automobilclub, der uns mit Hunderten von Straßenkarten und Listen von Campingplätzen versorgte. Ferien mit dem Wohnmobil also: Bis dahin war ich Campingplätzen mein Leben lang erfolgreich aus dem Weg gegangen, deshalb verfolgte ich die Vorbereitungen mit wachsender Unruhe. Wolfgang versuchte mich zu beruhigen. »Amerika ist nicht so klein und eng wie Europa, das gilt auch für Campingplätze. Du wirst unsere Nachbarn überhaupt nicht sehen.«

Am 1. August, nach einer neunstündigen Autofahrt und einer Übernachtung in einem haustierfreundlichen Hotel in Rhode Island, ist es so weit: Wir erreichen den KOA-Campingplatz in Middleborough, Massachusetts und halten direkt vor dem Büro des Wohnwagenverleihs. Kurz darauf steht sie vor uns, unsere Zukunft auf vier Rädern: das Wohnmobil, dekoriert mit dem Schriftzug »Cruise America«, daneben als Werbeaufdruck eine vierköpfige Familie beim Picknick am Grand Canyon.

Wir packen also unsere Sachen aus dem Auto und laden sie in den knapp acht Meter langen Wohnwagen. Die Innenausstattung besteht aus einer Mischung von unechten Holzpaneelen und Plastik. Es kann losgehen. Wir schnallen Josie in den Kindersitz, Rocky hat sich bereits unter den Tisch verzogen. Wolfgang setzt sich hinters Steuer.

«Wo ist das Navi?«, frage ich.

»Haben wir nicht! Na ja … es sitzt auf dem Beifahrersitz!«

Oh je. Um 14 Uhr erreichen wir den Highway Richtung Petersborough, New Hampshire. Wolfgang hat alle Hände voll zu tun mit dem schwergängigen Lenkrad. In jeder Kurve klappert und scheppert es hinten im Wagen: Besteck, Töpfe, Teller wackeln durcheinander. Durchaus gewöhnungsbedürftig! Am frühen Abend rumpelt unser »recreation vehicle« (RV) endlich den Schotterweg zum Haus unserer Freunde hoch, zu den Kaisers, einem deutsch-amerikanischen Paar: Karl lehrt Politikwissenschaften in Harvard; Debbie hat das 250 Jahre alte Farmhaus von ihren Eltern geerbt.

»Ihr könnt es wahrscheinlich kaum abwarten, im Wohnwagen zu übernachten«, spottet Karl nach einem guten Abendessen.

»Oder glaubt ihr, das Baby würde lieber noch ein letztes Mal in einem richtigen Bett schlafen?«

»Ja, das würde sie wohl!«, antworte ich, bevor Wolfgang etwas anderes sagen kann. Am nächsten Morgen stehen wir früh auf, denn vor uns liegt noch eine lange Fahrt. Ich kann Karls mitleidiges Lächeln solange im Rückspiegel sehen, bis wir und »Cruise America« um die Kurve biegen. Wir wollen uns unbedingt noch das Stadtzentrum von Petersborough anschauen, das Thornton Wilder in *Our Town* beschrieben hatte. Doch die Parkplätze im Zentrum waren für uns zu klein. Also fahren wir weiter. Immer nach Westen, auf der Route 9 durch Vermont und dann nordwärts. Auf schmalen, von grünen Kiefern gesäumten Straßen geht es Richtung Lake George, New York. Ein Dampfboot mit bunten Wimpeln und Fähnchen tuckert gerade von einem Ufer zum andern. »Wie eine Mischung aus Starnberger See und Lago di Como«, schwärmt Wolfgang. Ja, eine Idylle, das finde ich auch. Am späten Nachmittag kommen wir am Campingplatz Lake George Escape an. Laut unseren Reisebüchern ein 5-Sterne-Campingplatz mit zwei Pools und Strom-, Abwasser- sowie Wasseranschluss, Kabelfernsehen und Internet. Im Fachjargon heißt das »full hook up«.

Eine milchige Abenddämmerung setzt ein. Männer mit Feuerholz aus dem Einkaufsladen unterm Arm laufen über den Fahrweg. Schreiende Kinder an der Hand der Mütter. Ein Betrieb wie in einer deutschen Fußgängerzone beim Sommerschlussverkauf. Auf diesem Riesenparkplatz mit angeschlossenem Entertainmentteil soll ich mich entspannen? Ich schaue mich um: Ein Wohnwagen reiht sich an den anderen. Wie war das noch: Man sieht die Nachbarn nicht? In Wahrheit sieht man nur den Nachbarn. Unser Wohnmobil steht eingequetscht zwischen noch größeren Artgenossen. Einige sind mit Vorzelten versehen, andere verfügen über Plastikveranden, die wiederum liebevoll dekoriert sind mit Wohnzimmerlampen, Topfblumen und Gartenzwergen. Die meisten Autokennzeichen stammen aus New York.

»In den letzten drei Jahren hat sich der Markt sehr verändert«, hatte uns einer der Leute von Cruise America in Boston erzählt. »Niemand hat mehr so viel Geld fürs Reisen, also bleibt man in der Nähe.«

Abendessenszeit. Von etwa 300 Grillstellen steigt Rauch auf. Die Wäscheleinen der Platznachbarn hängen dabei so dicht aneinander, dass sie die letzte freie Sicht zwischen den Autos hindurch auch noch blockieren. Einzig der Blick nach oben schenkt ein bisschen Freiheit. Das Zipfelchen blauer Himmel da oben wird für die Dauer unseres Aufenthaltes im Lake George Escape meine Zuflucht, Endstation für meine ganz persönliche Sehnsucht. Ich behalte diese Gedanken aber für mich. Die Nacht bricht an, und der blaue Schein der Fernseher leuchtet durch die Fenster der anderen Wohnwagen. Wir legen Hamburger auf den Grill und verzehren sie schweigend im gelben Licht der »insect candle«.

Man sieht die Nachbarn nicht? In Wahrheit sieht man nur den Nachbarn

Die erste Nacht im Wohnwagen endet gegen sechs Uhr morgens. Dann erwacht der Platz zu geräuschvollem Leben, der Geruch von frischgebrühtem Kaffee erfüllt die Morgenluft. Mädchen in Badeanzügen fahren auf ihren Fahrrädern umher. Im Wohnwagen neben uns zünden sich Opa und Oma, die beide jeweils mehr als 250 Pfund auf die Waage bringen, die erste Morgenzigarette an.

Wir machen uns startklar. Und um acht Uhr brechen wir auf, dann geht's auf die Route 28, die uns hoch nach Ontario bringen wird. Je weiter wir uns vom Campingplatz entfernen, desto besser geht es uns. Stunde um Stunde einfach nur fahren und die Natur genießen. Entlang der acht Fulton-Chain-Seen präsentieren sich dann die Adirondacks von ihrer schönsten Seite: ein Saum von Pinienbäumen am Fuß der Berge, Wasser, das durch die Wälder glitzert, Fischerboote, die sich im Schilf verstecken. Wir beschließen, an einem kleinen versteckten Platz am letzten der acht Seen Halt zu machen. Dieser Campingplatz wird als »primitive camping« beschrieben, was heißen soll, dass es hier keine »hook ups« gibt. Und es stimmt: Nur wenige Wohnwagen parken hier zwischen den Bäumen, und es gibt nur wenige Zelte. Ich atme die Ruhe um mich herum tief ein, nur Vögel zwitschern. Ein Ort für echte Naturliebhaber, scheint mir. Die typische Vater-und-Sohn-gehen-Fischen-und-übernachten-in-der-Natur-Situation. Unser Halteplatz ist nur ein paar Meter vom See entfernt, und unsere einzigen Nachbarn sind die Bäume. Wolfgang und Rocky unternehmen eine Bootsfahrt in den letzten Strahlen des Sonnenlichts. Es ist Zeit für einen Dämmerschoppen, beschließe ich. Josie bekommt ein Milchfläschchen, und ich ein Glas gekühlten Sancerre.

Am nächsten Morgen machen wir uns auf in Richtung Nordwesten, vorbei an Weizenfeldern, schwarz-weißen Holsteinkühen, grünen Hügeln und Getreidespeichern. Diese nördliche Spitze von New York State ist Farmcountry. Bald danach schon sind wir in Watertown und überqueren die Brücke, die über den St.-Lawrence-Fluss nach Kanada führt. Elf Stunden nachdem wir von Lake George losgefahren sind und nach einer langen Fahrt durch Gewitter auf der kanadischen Route 62 erreichen wir Haliburton Forrest and Wildlife Reserve in Ontario. Peter Schleifenbaum, ein Kindergartenfreund aus dem Sauerland, ist Professor für Forstwirtschaft und verfügt über ein 240 Quadratkilometer großes Land mit über 50 Seen. Hier gibt es alles, wovon Wildnisfans träumen: Überlebenstraining, Wolfscenter, Schlittenhunde im Winter, Jagd, Mountainbikerouten und vieles mehr. Besucher können im Hauptlager übernachten – oder in den Hütten am Seeufer.

Wir haben Glück: Peter überlässt uns die alte Blockhütte seines Vaters, mit großem Steinkamin und Bootssteg. Nach all den Nächten im Wohnwagen ist es ein unvergleichlich schönes Gefühl, statt Plastikausdünstungen des Wohnmobils den Geruch von Zedernholz einzuatmen. Das Seeufer liegt nur wenige Meter unterhalb der Holzterrasse.

Kein Internet, kein Telefon, kein Fernseher. Stattdessen: Braunbären, Waschbären und Holzfäller – sowie ein richtiges Bett. Um neun Uhr morgens stehen wir auf, setzen Kaffee auf, gehen mit Josie und dem Hund schwimmen, frühstücken, wärmen uns in der Augustsonne und erkunden den See mit einem Paddelboot. Es ist wie in einem Film von Ingmar Bergmann, nur wärmer: italienisches Schweden. Der Nachteil: Egal, wo wir hinwollen – ob zur Wolfsfütterung, zum Basecamp, in die Stadt, um Sonnencreme oder T-Shirts zu kaufen, zum Dinner in Peters wunderschönem Blockhaus – wir müssen mit dem Wohnwagen fahren, was deutlich das Gefühl beeinträchtigt, mit und in der Wildnis allein zu sein.

Der erste Versuch, uns vom Wohnmobil zu emanzipieren, scheitert vorzeitig. Als Wolfgang, Josie und ich uns am zweiten Abend zu Fuß zu Peter aufmachen, überholt er uns in seinem Jeep und schimpft uns aus: »Hab ich euch nicht erst gestern gesagt, dass ihr nicht zu weit laufen sollt wegen der Bären?« Das war's dann. Die Tage vergehen – und wir leben im Paradies. Ans Weiterfahren will ich gar nicht denken. Aber dann werden die Entzugserscheinungen des Arbeitsjunkies Wolfgang immer schlimmer, und unsere Ausflüge zum »base camp«, das eine gute Telefonverbindung zur Botschaft hat, immer öfter. Schließlich setzten wir also unsere Reise fort, es geht nun zurück, aber über eine andere Route. Und zwar in Richtung Südosten durch New York State, Vermont, New Hampshire und Maine, dann nach Massachusetts zum Heimathafen des Wohnmobils. Einige hundert Meilen liegen vor uns. Bei Cornwall überqueren wir den St.-Lawrence-Fluss und kehren zurück in die USA. Grenzkontrollen? Fehlanzeige! Niemand durchsucht unseren Wohnwagen nach Terroristen. Von den Grenzkontrollen an amerikanischen Flughäfen waren wir anderes gewohnt.

Dann regnet es. Stundenlang. Tagelang. Die Grenzregion von New York ist auch sonst nicht gerade ein Touristentraum. Überall zerfallene Häuser, Baracken ohne Dächer, Geschäfte mit zugenagelten Türen und Fenstern. Vermont hingegen ist grüner und freundlicher. Für die nächste Übernachtung hatten wir uns für »South Hero« entschieden, einen Campingplatz auf einer Insel in der Mitte von Lake Champlain. Alles ganz hübsch, doch es regnet Bindfäden, und wir müssen unser Abendessen wieder im Wohnwagen einnehmen. Während Josie, die gerade zahnt, ununterbrochen weint, kocht Wolfgang Spaghetti und garniert sie mit Newman's Own Pasta Sauce. Wir essen im Neonlicht der Wagenbeleuchtung. Um zehn Uhr abends wird der Strom abgestellt, Lesen geht nur noch mit Taschenlanpe, und so klettern wir die zwei Meter hoch zu unserer Schlafstelle über dem Führerhäuschen. Josie belegt das »queensize«-Bett weiter hinten im Wohnwagen. Nur dort passte das Kinderreisebett hinein, ohne die Toilettentür zu blockieren. Unser »Schlafzimmer« dagegen ist durch nichts blockiert, nur ein fitzeliger Vorhang trennt uns vom Rest des Wohnwagens.

Wir überlebten auch diese Nacht; nehmen die Route 89 nach Süden. Halt nahe Montpelier, Vermont, dann auf der Route 2 in Richtung Maine. Entlang dieser Straße dreht sich alles um Autos: Händler, Neuwagen, Gebrauchtwagen, Karosseriewerkstätten, zertrümmerte Autos unter Sonnenschirmen, Garagen, Schrotthändler – Spuren einer mobilen Wegwerfgesellschaft, in der die Menschen weiterziehen müssen, wenn die Zukunft in eine Einbahnstraße gemündet hat.

In Deutschland fällt es vielen schwer, sich von Altem, Gewohntem zu trennen, in Amerika hingegen fängt man etwas an, gibt es wieder auf und geht woandershin. Kaufen, verkaufen, das Alte herunterreißen, das Neue aufbauen. Kleben wir in Europa zu sehr an der Vergangenheit? Ist »Heimat« überbewertet? Wolfgang und ich diskutieren 300 Kilometer lang über dieses Thema, während Josie hinten eingeschlummert ist. Fahren ist gut zum Reden. Man kann nicht fliehen. Oder wie die Diplomaten sagen: »in together, out together«. Wir erreichen die Atlantikküste von Maine und Mount Desert Island, ein traumhaft schönes Fleckchen Erde. Norwegens Fjorde und Cornwalls traumhafte Landschaft in einem. Wir übernachten in einem alten Haus am Ozean, das einem Freund gehört. Am Abend kommen Nachbarn per Boot zum Essen. Hummer, wohin man blickt.

Eines ist mir inzwischen klar geworden: Der Erfolg einer solchen Wohnwagentour hängt ganz offensichtlich davon ab, wie lang die Liste mit Freunden für gelegentliche Zwischenstopps ist! »Ihr könnt in unserem Garten parken«, bieten sie an. Auch Sam in Maine fragte – Gott sei Dank – ob wir ein richtiges Bett haben wollten … Nach zwei weiteren Campingplätzen und nach drei Wochen auf der Straße geben wir unser rollendes Heim schließlich wieder ab, packen unsere Sachen ins Auto um und nehmen die Fähre nach Martha's Vineyard. Dort hatten wir für ein paar Tage das Ferienhaus eines in Washington akkreditierten deutschen Journalisten gemietet. Ausruhen vom Fahren. Ausspannen. Nichts tun. Immerhin lagen 4500 Kilometer hinter uns.

Auf der Insel liefen wir dem einen oder anderen »Washingtonian« über den Weg. Und gaben natürlich unsere Reiseerlebnisse zum Besten. Die Reaktionen blieben nicht aus: »Waaaas habt ihr gemacht?«, bricht es aus einem Mann heraus. »Mit dem Wohnmobil gefahren? Ganz alleine, ohne Hilfe, mit dem Baby? Oh Gott! Habt ihr den RV etwa mit auf die Insel gebracht?«

Solche Reaktionen ärgerten mich. Gewiss, ich lag nun nachts nicht schlaflos in meinem Bett und sehnte mich nach der Wohnwagenmatratze. Aber um nichts hätte ich unseren »road trip« missen wollen. Bei all den Verpflichtungen, in der Botschaft und außerhalb, war diese Reise »very down to earth« – und ein wunderbares Abenteuer.

So endete mein Artikel. Unsere Freunde im politischen und gesellschaftlichen Washington waren amüsiert, dagegen die Camping-Community weniger. Ich hätte ihren Lebensstil nicht verstanden. Und ich wäre nicht positiv genug gegenüber Amerika eingestellt, hieß es in E-Mails, die die *Washington Post* erreichten. Das war eine Steilvorlage für den *Spiegel*, der sämtliche Vorurteile bestätigt sah:

Jutta Falke-Ischinger, Ehefrau des deutschen Botschafters Wolfgang Ischinger, erregte in Washington die Gemüter. In einem Artikel in der *Washington Post* beschrieb sie die letztjährige Abenteuerreise ihrer Familie durch Neuengland und Kanada – im Campingbus. Die Diplomatenfrau, offenbar keine große Campingfreundin, hatte dabei wenig Gutes über die USA und ihre Einwohner zu sagen, angefangen bei den vollfetten, rauchenden Campingnachbarn über die verarmte und verlassene Grenzregion im Norden des Staates New York bis hin zu den öden Parkplätzen der Gebrauchtwagenhändler und den Autofriedhöfen entlang der Bundesstraße 2. Erst im hummerreichen Maine und auf der mondänen Ferieninsel Martha's Vineyard in Gesellschaft britischer Aristokraten, millionenschwerer Footballteambesitzer und Washingtoner Drahtzieher fühlte sie sich wieder richtig wohl. In einer seltenen Vielzahl erboster Leserbriefe wird sie seither als »verwöhnte Person« bezeichnet und des Snobismus bezichtigt. Geraten wurde ihr auch, fettleibige Amerikaner doch einmal mit dem Bildnis Helmut Kohls zu vergleichen.

Auf nach London!

Kein Zweifel, in Washington hatte die Politik alles andere überlagert. Für Deutschland ist das, was in der Hauptstadt der Supermacht passierte oder nicht passierte, von größter Bedeutung. Nicht nur in Deutschland: »Wenn Washington hustet, bekommt der Rest der Welt Grippe«, pflegt man zu sagen. Amerika polarisiert, spaltet die Gemüter. Mit derselben feurigen Inbrunst, mit der die Deutschen jetzt Obama lieben, hätten sie dessen Vorgänger am liebsten aus dem Amt gejagt.

Was aber ist mit unserem Nachbarland Großbritannien? Unsere Zeit in Washington neigte sich dem Ende zu. Im Frühjahr 2006 sollte der Wechsel nach London stattfinden. Gordon Brown, daheim schon kein Publikumsmagnet, ließ erst recht die Deutschen kalt. Ob nun Labour oder Tories, Brown, Blair oder Cameron das Land regiert, da fällt – aus deutscher Sicht – kein Sack Reis um. Das mag umgekehrt genauso gelten. Schlägt das Herz irgendeines Briten höher, wenn er den Namen Merkel hört, Westerwelle oder Köhler? Und die jeweilige Innenpolitik – warum sollte die den Nachbarn interessieren? Alles, was wirklich wichtig ist, wird ohnehin auf europäischer Ebene und gemeinsam entschieden.

Ja, trotz aller Unterschiede sind wir ein Europa. Die britische Europafremdheit bleibt ein Problem, gewiss. Sie scheint in Teilen der Bevölkerung und in beiden großen Parteien verwurzelt zu sein. Schade. Dafür bietet London jedoch im Gegensatz zu Washington sehr viel mehr als nur Politik, sie versprüht Kunst und Kultur. Die Stadt an der Themse ist Theater-, Kunst- und Medienhauptstadt sowie Finanz- und Dienstleistungsmetropole in einem, Anziehungspunkt für Menschen aus aller Welt. Abseits von London mutet Großbritannien mitunter wie ein großes Freilichtmuseum an, in dem es stillgelegte Industrien und pastorale Landschaften zu besichtigen gibt. In grüne Hügel und Steinmäuerchen eingebettete Dörfer und Gehöfte, hohe knorrige Bäume vor weiten Kornfeldern – Ansichten sind das wie aus Ölgemälden von dem Landschaftsmaler John Constable.

In Deutschland, jedenfalls im Westen, wurden im Modernisierungseifer Straßen verbreitert und wieder verengt, Flüsse begradigt, Altes abgerissen, Neues hingestellt. Geranien im Holztrog fehlen auf keiner Dorfkreuzung, viel frische Farbe und neues Fachwerk tun ein Übriges, unser Dorf soll schließlich schöner werden. Was vom Krieg noch übrig war, hat der Verschönerung nicht immer standgehalten: Der Charme des Alten ist verflogen, die Patina kaputt saniert.

In den 80er Jahren hatte ich als Studentin ein Auslandssemester in London verbracht, als Schuhverkäuferin und Frühstückskellnerin gejobbt und schließlich als freie Mitarbeiterin beim Worldservice der *BBC* gearbeitet. Vor allem aber hatte ich gelebt und es ganz mit Samuel Johnson gehalten: »Wenn you are tired of London, you are tired of Life.« Beides war bei mir nie der Fall gewesen. Ich freute mich also verständlicherweise auf unser künftiges Leben an der Themse. London war meine Stadt!

An einem Samstagabend Ende März 2006 fuhren wir am Belgrave Square vor. Die Familienkutsche war bis unters Dach bepackt mit Koffern und Tüten. Am Heckfenster drückte Rocky neugierig seine Schnauze ans Glas. Er musste immer mit, auch in den Skiurlaub. Und dort sogar in den Sessellift. Nun hatten sich vor der Residenz aufgebaut: Ezio, der italienische Butler aus den Abruzzen, der vor über 30 Jahren als Kammerdiener des damaligen Botschafters angefangen hatte, Edith und Flora von den Philippinen und Maria aus Peru. Die Damen stürzten sich sofort auf unsere übermüdete, eineinhalbjährige Tochter Josie. Wieder einmal zogen wir zunächst in die Gästewohnung, unsere Möbel waren noch irgendwo auf dem Nordatlantik unterwegs.

Wir kamen in einer Zeit nach London, in der auf Tony Blair das Totenlied gesungen wurde. Die Briten nahmen ihm übel, dass er das Land zusammen mit den Amerikanern in den Irakkrieg geführt hatte; sein Taktieren zum Lissabonvertrag und um ein mögliches Referendum machte ihn im Land auch nicht beliebter. Dennoch hatte ich eine Schwäche für Blair, spätestens seitdem ich 1997 über seinen ersten Sieg berichtet hatte. New Labour wirkte damals so viel moderner als unsere SPD. Auch in Amerika assoziierte man ihn sogleich mit »Modernität«: Tony Blair galt als Kontrast zu Bush, klug und wortgewandt. Dabei jedoch kein fundamentalistisch Verirrter. Viele US-Amerikaner, die Bush misstrauten und sich fragten, ob es die Massenvernichtungswaffen im Irak gäbe, verwiesen auf Tony Blair: »Bush ist mir egal, aber dass der Blair auch dafür ist, das ist schon etwas anderes.« Inzwischen sind beide abgewählt, Bush ersetzt durch Barack Obama und Tony Blair durch Gordon Brown. Ihre Kriege allerdings haben sie der Nachwelt hinterlassen.

»Bush ist mir egal, aber dass der Blair auch dafür ist, das ist schon etwas anderes«

An der Themse hat sich in den vergangenen 20 Jahren, seit meiner Studentenzeit, viel getan. Der Aufstieg Londons zur internationalen Finanzmetropole hatte 1986 mit der Deregulierung des Londoner Geldmarktes seinen Anfang genommen. Ohne diese Zäsur, dem »Big Bang«, wäre London wohl kaum zu Europas wichtigstem Finanzplatz geworden. Jeremy Warner vom *Independent* nannte den Erfolg der Londoner City »Britanniens neue industrielle Revolution«. Die amerikanischen Großbanken zogen nach London und sorgten – jedenfalls bis zu Beginn der Krise – für einen beispiellosen Boom des Finanzsektors. Dass die Eigentümer keine Briten mehr waren, störte niemanden. Es steckt noch genug vom alten Kaufmannsgeist in der britischen Mentalität, als dass eine »foreign ownership«, die es auch beim Fußballclub Chelsea oder beim Traditionskaufhaus Harrods gibt, als nationale Katastrophe empfunden wird. Eddie George, früherer Vorsitzender der Bank of England, verglich einmal die Aktivitäten der »American player« in den britischen Banken mit den berühmten Tennismeisterschaften von Wimbledon: »Sie werden zwischen Ausländern entschieden und von Ausländern gewonnen. Hauptsache, sie finden in Wimbledon statt und tragen so zum finanziellen und ideellen Ruhm Großbritanniens bei.«

Belgravia und Buckingham Palace

Am Morgen nach unserer Ankunft zwinkert die Sonne aus einem blassen Londoner Himmel geradewegs in unser Fenster. Was für eine nette Begrüßung! Ich setze Josie in den Buggy zur ersten Besichtigungstour des Belgrave Square. Seit 1953 pachtet die Bundesregierung die beiden Häuser 21 und 23 Belgrave Square vom Duke of Westminster, in dessen Familienbesitz sich der Platz seit dem 17. Jahrhundert befindet. Er ist der »landlord« aller Parteien am Belgrave Square, also auch der Deutschen Botschaft. Auf den schwarzlackierten Lampenmasten weist nur ein goldenes »W« diskret auf die Eigentumsverhältnisse hin. Wenn das nicht echt britisches Understatement ist.

Die noch junge Bundesregierung hat sich damals ein richtiges Juwel britischer Baukunst herausgepickt. Der Belgrave Square mit dem charakteristischen muschelweißen Häuserensemble ist einer der elegantesten Plätze der Stadt. Freilich noch gar nicht so lange: Vor 200 Jahren weidete hier Vieh auf den sumpfigen Wiesen, Gauner und Diebe trieben sich nachts herum, und im Morgengrauen verabredeten sich hier Gentlemen zum Duell auf Leben und Tod. Der Stadtarchitekt Thomas Cubitt ließ im 19. Jahrhundert das Land schließlich trockenlegen und bereitete so im wörtlichen Sinne den Boden für die spätere Bebauung. Die Pläne wurden 1825 erstellt, als Architekt beauftragte man George Basevi, der den Häusern dann jene eleganten, klassizistisch geprägten Fassaden gab, die sie bis heute würdevoll tragen.

Was immer das Schicksal für diese Stadt und seine Bewohner im Lauf der Jahrhunderte bereithielt, der Belgrave Square ließ sich in seiner Erhabenheit durch kaum etwas erschüttern. Oder sieht es nur so aus? Etwas weiter hinten, wo der Platz in die Chesham Street übergeht, hatte im Krieg eine deutsche Bombe ein Loch in die Bebauung gerissen. Auf das Grundstück wurde ein neuer Bau gesetzt: das Verwaltungsgebäude der Deutschen Botschaft.

Für Josie war aber etwas anderes viel interessanter: In der Mitte des Platzes befindet sich ein kleiner Privatpark mit Spielplatz. Jeder der privilegierten Mieter erhält einen Schlüssel für den Park, Tennis- und Kinderspielplatz – welch Luxus! Nachdem wir eine Stunde im Sandkasten verbracht hatten, traten wir nach unserem ersten Rundgang den Rückweg an in die Nummer 22 Belgrave Square, die Residenz des deutschen Botschafters.

Schon in den ersten Tagen in London standen ein paar Formalitäten auf dem Programm. Allen voran der Antrittsbesuch bei der Königin, der jeder neu akkreditierte Botschafter am Court of St. James's sein Beglaubigungsschreiben zu überreichen hat. Der Hof überlässt hier nichts dem Zufall und scheute keine Mühen, mich und Wolfgang entsprechend vorzubereiten. Es erschien eine rothaarige Hofdame, die »Lady in waiting«. Ich empfing sie im hellblauen Musikzimmer, wir plauderten etwas, bevor sie zur Sache kam: die Schrittfolge. Man musste eine Serie kleiner, anmutiger Schritte vollführen, im richtigen Moment knicksen, den Blick senken und die Königin mit einem artigen »Your Majesty« begrüßen. Danach könne ich ruhig zum legereren »Ma'am« übergehen. Das Wichtigste aber sei, der Königin zu keinem Zeitpunkt den Rücken zuzukehren. Die Absätze sollten nicht zu hoch, das Kleid am besten nicht weiß, schwarz oder königsblau sein, es sollte jedoch unbedingt die Schultern bedecken. Da blieb in meiner Garderobe nicht viel übrig, und ich nahm das Farbproblem zum Anlass, ein neues Kleid zu erwerben. Das erste richtige Nachmittagskleid! Sechs Jahre lang hatte ich mich erfolgreich vor einer solchen Anschaffung gedrückt. Aber jetzt, fand ich, war der Zeitpunkt gekommen. In einer Boutique nicht weit von der Botschaft rüstete ich mich aus: Zum Pink des dort erworbenen Kleides gesellten sich ein schwarz-weißer Hut mit Feder und weiße Handschuhe. Der Botschafter hatte es einfacher: Er sollte Frack, Orden und Zylinder anlegen.

Auch er wurde eingewiesen, und zwar von Sir Anthony Figgis, der mit vollem Titel »Her Majesty's Marshal of the Diplomatic Corps in the Royal Household of the Sovereign of the United Kingdom« heißt. Die Diskussionsführung, Anfang und Ende des Gesprächs würde die Königin bestimmen. Eigene Fragen zu stellen galt als ungehörig. Ein amerikanischer Freund, der als Rhodes Scholar einige Zeit in Oxford verbracht hatte und der Königin vorgestellt worden war, hatte uns bei unserem Abschiedsfest in Washington gerade von seinem Tritt ins königliche Fettnäpfchen erzählt. Als er der Queen vorgestellt wurde, sagte sie: »Sie sind aus Texas, da war ich schon mal!« Obwohl er es besser wusste, rutschte ihm heraus: »Wirklich, wie fanden Sie es?« Statt einer Antwort habe Ihre Majestät nur kurz genickt und sich dem nächsten jungen Talent zugewendet.

Das sollte uns nicht passieren. Wolfgang war einem Insidertipp gefolgt und hatte vor dem Termin mit Michael Mronz telefoniert, dem Lebensgefährten von Guido Westerwelle und Organisator des Reiterchampionats CHIO in Aachen. Der versorgte ihn mit allen Informationen zur bevorstehenden Reitweltmeisterschaft. Pferde, das wusste jeder, waren die Leidenschaft der Majestät. Mit der Fußballweltmeisterschaft hingegen würde man Ihre Königliche Hoheit wohl kaum aus der Reserve locken können.

Dann ist es so weit. Eine königliche Kutsche soll uns zum Buckingham Palace bringen. Früher, berichtet Ezio, war es nur dem Botschafter erlaubt, in der Kutsche zu sitzen. Seine Frau folgte in einer Limousine. Doch die Sitten haben sich geändert. Die halbe Botschaft versammelt sich vor dem Eingang, wir steigen in die offene Kutsche. Sir Anthony sitzt uns gegenüber. Dann geht es um den Belgrave Square zum Palast. Die Bobbys halten den Verkehr an, die Kutsche rollt einmal um den Palast herum, die Sonne scheint, die Vögel pfeiffen ein Frühlingsliedchen, und viele Hundert Touristen, die vor dem Palast auf die Wachablösung warten, halten inne, als die Kutsche vorbeifährt. Sie winken und drücken auf den Auslöser ihrer Kameras. »Wahrscheinlich halten sie uns für irgendwelche armen Vettern der Königin«, sage ich zu Sir Anthony, der das gar nicht witzig zu finden scheint.

Ich lächele ebenfalls in alle Richtungen, winke huldvoll und genieße für diesen Augenblick meine Statistenrolle in der Inszenierung, die da heißt: Die Monarchie lebt.

Die Kutsche holpert in den Innenhof des Palasts. Eine weitere Hofdame dirigiert mich in einen Salon. Mein Mann, der ja als Vertreter Deutschlands der eigentliche Würdenträger ist, wird in eine andere Richtung geführt. Er soll zunächst mit ihrer Majestät allein sein, so schreibt es das Protokoll vor. Ich höre einen Gong, dann – weiter weg – eine dunkle Stimme, die die Ankunft Ihrer Majestät ankündigt.

15 Minuten sind verstrichen, auch 20. Das Warten will kein Ende nehmen, alle werden nervös. Was war da drinnen wohl geschehen? Die Prozedur dauert doppelt so lang wie vorgesehen, das verrät auch mir der Blick auf die Uhr. Wie sich hinterher herausstellte, hatte Wolfgang im Gespräch genau das richtige Thema getroffen: den Reitsport.

Unterdessen warte ich noch immer draußen. Schließlich kommen zwei Damen und bedeuten mir, ihnen zu folgen, bis wir an einer großen Flügeltür ankommen. Als diese sich öffnet, ertönt ein Gong und eine Männerstimme kündigt mich an: »Mrs. Falke-Ischinger.« Ich gehe nach vorn, knickse und ergreife, hoffentlich nicht zu fest, die ausgestreckte Hand der Königin: »Your Majesty!« Wie uns die Residenz gefalle, will Ihre Majestät wissen. Daraufhin erläutere ich, wie wir das hohe Treppenhaus kindersicher machen mussten. Josephine sei mit eineinhalb das jüngste Kind, das jemals dort gewohnt habe. Im dritten Stock hatten die Handwerker der Botschaft eine Art unsichtbaren Fallschirmstoff um das gusseiserne Gitter des Vestibüls gelegt. Eine Etage tiefer, wo die Eingangstür unserer Privatwohnung vom offenen Treppenhaus abgeht, befestigten sie eine Plexiglasverstärkung hinter den ziemlich weit auseinanderstehenden Gitterstäben.

Ich gehe nach vorn, knickse und ergreife, hoffentlich nicht zu fest, die ausgestreckte Hand der Königin

»Ich weiß genau, was Sie meinen«, beendet die Königin meine wahrscheinlich zu ausführlichen Beschreibungen, »fragen Sie einmal Tony Blair, was der in Downing Street umbauen musste, als sein jüngstes Kind geboren wurde!«

Wenn die Übergabe der Beglaubigungspapiere für Ihre Majestät auch reine Routine war, so hat sie es nicht gezeigt. Was für eine Frau, was für ein Leben. Wen hatte Elisabeth II. nicht alles an sich vorbeiziehen sehen – Generationen von Staatspräsidenten, Premierministern und Bundeskanzlern. Sie hat von Eisenhower bis Bush, von Adenauer bis Schröder, von Churchill bis Brown alle kennengelernt. Diese Erlebnisse allein verleihen ihr eine Macht jenseits von Zeit und Raum!

»Je länger sie da ist, desto wichtiger ist sie«, erklärte mir einmal Sir David Manning, der Botschafter Ihrer Majestät in Washington gewesen war und für uns noch ein schönes Abschiedsessen in der britischen Residenz gegeben hatte. Dazu mochte ihr Sohn Charles seine eigene Meinung haben. Wir hatten den Prince of Wales und Camilla zu einem früheren Zeitpunkt einmal getroffen, als sie noch nicht verheiratet waren und deshalb nicht gleichzeitig in der Residenz ankommen durften. Sie sahen sich eine Ausstellung von Blumenstillleben an, deren Malerin mit einer der vielen Wohltätigkeitsorganisationen verbunden war, die der Prince of Wales unterstützte. Einer der anderen Gäste erzählte mir, dass vor vielen Jahren ein Vorvorgänger Wolfgangs, Botschafter von Wechmar, einen »dinnerdance« für Prinz Charles und seine junge Verlobte, die damalige Lady Diana Spencer, gegeben hatten. Eine betrübte Diana habe sich am Ende des Abends dem Botschafter anvertraut: Charles hatte gar nicht mit ihr getanzt.

Das alles ist lange her und seither ist viel passiert, aber Charles ist noch immer nicht König. Laut ungeschriebener Verfassung kann er dies auch nicht werden, solange der regierende Monarch noch lebt.

Fußball, »don't mention the war« und eine überragende Claudia Schiffer

Während es in unserer Zeit in Washington D.C. die Beziehungen zwischen den Regierungen waren, die Anlass zur Sorge gaben, war es auf den Britischen Inseln anders. Die Regierungsbeziehungen waren stabil, hingegen war die öffentliche Meinung der Briten über Deutschland sowie die Deutschen im Allgemeinen starken Schwankungen ausgeliefert.

Der frühere deutsche Außenminister Joschka Fischer hatte 2004 in der Radiosendung *Today Programme* der *BBC* einmal gesagt, dass die Beziehungen auf der offiziellen Ebene exzellent seien, aber auf der persönlichen Ebene in einem unbefriedigenden Zustand. Er beklagte, dass die britischen Medien antiquierte Stereotypen über Deutsche endlos fortsetzen würden.

Ganz von der Hand zu weisen waren solche Beobachtungen nicht: Comics, Fernsehserien und Filme über den Zweiten Weltkrieg bestimmten lange das Bild von Deutschland in der britischen Öffentlichkeit. Das entsprechende Vokabular reduzierte sich da auf »Fritz«, »Marsch!«, »Achtung!«, »Blitzkrieg« oder »Hunnen«. Diese verbalen Keulen erfreuten sich gerade in der Sportberichterstattung großer Beliebtheit. Aber nicht nur dort. Immer wieder hatte man von deutschen Sprachschülern gehört, die mit »Heil Hitler« begrüßt wurden oder die britische Aggressionen nach der Devise »Beat Fritz!« am eigenen Leibe zu spüren bekamen.

Unsere Vorgänger in der Londoner Botschaft berichteten – ganz diplomatisch – über »gemischte« Erfahrungen mit den britischen Medien. Legendär ist das Interview des früheren Botschafters Herman von Richthofen mit der Boulevardzeitung *Sun*. Er hatte von der netten Gesprächsatmosphäre geschwärmt, traute aber am nächsten Tag kaum den eigenen Augen, was daraus wurde: Auf dem Titelblatt prangte sein Konterfei, darüber die Zeile »*The Sun* meets the Hun«. Ein anderer Botschafter, Hans von Ploetz, erlebte Anfeindungen bereits am zweiten Tag nach Amtsübernahme.

Das konnte ja heiter werden! Wie sollte man auf so etwas reagieren? Gar nicht? Mit Wut und Empörung? Mit belehrenden Hinweisen auf die verwandtschaftlichen Beziehungen zwischen britischen Monarchen und deutschen Herrschergeschlechtern? Ein differenzierterer Geschichtsunterricht würde britischen Schülern durchaus gut tun, befand Wolfgangs direkter Vorgänger und Freund, Thomas Matussek. Dem *Guardian* sagte er: »Ich halte es für wichtig, dass die Menschen soviel wie möglich über das Dritte Reich und den Holocaust lernen«. »Doch genauso wichtig ist die Geschichte Deutschlands der letzten 45 Jahre und die Erfolgsgeschichte der deutschen Demokratie.«

Bei der Erfolgsgeschichte des deutschen Fußballs war hingegen Vorsicht geboten: Die schlimmsten Kampfhammel sind bekanntlich die Fußballfans. Und nun stand die Weltmeisterschaft 2006 in Deutschland vor der Tür. Was, wenn, wie in der Vergangenheit schon passiert, Hunderte von deutschen und englischen Hooligans aufeinander einprügeln würden? Wenn es zu ernsthaften Verletzungen käme? Die britischen Behörden machten sich offenbar ebenfalls Sorgen. Innenminister Charles Clarke appellierte ausdrücklich an englische Fußballfans, in Deutschland auf den Hitlergruß zu verzichten, da ihnen sonst die Festnahme drohte. »Das ist weder witzig noch ein Scherz«, sagte Clarke, »britische Fans sollten die Gesetze in Deutschland respektieren.« Einschlägig bekannte Hooligans wurden an der Ausreise gehindert. Für die, die möglicherweise vor Ort Krawall machen würden, hatte London 80 Bobbys nach Deutschland geschickt.

Für die Botschaft schlug jetzt die Stunde der »public diplomacy«. Mein Mann, der neue Botschafter, lächelte sanft in alle Kameras und fand freundliche Worte. Damit hatte er Erfolg. Die *Times* schrieb im Mai 2006: »Wolfgang Ischinger, Deutschlands fußballliebender Botschafter, stimmte in die Aussöhnung ein und sagte, dass die Weltmeisterschaft ein neues Bild von lebenslustigen Deutschen präsentieren werde. Die alten Klischees und Stereotypen seien nicht mehr wichtig.«

Die Deutsche Botschaft und der Deutsche Akademische Austauschdienst hatten einen Jugend-Essay-Wettbewerb über das moderne Deutschland ausgeschrieben. Titel des Wettbewerbs war

»Don’t mention the war«, in Anlehnung an die englische Fernsehserie *Fawlty Towers* und die legendäre Zeile, die von Briten immer wieder in Bezug auf die Deutschen benutzt wird. Deren Erfinder John Cleese hatte dem Projekt seinen Segen gegeben.

Auch auf anderer Ebene versuchten wir das Beste, was unser Land zu bieten hatte, vorzuzeigen: zum Beispiel Claudia Schiffer, den vielleicht schönsten deutschen Export. Die Initiative Invest in Germany hatte sie dafür gewonnen, auf großen Plakaten für ihre alte Heimat zu posieren. Am 5. Juni 2006 präsentierte die Initiative in der Residenz die Plakataktion mit Claudia Schiffer der versammelten Presse.

In der Botschaft waren alle nervös, vor allem die männlichen Praktikanten, die ihre Digitalkameras, schon lange bevor Claudia am Belgrave Square vorgefahren war, bereits in Anschlag gebracht hatten. Aber auch die Angestellten aus den hintersten Büros der Botschaft hatten sich in der Halle versammelt und warteten auf den Moment, zu dem der rote Teppich der Eingangshalle zum Laufsteg werden würde. Schließlich fuhr das blonde Supermodel in einem schwarzen Geländewagen vor und eilte an allen vorbei zur Pressekonferenz. Sie trug eine weiße Rüschenbluse, einen langen, schmalen, schwarzen Rock und hohe Pumps. Ich selbst war extra auf die höchsten Stöckelschuhe umgestiegen, die ich finden konnte. Leider völlig umsonst – Claudia überragte alles und jeden, der neben ihr stand, um mindestens 20 Zentimeter. Wolfgang – ganze 15 Zentimeter kürzer – brachte sie sofort dazu, sich zu setzen. Jetzt waren sie etwa auf gleicher Höhe, sodass sein bewährtes Grübchenlächeln nicht länger sein Ziel verfehlte.

Claudia Schiffer überragte alles und jeden, der neben ihr stand, um mindestens 20 Zentimeter

»Liebe Claudia, ich darf Sie doch so nennen?«, schmolz mein Mann ihr entgegen. »Über Jahre waren Sie eine wundervolle Botschafterin, die Deutschland auf der internationalen Bühne repräsentiert hat. Die Kampagne, die wir hier in London starten, zeigt das. Sie zeigt auch, dass Wirtschaft ein durch und durch attraktives Thema sein kann.«

Claudia Schiffer erklärte ihr Engagement in der Kampagne damit, dass sie durch ihre zahlreichen internationalen Reisen verschiedene Länder miteinander vergleichen könne. »Ich fühle mich sehr geehrt, an dieser Land-of-Ideas-Kampagne teilnehmen zu dürfen und, um ehrlich zu sein, das ist das Mindeste, was ich für ein Land tun kann, das mich so sehr unterstützt hat.«

In der Halle wartete Josie, die ich in ein niedliches blauweißes Ringelkleidchen gesteckt hatte, mit Masha, unserem Au-pair-Mädchen. Der Lockvogel zog. Claudia kniete sich zu Josie auf den Boden: »Meine Tochter ist ungefähr so alt wie du«, sagte sie. »Vielleicht wollt ihr einmal miteinander spielen?« Josie interessierte sich gerade mehr für die Schokolade, die ihr Butler Ezio in den Mund steckte, doch ich nickte eifrig: »Ja, gern!« Ich war dem Glamourfaktor Claudias nun genauso erlegen wie mein Mann.

Je näher der Beginn der WM rückte, desto größer auch die Besorgnis selbst in britischen Medien. Martin Kettle schrieb im *Guardian*, dass die Fußballweltmeisterschaft ihn mit Furcht vor dem unvermeidlichen Moment erfülle, an dem »die Presse stolz einen Exzess an Kriegs- und Nazifixiertheit auf unseren nationalen Wohnzimmerteppich erbricht«.

Doch wie durch ein Wunder verlief alles ohne Zwischenfälle. Die ganze Welt feierte eine große Fußballparty, und Deutschland war Gastgeber. Es gab Würstchen, Bier und ein Meer aus Schwarz-Rot-Gold. Die Engländer erlebten ein ihnen bis dahin unbekanntes Deutschland. Im Juni 2006 befasste sich ein Stück in der *Times* mit den britischen Reaktionen auf die Fußballweltmeisterschaft: »Einige Kommentatoren haben diese Welle des Patriotismus (in Deutschland) als kathartischen Moment beschrieben. Andere haben diese Wirkung mit dem Tod Lady Dianas auf Großbritannien verglichen. Damals lernten die Briten, öffentlich zu weinen. Lernen die Deutschen jetzt, sich selbst zu lieben?«

»Damals lernten die Briten, öffentlich zu weinen. Lernen die Deutschen jetzt, sich selbst zu lieben?«

Während der WM hatten die englischen Fans die St.-Georgs-Fahne geschwenkt: ein rotes Kreuz auf weißem Grund. Und nicht, wie man erwarten würde, den »Union Jack«, die offizielle Flagge Großbritanniens. Vielleicht, weil Gordon Brown Schotte ist und deshalb ein integrativeres Nationalgefühl befürwortet, präsentierte er sich schon vor seinem Wechsel in die Downing Street 10 als Fürsprecher der »Britishness«. Sein Vertrauter Michael Wills sollte ihn dabei unterstützen. Die multikulturelle Gesellschaft sei eine Tatsache, sagte der, doch man müsse sich vor einer »Überbetonung« hüten. Wills warb dann auch dafür, das Weihnachtsfest wieder mehr in den Vordergrund zu rücken, ebenso Weihnachtskarten und Krippenspiele.

Verbirgt sich dahinter die Angst, vom religiösen Eifer der Einwanderer überrollt zu werden? Muslime in Großbritannien stehen im Ruf, mehr zu religiösem Extremismus zu tendieren als Muslime in anderen Teilen Europas. Die Bombenanschläge vom Juli 2005, die 52 Menschen das Leben kosteten, haben das gegenseitige Misstrauen noch verstärkt. Drei der Attentäter waren Muslime mit britischem Pass.

Was bedeutet heute noch »Britishness«? Von wem will man sich da noch abgrenzen? Was bringt Gemeinsamkeit außer der Krone, die die heterogene Gesellschaft und ihre politischen Institutionen, Oberhaus und Unterhaus, Regierung und Opposition, zusammenbindet – und von allen anerkannt wird? Einen denkwürdigen Abend, der diese Fragen beleuchtete, erlebte ich in einer Runde mit neuen Freunden in South Kensington. Neben mir saß Lord Saatchi, der Bruder des Kunsthändlers. Der Inhaber der großen Werbeagentur Saatchi and Saatchi trug genauso dicke Brillengläser wie ich sie tragen würde, hätte ich keine Kontaktlinsen. Er bezog mich ins Gespräch ein, das er über den Tisch hinweg mit einem irisch-kanadischen Geschäftsmann führte: »Wer sind wir eigentlich?«, Saatchi schaut sein Gegenüber fragend an.

»Wer ›wir‹?«, frage ich verdutzt.

»Na , wer schon, wir Briten natürlich!«

Das British Empire existiere nur noch als Erinnerung, da ist man sich schnell einig, und die »special relationship« zu Amerika sei belastet durch die Blair-Bush-Allianz.

»Bleibt Europa!«, schließe ich.

»Da ist doch für uns kein Platz mehr!«, Maurice sieht mich gespielt vorwurfsvoll an. »Das macht ihr doch mit den Franzosen. Die Führungsrolle ist schon besetzt!«

»Wenn ihr ein bisschen mehr ›leadership‹ an den Tag gelegt hättet, wäre das bestimmt belohnt worden«, gebe ich zurück.

Welcher Art die Probleme waren, die man im Vereinigten Königreich mit Europa hatte, das geht aus einem Zitat der damaligen Premierministerin Magaret Thatcher aus dem Jahr 1995 hervor: »Man hat Deutschland nicht in Europa verankert, sondern Europa an ein erneut vorherrschendes Deutschland gekettet. Deshalb nenne ich es ein deutsches Europa.«

Solche Ressentiments vernahmen wir zu unserer Zeit in London selten. Im Gegenteil, hieß es selbst an der Themse, Tony Blair habe nach seiner Wahl zum Premier die Chance vertan, das eigene Volk von den Vorzügen der EU zu überzeugen. Diese Worte klingen mir noch in den Ohren, als ich ein paar Wochen später zu einer von Intelligence Squared organisierten Podiumsdiskussion gehe. An jenem Abend im März 2008 ist der Saal in der Royal Geographical Society bis auf den letzten Platz gefüllt. Man diskutiert den Vertrag von Lissabon. Die Köpfe der Europagegner im Publikum sind längst rot angelaufen.

»Die wollen unser Land an Brüssel verkaufen!«, faucht lauthals ein weißhaariger Herr mit Tweedkappe. Er fuchtelt dabei so wild mit den Armen, dass sein Sitznachbar in Deckung gehen muss.

»Was heißt hier ›Zweiter Weltkrieg‹? Andere Länder haben am Krieg mehr zu schlucken gehabt!«, ruft jemand aus dem Publikum. »Deshalb brauchen wir uns noch lange nicht so knebeln zu lassen von denen in Brüssel!«

Dieser Abend bewies mal wieder: Europaskeptiker sind meistens lauter als die Befürworter. Skepsis hin oder her: Es nahm alles seinen Lauf. Nachdem das Unterhaus im März 2008 dem Vertrag von Lissabon zugestimmt hatte, ratifizierte das House of Lords den Vertrag im Juni, und die Königin setzte ihre Unterschrift darunter. Gewiss sahen die Praktiker in der Regierung durchaus, dass eine starke EU hilfreich dabei sein würde, bestimmte Einzelziele zu erreichen. Außenminister David Miliband zum Beispiel wusste, dass eine wirksame Energie- und Klimapolitik nur im Rahmen der EU wirklich greifen würde. Labour hat es aber leider in mehr als zehn Jahren nicht geschafft, die öffentliche Meinung in Bezug auf die EU zum Positiven zu wenden. Nach einer Umfrage der EU empfand im Jahr 2008 weniger als ein Drittel der Briten die EU-Mitgliedschaft ihres Landes als positiv.

Inzwischen stellen weitere Probleme das Selbstbewusstsein der Insulaner auf eine harte Probe: Die Finanzkrise hat die Londoner City bis ins Mark getroffen – und damit das ganze Land, denn der Londoner Finanzsektor war nach dem Niedergang traditioneller Industrien die große Wachstumslokomotive für die gesamte Volkswirtschaft. Als wäre das noch nicht genug, beschädigte der Spesenskandal im Unterhaus auch noch den Ruf des Parlaments. Nicht erfreulich also, die Gegenwart.

Trost spendet da eher der Blick zurück, in Zeiten, als das Britische Empire noch groß und glänzend dastand. Der liebenswürdige Lord Watson, Co-Vorsitzender der deutsch-britischen Königswinterkonferenz, fragte mich einmal, ob ich wisse, warum die Engländer anders als die Deutschen kein Silvester feierten, sondern zu Hause blieben? Ich wusste es nicht, und er lachte: »Weil wir wissen, dass die Zukunft nie wieder so gut sein wird wie die Vergangenheit!«

Postscriptum: Im Herbst 2009 entzog die *Sun* der Labour-Partei offiziell ihre Unterstützung. Man setze nun auf die Konservativen. Und darauf, dass endlich jemand kommen möge, der Britannien wieder zu Großbritannien mache.

»Sentimental Journey«

Wolfgang und ich beschlossen, dass unsere Josie nicht ganz allein zwischen barocken Kommoden, chinesischen Vasen und freundlichen Dienstboten ihrer Tage fristen sollte. Das Kind brauchte die Gesellschaft von Gleichaltrigen. In einem Kindergarten oder einer »nursery school«. Die sind oft mit weiterführenden Schulen verbunden. Die Suche nach geeigneter Kinderbetreuung begann – und wurde zum Erlebnis der besonderen Art.

Mein erster Termin war in der Hampshire School in Chelsea. Direktor Bray war an diesem Morgen sichtlich bemüht, einen guten Eindruck zu machen. Er stand im Regen auf dem Türabsatz und schüttelte allen Eltern die Hand. Er war schon ganz nass, lächelte aber tapfer. Ich ahnte, dass so auch seine Schützlinge erzogen werden sollten: Diszipliniert und hart gegen sich selbst. Er selbst führt uns durch das Gebäude. In der ersten Etage sitzt eine Gruppe Kinder im Schneidersitz auf dem Boden. »Comment ça va?«, fragt die Lehrerin gedehnt und gibt gleich selbst die Antwort: »Mal« – »Ooh-ooh«, seufzen Kinder und Lehrerin im Chor. Der Direktor strahlt: »Französisch lernen bei uns schon die Dreijährigen.« Die Kinder übten hier schon mit zweieinhalb Jahren Buchstaben und Zahlenreihen. Die ausländischen Eltern in der Gruppe werfen einander fragende Blicke zu, unter ihnen eine Amerikanerin mit einem sechs Monate alten Baby und ein chinesischer Vater mit Tochter – und ich, Mutter der zweijährigen Josie.

Vor ein paar Monaten erst waren wir nach London gezogen – und nach den ersten Erkundungszügen durch die hiesige Bildungslandschaft schwankten wir zwischen ungläubig und ratlos. Es bestand kein Zweifel, dass wir in einem zweigeteilten Land lebten. Alle aber, bis auf die, die sich für gar nichts interessierten, hatten nur ein Ziel: die bestmögliche Schule für die Kinder. Einerseits gab es die weniger betuchten Eltern, die sich einen erbitterten Kampf um die Plätze an den wenigen guten staatlichen

Kindergärten und Schulen lieferten oder Schulden machten, um die Privatschule doch noch zu finanzieren. Andererseits waren da die wohlhabenderen Eltern, die von morgens bis abends das hohe Lied auf Leistung, Disziplin und Elite sangen und dafür keine Ausgaben scheuten. Wer sich nicht auf die Schule allein verlassen wollte, dem bot sich eine unendliche Fülle nachmittäglicher Aktivitäten wie »Mandarin for toddlers« oder »career coaching for 4-year-olds«, dies allesamt Fundstücke vom schwarzen Brett des Starbucks in Belgravia.

Als ich selbst vier Jahre alt war, hatte ich vorwiegend auf Bäumen gelebt und bis zur Einschulung nie auch nur einen einzigen Buchstaben zu Papier gebracht. Verglichen mit dem High-Maintenance-Leben in Belgrave Square war meine robuste, naturverbundene Kindheit im Sauerland geradezu sträflich schlicht! Aber schön war sie doch. Warum sollte ich also meine eigene Tochter diesem Irrsinn ausliefern? Der deutsche Kindergarten lag leider in Richmond. Er war freundlich, hell und sauber, aber zu weit weg. Es blieb also nur die lokale Lösung, und die war schnell gefunden: Ein englischer Kindergarten bei uns um die Ecke. Untergebracht war er im bunt bemalten Kellergewölbe einer Kirche. Die Fensterluken ließen kaum Tageslicht herein, aber dafür, erklärte ich meiner Freundin Jane, gebe es draußen Wippen und Rutschen. »Okay«, meint Jane, »aber pädagogisch gesehen gibt es noch bessere – und du musst ans ›assessment‹ denken!« Was hinter dem Wort »assessment« steckt, begreifen Neulondoner schneller, als ihnen lieb ist.

Direktor Bray von der Hampshire School bestellte jedes Kind zu einer solchen Aufnahmeprüfung. Schon die Zweijährigen müssen dann Puzzles legen, malen und Geschichten erzählen. Ernster wird es bei der Aufnahme in die »reception class«, die erste Grundschulklasse der Privatschulen. Die meisten Kinder besuchen sie schon mit vier. Zu diesem Test treten die Bewerber mit dreieinhalb Jahren an und müssen Buchstaben erkennen und zählen können. In England beginnt die Leistungsgesellschaft früh. Ein nationales Curriculum formuliert klare Lernziele schon für Babys. Kaum Einjährige sollen sich »sichtlich aufs Essen freuen« und in der Lage sein, mit den eigenen Zehen und Fingern zu spielen.

Meine Schwester in Hamburg konnte es kaum glauben. Derartige Erziehungsziele waren ihr neu, und Buchstaben, klärte sie mich auf, seien in vielen deutschen Kindergärten tabu. Ihr Carolinchen, damals vier, spielte noch Ringelreihen. »Es ist ja nicht so, dass hier keiner über frühkindliche Förderung reden würde, aber die steht bestimmt nicht im Vordergrund.« Im Gegenteil, erzählte sie, in Deutschland werde der ausgelacht, der ein bisschen mehr will für sein Kind. Das sollte ich ein paar Jahre später in Berlin auch erleben. »Wollen Sie Einstein aus Ihrem Kind machen?«, frotzeln dieselben, die anderswo darüber klagen, dass ihren Sprösslingen ein Abitur nach zwölf Schuljahren Jahren nicht zumutbar sei.

In Großbritannien gilt das andere Extrem: Drill ohne Pause, schon für die Kleinsten. Jane erklärte es mir: Nur wer einen guten Kindergarten besuche, schaffe die Aufnahmeprüfung für eine gute Grundschule, mit der man die Prüfung für die nächste höhere Schule bestehen könne. Und nur so lande man irgendwann in Oxford oder Cambridge. In der jüngeren Vergangenheit wurden tatsächlich überproportional viele Absolventen privater Schulen an den Spitzenuniversitäten aufgenommen.

Das Großbritannien der Eliten sei vorbei, hatte Tony Blair kurz nach seinem Amtsantritt verkündet und 1999 wiederholt: das alte Establishment sei ersetzt worden durch eine größere, mehr an Leistung orientierte Mittelklasse. Das mag für die oberen Segmente der Gesellschaft zutreffen. Weiter unten aber hat sich nicht viel bewegt, wie Tony Blair Anfang 2007 in der *Today Show* selber zugab. Das manifestiert sich vor allem bei der Bildung: Im Jahr 2003 gingen in Großbritannien zwar nur sieben Prozent der Schüler auf Privatschulen, doch Kinder besser verdienender Eltern würden durch das staatliche Bildungssystem begünstigt, befand die *Sunday Times*: Nur drei Prozent der Schüler von den 200 besten staatlichen Schulen stammen demnach aus sozial schwachem Milieu. Und solche Zahlen nach mehr als zehn Jahren Labour-Regierung!

Beim Ansturm auf die guten Schulen oder Kindergärten, egal ob staatlich oder privat, schien jedes Mittel recht. Und eines lernte ich schnell: Bestraft wird, wer zu spät startet. Bei einigen Schulen hat schon verloren, wer erst drei Tage nach Geburt des Kindes die

Anmeldeunterlagen einreichte. Das *Wall Street Journal* berichtete von Frauen, die ihren Kaiserschnitttermin auf den Monatsanfang legen, um unter den Ersten im Auswahlprozess zu sein. Diese Methode blieb uns »leider« versagt, denn unser Kind war damals schon zwei Jahre alt. Blieben also die Schulen mit Wartelisten und das gefürchtete »assessment«.

Den nächsten Versuch machte ich in Glendower. Dort bot sich mir ein Bild wie aus dem Fotoalbum von Miss Marple. Dutzende kleiner Mädchen in grauen Mänteln tollten mit wippenden Pferdeschwänzen über den Hof der Mädchenschule. Doch die Idylle beschränkte sich auf die Pausen, Glendower gilt als eine der härtesten Schulen der Stadt. Alex, die Tochter meiner Freundin Daniela, hatte den mehrstündigen Test im Alter von dreieinhalb Jahren nicht bestanden. Sie hatte irgendwann einfach die Arme vor der Brust gekreuzt und geschwiegen. Danach war sie auf eine andere Privatschule gegangen. Drei Jahre später probierte sie es noch einmal – und schaffte die Aufnahme. Bis spätabends brütet sie jetzt täglich über den Hausaufgaben. Mit acht Jahren hat das Kind einen ähnlich straffen Tag wie ihr Vater. Ob Josie dem gewachsen sein würde, fragte ich mich? Buchstaben wurden in ihrem Kindergarten nur vormittags geübt, und wir hatten nur einen Nachmittagsplatz bekommen.

Bei Josie stand montags Kunst und Spaß auf dem Programm, donnerstags Sport und Stretching. Sie brachte wunderschön beklebte Papierbögen nach Hause, auf denen ihr Name prangte. Ein Instrument spielte sie noch nicht, aber sogar ohne Musik drehte sie sich im Kreis, wiegte ihre bewindelten Hüften zum Bauchtanz und trällerte: »Shake my belly, shake my belly!« Was wollte man mehr? Das war lupenreines Englisch und Josie ein fröhliches Kind. Aber natürlich auch ein ganz, ganz weiter Weg nach Oxford.

Sie drehte sich im Kreis, wiegte ihre bewindelten Hüften zum Bauchtanz und trällerte: »Shake my belly, shake my belly!«

Da wollte meine Freundin Caroline nichts dem Zufall überlassen. Wir tranken einen Kaffee auf der Terrasse ihres Hauses in der Chester Street, ein luxuriös ausgestattetes Townhaus, das sich sechs Etagen in die Höhe schraubte. Wir redeten über die teuren Schulen ihrer elfjährigen Zwillingssöhne. Zunächst hätte sie ihre Jungen nicht ins Internat geben wollen wie die meisten ihrer Freunde es tun. Jetzt sei eine gute Zeit, kurz vor der Pubertät. »Dann kommen die ganzen Probleme. Sie werden frech und aufsässig«, sie nahm sich noch ein Stück Kuchen, »aber im Internat weiß man wenigstens, was sie für Freunde haben und wo sie sich aufhalten. Und das Beste daran ist, dass sie sich aufs Wochenende mit ihren Eltern freuen.« Dankbar seien die Kinder dann, vor allem, wenn sie nicht jedes Wochenende nach Hause dürften.Ich war sprachlos. Caroline versuchte es erneut. »Ich weiß nicht, was du hast, früher mussten die Jungen schon mit acht Jahren aus dem Haus, das war vielleicht wirklich ein bisschen früh.«

Mit acht Jahren, das hörte ich nicht zum ersten Mal, endet auch heute noch für manchen englischen Jungen die Kindheit und das Familienleben. Da werden sie zu kleinen, gedrillten Erwachsenen erzogen, die lernen, keine Gefühle zu zeigen. Ich dachte an den Artikel in der *Times* über die Deutschen und den Fußball, und die Briten, die sich aus Trauer über die tote Diana das gestatteten, was sie sich sonst verwehren – den Gefühlen freien Lauf lassen.

Vielleicht macht es die Finanzkrise jetzt manchen Eltern schwerer, die kostspielige Abwesenheit ihrer Kinder zu finanzieren. Dadurch erblüht vielleicht aber auch auf den Trümmern der Krise ein neues englisches Familienleben …

Eurotrash und Londongrad

In Washington liegt die Residenz isoliert auf einem Hügel über Georgetown. Direkte Nachbarn gibt es nicht, auch keine Geschäfte, nur den Supermarkt Safeway und den CVS-Drugstore auf dem MacArthur Boulevard.

In London aber saßen wir mittendrin. Wenige Gehminuten vom Belgrave Square liegen die Nobelkaufhäuser Harrods und Harvey Nichols. Wer die Sloane Street in Richtung Süden weitergeht, stößt auf den Sloane Square und auf die davon abgehende Kings Road mit ihren eleganten, hippen Boutiquen, Restaurants und Bistros. Noch näher, sozusagen im Hinterhof der Botschaft, verläuft die Motcomb Street. Drei exquisite Friseure teilen sich dort ganz entspannt die mondäne Kundschaft. Es gibt feine Antiquitäten, exklusive Badezimmeraccessoires und einen Damencouturier. An der Ecke verkauft Christian Louboutin Damenschuhe für mindestens 300 Pfund das Paar; eine absolute No-go-Area für die Frau eines deutschen Beamten. Die einzigen Geschäfte auf der Motcomb, die für Normalsterbliche gefahrlos zu betreten waren, waren der schon erwähnte Starbucks und der Supermarkt Waitrose.

In den ersten Tagen gönnten Wolfgang und ich uns, nachdem wir die ersten Joggingrunden im Hydepark gedreht hatten, oft einen kleinen Abstecher in die Welt des Konsums. Rocky wurde ans Eisengitter geleint, und wir betraten das Paradies. Es gab nichts, was es nicht gab. In der Gemüsetheke war nichts in Plastik eingeschweißt, alles wirkte wie frisch vom »farmers market«: Berge von prallen Tomaten, Bündel Brunnenkresse und blankgeputzter Feldsalat. Und das überbordende Angebot von frischen Kräutern – meine Schwäche – übertraf alles, was ich je gesehen hatte. Verkäufer in grün gestreifter Uniform und Strohhüten polierten nebenan die Äpfel oder fragten, ob sie behilflich sein konnten. Beim Anblick der indischen und thailändischen Köstlichkeiten im

Frischeregal lief mir das Wasser im Mund zusammen. Zu groß war der Gegensatz zum Supersize-Angebot der Washingtoner Supermärkte, die mehr auf Masse setzten denn auf Klasse. Hier spiegelte das Sortiment die ganze Vielfalt des Commonwealth wider. Beim Heat-up-Tandoori-Chicken und der Ready-made-Thai-Soup schlug auch ich regelmäßig zu, und mein Mann verlangte unablässig Nachschub.

Inzwischen hatte das Magazin *Tatler* unseren Waitrose als »Society Waitrose« geoutet, die feinen Karossen, die Bentleys und die Rolls Royces vor dem Eingang gezählt und ein »Who is Who« der exklusiven Kundschaft abgedruckt. Wer dort einkaufe, so hieß es in dem Blatt, »has to dress up, not down«. Ein absolutes »no-no« sei aber, noch schnell vor Ladenschluss im Trainingsanzug hereinzustürzen, um ein Fertiggericht zu kaufen. Der Griff zur Warm-up-Soup enttarne den einsamen Stubenhocker …

Dieser Teil von London gilt als teuerstes Pflaster Europas. In den letzten 20 Jahren hat sich in South Kensington, Belgravia oder Notting Hill ein internationaler Geldjetset eingenistet, zu dem norwegisch-italienische, deutsch-schweizerische Paare genauso gehören wie russische Oligarchen, französische Investmentbanker oder griechische Prinzessinnen.

Sie alle haben London zu ihrer Heimat erkoren, zeitweise oder für immer. So folgten Einwanderer aus vielen Teilen der Welt, aber auch vom Kontinent, zu Tausenden dem Ruf des Geldes oder anderen Verheißungen und landeten an der Themse: Ungefähr 70 000 Deutsche lebten zumindest bis zur Finanzkrise in London. Bessere Berufschancen spielten eine Rolle, aber auch das britische Steuersystem, das – vermögende – Ausländer lange Zeit zumindest steuerlich sehr schonte.

Viele der Neuzugänge haben sich mit der Zeit immer mehr an die Lebensweise der britischen Oberschicht angepasst – nicht nur bei der Wahl der Schule. Die, die es sich leisten können, fahren am Wochenende aufs Land, schwärmen von der Moorhuhnjagd und ruckeln auch wochentags mit dem Geländewagen, dem »Chelsea tractor«, über die Kings Road. Ganz so wie die Landed Gentry, deren Lebensweise schon für einheimische Aufsteiger als erstrebenswert gilt.

Die Superreichen haben Geld und geben es aus, kaufen Kaufhäuser, Hotels und Fußballclubs. Wie sehr sie sich auch anstrengen, die richtigen Briten haben doch nur einen Namen für sie: Eurotrash – doch ohne Eurotrash nun mal kein Eurocash. Aber nicht nur Euro oder Dollar, auch der Rubel rollte in großen Mengen nach London und mit ihm die Russen. Ihr bevorzugtes Revier ist ebenfalls Belgravia. Auf dem Spielplatz im eingezäunten, privaten Belgrave Garden wird mehr Russisch gesprochen als Englisch. Unser ukrainisches Au-pair-Mädchen Masha erschloss uns ganz beiläufig die Welt der Oligarchen. Am Rande des Sandkastens lernte sie Sofia kennen, eine russische Nanny. Durch sie traf Josie die gleichaltrige Nastja. Die Kinder konnten zwar kein einziges Wort miteinander wechseln, dafür aber Tag um Tag wunderschöne Sandkuchen backen. Irgendwann waren Josie und Masha zum Playdate im Elternhaus der kleinen Russin verabredet, wenige Hundert Meter von der Botschaft entfernt.

»Mami, die Nastja wohnt im Aquarium!«, schwärmte Josie hinterher. Ich schaute Masha fragend an. Ihr fehlten die Worte, um das extravagante Wohnambiente der russischen Nachbarn angemessen zu beschreiben. Ich solle mir das selber einmal ansehen. So holte ich eines Tages mein Kind vom Spielen ab und betrat eine Welt, wie ich sie sonst auch in London nur selten gesehen habe. Eine Flucht von großzügigen Salons, die in Gold, Silber und Kristall schwelgten. Schwere Brokatvorhänge neben Designermöbeln, Samoware, alte Meister neben jungen Wilden. Star-Designer Nicky Haslam hatte Katja beim Dekorieren über die Schulter geschaut. Als ich vom Jagdzimmer in die Küche wollte, blieb mir fast das Herz stehen. Vor mir war ein Loch und darin saß meine Tochter. Die Küche hatte keinen Fußboden und das Spielzimmer keine Decke. Da wo der Boden hätte sein sollen, gab eine dicke Glasplatte den Blick frei in das Zimmer darunter. Dort befreiten Josie und Nastja gerade sämtliche Puppen von ihrer Kleidung und klebten Pflaster auf die nackten Plastikkörper. »Wir fanden das praktisch, so können wir sie immer sehen«, flötete Katja. Ich malte mir später aus, was die Kleinen erst alles sehen, wenn oben weibliche Gäste im Kleid unterwegs sind. Wir ließen die beiden in ihrem Aquarium weiterspielen und gingen zurück in den Salon, wo die Dame des Hauses kleine Kaviarhäppchen anbot. Später kam die ganze Familie zur Weihnachtsfeier in die Botschaft.

Als ich im September 2009 für eine kurze Stippvisite aus Berlin nach London kam, fiel mir bei Waterstone's ein Buch in die Hände. Es heißt *Londongrad. From Russia With Cash* und handelt von Oligarchen und ihren Beziehungen nach Moskau. Im Index finde ich Ruslan und Katja und weiter vorne alle Antworten auf das, was ich nie zu fragen gewagt hatte.

Russische Spione, Plutonium und der Besuch von Frau Merkel

Es gibt verschiedene Arten von »expatriate«-Russen in London. Einerseits solche, die sich als Teil eines internationalen Jetsets im Scheinwerferlicht bewegen, als seien sie dort hineingeboren. Dann gibt es eine Grauzone mit Spionen und Ex-Spionen, Informanten, Geschäftsleuten und Figuren zweifelhaften Rufs, von deren Existenz man erst dann erfährt, wenn einer stirbt. Wie bei dem in London lebenden Russen Alexander Litwinenko, der Ende November 2006 ermordet wurde. Die Vergiftung des Ex-Spions durch Plutonium führte zu ernsthaften diplomatischen Problemen zwischen London und Moskau – und hätte beinahe die Gesundheit der deutschen Kanzlerin bedroht.

Anfang November hatten wir Besuch aus Deutschland, eine Familie aus München mit zwei fußballbegeisterten Söhnen. Am 1. November spielte Arsenal gegen Moskau im Emirates Stadion, Nordlondon. Jens Lehmann sollte im Tor stehen, und so wurden für das Spiel Karten gekauft. Ich sollte die Gruppe begleiten. Auch Evelyn Chipperfield und ihre Kinder waren mit von der Partie. Neben uns in den Rängen johlte eine Gruppe Russen. Verwegene Gestalten mit dichten Schnauzbärten, warmen Pelzmützen und einer Menge Wodka. Sie brüllten so laut, dass wir uns weiter nach hinten unters Dach verzogen. Nach dem Abpfiff traten wir den Heimweg an, unsere Gäste gingen früh ins Bett.

Für den nächsten Tag hatte sich hoher Besuch aus Deutschland angekündigt, denn Bundeskanzlerin Angela Merkel und ihr Mann hatten sich am 3. November zum Abendessen mit dem Ehepaar Blair verabredet und würden die Nacht in der Botschaftsresidenz verbringen. Für solche Fälle gab es in der Londoner Botschaft – anders als in Washington – separate Gästewohnungen. Die Botschaft stand Kopf. Schon Tage zuvor wurden Blumenvasen treppauf und treppab getragen, Sicherheitsleute mit Knopf im Ohr inspizierten die hintersten Winkel. Am Abend warteten das gesamte Residenzpersonal und ein Heer von Botschaftsangestellten auf das Eintreffen der hohen Gäste.

Am nächsten Morgen um 9 Uhr trafen wir uns zu viert zum Frühstück im Musiksalon, die Ehepaare Merkel/Sauer und Falke/Ischinger. Ich kannte Angela Merkel aus meiner journalistischen Anfangszeit in Bonn und Berlin, in der ich zahlreiche Interviews mit ihr geführt hatte. In Washington hatte ich als Teilnehmerin einer Podiumsdiskussion einmal versucht, ihr Erfolgsgeheimnis zu ergründen. Und während unserer Zeit am Potomac war sie mehrfach zu Besuch gewesen, als CDU-Chefin und dann im Januar 2006 als Bundeskanzlerin.

Nach Gerhard Schröder, der bei der Bush-Administration in Ungnade gefallen war, wurde nun die ostdeutsche Kanzlerin von allen bestaunt und stürmisch gefeiert. George W. Bush, das hat er meinem Mann später erzählt, war unter anderem so sehr von ihr beeindruckt, weil sie so interessant vom Leben in der kommunistischen DDR berichten konnte.

Angela Merkel kam zu einer Zeit nach London, in der die Briten von ihrem Premierminister Blair ernüchtert waren. Ihrem politischen Führer hatten die engen Beziehungen zu George W. Bush und zu Amerika kein Glück gebracht. An diesem Morgen beim Frühstück war sie aufgeräumt und gut gelaunt nach dem netten Abend mit den Blairs. Professor Sauer wurde richtig lebhaft, als wir über die Ursachen des Rechtsradikalismus in Ostdeutschland sprachen. Ich erzählte vom Fußballspiel – nicht ahnend, was für eine schicksalhafte Verknüpfung sich später daraus ergeben würde.

Draußen an der Tür hörte ich ein »Maaaami?«, woraufhin Ezio Josie reinließ. Die Bundeskanzlerin wollte die Kleine auf den Arm nehmen, doch das Kind zappelte und schrie. Das änderte sich leider auch nicht, als Ezio von uns allen ein Familienfoto mit Kanzlerin aufnahm. Erst nachdem Frau Merkel und Herr Sauer auf dem Weg zum Aufzug waren, schickte Josie ein »Merkel ist lieb!« hinterher. Da hatte sich die Tür aber schon geschlossen.

Nachdem die Kanzlerin abgereist war, entfaltete sich der Skandal um die Plutoniumvergiftung Litwinenkos und hielt die ganze Stadt in Atem. Es stellte sich heraus, dass alle (Gift-)Spuren zurück zu unserem Abend im Stadion führten. Der Verdacht konzentrierte sich auf eine Gruppe russischer Fußballfans mit Pelzmützen, die aus Moskau angereist waren, um sich das Spiel anzusehen. Unser Spiel! Noch schlimmer: unsere Russen! Tatsächlich hatte man im Stadion auf ihren Plätzen Reste des tödlichen Plutoniums entdeckt, dicht neben unserer Loge. Waren wir verseucht? Ich, mein Kind, vielleicht dadurch auch die Residenz und die Kanzlerin? Die Aufregung war erheblich. Die Medien wiegelten ab, für die Öffentlichkeit bestehe keine Gefahr. Der Vertrauensarzt der Botschaft gab Entwarnung. Gott sei Dank!

Die Beziehungen zwischen London und Moskau waren wortwörtlich vergiftet und hatten einen Austausch von Feindseligkeiten zur Folge, die sich Ian Flemming kaum besser hätte ausdenken können. Die Amerikanerin Selwa »Lucky« Roosevelt, früher Protokollchefin im Weißen Haus, deren Mann als CIA-Offizier Anfang der 60er Jahre in London stationiert war, war es auch aufgefallen, das »British upper-class soviet spy syndrom«.

Kein Wunder, dass Angela Merkels Auftreten ein paar Monate später beim EU-Russlandgipfel gegenüber den Russen in London gut ankam. Der Journalist Thomas Kielinger fasste die britischen Reaktionen in der *Welt* so zusammen: »Ihr unerschrockenes Auftreten gegenüber Wladimir Putin beim jüngsten Zusammentreffen im russischen Samara wurde mit respektvollem Staunen quittiert. Endlich eine EU-Persönlichkeit, die dem Kreml-Herrscher reinen Wein einschenkt über unsere Bedenken in Bezug auf seine autoritäre Politik ...«

In der Washingtoner Presse wurde die Berlin Bar, ein Projekt von Jutta Falke-Ischinger, hochgelobt. Die Frau des deutschen Botschafters machte den Botschaftskeller zu einem In-Spot für Nachtschwärmer.

Honeymoon in Wyoming im Sommer 2002: einer von wenigen ungestörten Augenblicken des frisch getrauten Paars

Früh übt sich: Baby Josie macht kurz nach der Geburt im Jahr 2004 ihr Debüt auf dem diplomatischen Parkett, um sogleich wieder in ihr Bettchen zu verschwinden.

Die Macht des Augenblicks: Wenige Monate nach Wolfgangs Amtsantritt trafen die Ischingers den charismatischen Bill Clinton in Little Rock, Arkansas, anlässlich eines Jubiläums der Fulbrightstiftung.

Oben: Teatime im Weißen Haus: Jutta Falke-Ischinger und Botschafter Wolfgang Ischinger sind zu Gast bei Laura Bush anlässlich des Besuchs von Herzog Franz von Bayern im Oktober 2003.
Unten: Familienfoto mit Kanzlerin und ihrem Mann Joachim Sauer im November 2006. Josie war sich des denkwürdigen Augenblicks nicht bewusst und wollte lieber spielen.

Oben: Im Dezember 2007 in der Residenz der Botschaft London bei der Weihnachtsfeier für alle Mitarbeiter der Botschaft und ihre Familienangehörigen.
Unten: Wolfgang Ischinger, Außenminister David Miliband und Jutta Falke-Ischinger beim zehnjährigen Jubiläum des »Center For European Reform« im Februar 2008.

Oben: Charles erweist sich in der Residenz London regelrecht als »prince charming«.
Unten: Vor der Audienz bei der Queen: Die Pferde des königlichen Fuhrparks bekommen nach geleisteter Arbeit Streicheleinheiten und Zuckerstückchen von den transportierten Gästen.

In der Residenz London, 2006: Josie bestaunt ihre Eltern, die sogleich mit der Kutsche zum Antrittsbesuch bei der Queen in den Buckingham Palace fahren werden.

Nussknacker

Was für New York die Steubenparade ist, das ist in London der Nussknackerball. Auch wenn der Vergleich ein bisschen hinkt – das von der British-German Association (BGA) stets im November organisierte Fundraising-Ereignis zugunsten des Jugendaustauschs gilt als Highlight im Kalender der deutsch-britischen Community. Und die ist in London sehr aktiv. Eine Unzahl von bilateralen Vereinigungen und Institutionen widmen sich auf unterschiedlichen Ebenen den bilateralen Beziehungen zwischen Deutschland und Großbritannien. Es gibt zahlreiche private Initiativen, akademische Institute oder staatlich unterstützte Programme. Um die Business-Community kümmert sich die deutsch-britische Industrie- und Handelskammer.

Alteingeführt ist die Königswinter Conference der Deutsch-Britischen Gesellschaft, die schon seit 1950 regelmäßig Deutsche und Briten zusammenbringt. Während meiner Journalistenzeit hatte ich einige Male an diesen Treffen teilgenommen. Auch die BGA gibt es seit mehr als 50 Jahren. Sie organisiert kulturelle Veranstaltungen, fördert den Schüleraustausch, setzt sich für mehr Deutschunterricht in britischen Schulen ein – und organisiert schießlich auch den Nussknackerball.

Kurz nach unserer Ankunft in London im Frühjahr 2006 suchte mich eine Abordnung der British-German Association auf, um mir die Schirmherrschaft des diesjährigen Balls anzubieten. Ich sagte gerne zu, nicht ahnend, dass ich einige Monate später ohne meinen dann im Ausland weilenden Ehemann zu dem Ball würde gehen müssen. Eine Begrüßungsrede, hatten sie mir erklärt, gehöre dabei zu den Pflichten einer Schirmherrin. Am Tag des Balls wachte ich mit Gliederschmerzen und Heiserkeit auf. Mein Kopf glühte. »Ich glaube, ich habe Fieber«, krächzte ich in Richtung meines Mannes, der schon fast auf dem Weg zum Flughafen war. »Wahrscheinlich Lampenfieber!«, lachte er schadenfroh.

Stunden später machte ich mich, schwer gedopt mit Grippemedikamenten, auf den Weg zum Ballsaal im Grosvenor House in der Park Lane. Hans-Henning Blomeyer, Stellvertreter des Botschafters, war mit von der Partie. Die BGA ist in der Hand der Watsons. Lord Watson, der auch Co-Vorsitzender von Königswinter ist, ist ihr Präsident, sein Sohn Stephen der Direktor.

An meinem Tisch sitzt auch Quentin Davis, ein von den Tories zu Labour übergetretener Parlamentsabgeordneter, inzwischen zum Unterstaatssekretär befördert. Er erinnert mich ein bisschen an Jack Nicholson. Ein Tusch und noch einer, die Scheinwerfer flackern unruhig durch den Saal und finden mich. Unter den Augen von 600 Nussknackern erhebe ich mich, spreche meine Begrüßungssätze und sinke ermattet auf den Stuhl zurück. Mir ist schwindelig und kalt. »Jack Nicholson« meint, durchs Tanzen würde mir wieder warm werden. Während ich mich an ihn klammere, um nicht umzukippen, schallt es aus den Lautsprecher: »Und wir danken der Frau des Botschafters, die sich bereit erklärt hat, für unsere Tombola die Glücksfee zu sein und die Lose zu ziehen.« Das hatte ich versprochen? Es würde anscheinend eine lange Nacht werden …

Mir ist schwindelig und kalt. »Jack Nicholson« meint, durchs Tanzen würde mir warm werden

Viele der Deutschen, mit denen ich an dem Abend sprach, wohnten in Richmond, im Südwesten Londons, wo die deutsche Schule steht und wo es auch eine Tchibofiliale gebe, wie mir stolz eine ältere Dame erklärte. Auf der Stadtkarte von London gibt es überall Flecken, wo über die Jahrhunderte hinweg deutsche Einwanderer ihre Zentren und Kirchen gebaut haben. Ich erzählte in der Runde, wie ich vor über 20 Jahren als Studentin nach London gekommen war und erst einmal in einem katholischen, deutschen Gästehaus in Whitechapel Unterschlupf gefunden hatte. Die Kirche St. Bonifatius war 1960 wiedereröffnet worden, nachdem die alte Kirche im Krieg zerstört worden war. In Whitechapel gibt es – mit kriegsbedingten Unterbrechungen – seit 1875 eine deutschsprachige katholische Kirche.

»Die Gegend dort unten im East End war wegen der Nähe zum Hafen bei deutschen Einwanderern beliebt«, schaltet sich da ein anderer Ballgast ein. »Um 1900 lebten in London schon

Tausende von Künstlern, Arbeitern und Kaufleuten.« Wer er sich leisten konnte, zog allerdings so schnell wie möglich weg aus solchen Vierteln wie Whitechapel, wo einst Jack the Ripper sein Unwesen getrieben hatte. Selbst ich hatte damals in den 80er Jahren die erste Chance genutzt, der Gegend den Rücken zu kehren. Der kleine Park, der vor dem Wynfriedhaus lag, war für meinen Geschmack morgens zu oft mit Polizeiklebeband abgesperrt gewesen. Als die Nussknacker schließlich weit nach Mitternacht zur Tombola schritten und die Glücksfee auf die Bühne riefen, muss ich ausgesehen haben, als sei ich »Jack the Ripper« gerade von der Schippe gesprungen – so elend fühlte ich mich.

»Ohne Uniform sehen die Deutschen noch schlechter aus«

Anders als unser Domizil in Washington ist die Londoner Residenz mit Möbeln und Kunstwerken prall gefüllt. Da finden sich opulente Kronleuchter, flämische Gobelins, antike Messingteller, Barockkommoden, Sofas und Divane im Stil von Louis XVI., Kommoden aus dem späten 17. Jahrhundert, Nymphenburger Porzellan, zwei Canalettos und Jagdszenen von Riedinger. Im ersten Stock hängen Porträts von George III. und Queen Charlotte: »zur Betonung des englisch-hannoveranischen Themas«, wie meine Freundin Lady Aldington in ihrem Buch über die Residenz festhält. Und tatsächlich hat Prinz Ernst August von Hannover der Botschaft großzügigerweise mehrere Leihgaben überlassen.

In Washington gewährt das Residenzgebäude der Deutschen Botschaft allenfalls Einblicke in die zeitgenössische Bau- und Denkweise ihres Schöpfers Oswald Mathias Ungers. In London aber erzählt jedes Bild, jede Statue und jedes Möbel eine Geschichte aus einer Epoche deutscher und europäischer Kunstgeschichte. Ein Leben ist das wie im Museum, von Geschichte umhüllt. Eines meiner Lieblingsstücke, in dem sich deutsche und englische Elemente vereinen, ist das Gemälde *Westminster Abbey* von Max Ainmiller, das unten in der Halle gleich gegenüber dem Treppenhaus hing. Leider nur kurz. Denn wenige Monate nach unserer Ankunft wurde die bayerische Leihgabe abgehängt und zur Restaurierung nach Deutschland geschickt.

Eine Rarität für alle, die gern historische Rätsel lösen, hängt im ersten Stock. Das Gemälde *The Battle of Blenheim* zeigt die Schlacht aus dem Spanischen Erbfolgekrieg, bei dem die Allianz zwischen England und Habsburg die französisch-bayerischen Truppen besiegte. König Wilhelm von Preußen, der spätere Kaiser Wilhelm I., gilt als Auftraggeber dieses Bildes, in das die Preußen nachträglich »hineingepinselt« worden waren, und das obwohl sie bei der Schlacht selbst gar nicht dabei gewesen waren. »The

Prussians sexed it up«, bemerkte einmal ein Vorgänger Wolfgangs. Erfolgreicher Kriegsherr auf englischer Seite war damals übrigens John Churchill, Duke of Marlborough, der als Geschenk für seine Verdienste das Stück Land bekam, auf dem später der monumentale Blenheim Palace errichtet wurde. Blenheim war auch der Geburtsort von Winston Churchill. Noch heute wohnen die Marlboroughs dort. Als der deutsche Kaiser Wilhelm II. einmal zu Gast bei seiner Großmutter Königin Victoria in Windsor war, stattete er im Jahr 1899 auch Blenheim einen Besuch ab. Auf den versammelten englischen Hochadel, darunter Wilhelms Onkel, den Prinzen of Wales, machte der Preuße offenbar wenig Eindruck, so jedenfalls beschreibt es die damalige Herzogin, eine gebürtige Amerikanerin, in ihren Erinnerungen: »Er hatte noch nicht mal seine Uniform an. Und ohne Uniform sehen die Deutschen noch schlechter aus.« Damals ahnte wohl kaum jemand, dass das kommende Jahrhundert mehr Deutsche in Uniform bringen würde, als dem Rest der Welt lieb sein konnte …

Auch mit diesem Erbe musste sich die Deutsche Botschaft London auseinandersetzen. Der lange, tunnelartige Flur mit grauem Filzteppich, der Residenz und Botschaft verbindet, hat nicht viel zu bieten, außer der Wanddekoration: Da prangen nicht etwa Hannoveraner wie im Treppenaufgang nebenan, sondern da ist die Ahnengalerie der früheren Botschafter zu besichtigen. Echte Mannsbilder, die meisten. Je weiter die Zeit zurücklag, desto beeindruckender Namen und Gewand. Von Fürst von Lichnowsky, dem letzten kaiserlichen Botschafter, stammt der Schreibtisch des Botschafters, den seine Nachfolger bis heute nutzen.

Karl-Günther von Haase, Vertreter Deutschlands an der Themse zwischen 1970 und 1977, bemerkte zum Aufmarsch seiner Vorgänger, »dass die deutschen Gesandten in London seit Gründung des Deutschen Reichs vor 120 Jahren nicht weniger als acht Mal verschiedenen territorialem und staatsrechtlichem Status unterworfen waren. Diese waren das kaiserliche Deutsche Reich, die Weimarer Republik, das Deutsche und Großdeutsche Reich der Nationalsozialisten, die alliiert-besetzte Bundesrepublik, die souveräne Bundesrepublik und die Deutsche Demokratische Republik und zuletzt die wiedervereinigte Bundesrepublik Deutschland«.

Schon in unserem ersten Sommer in London ergab sich eine Gewissensfrage: Gehören Botschafter mit zweifelhafter nationalsozialistischer Vergangenheit in diese Ahnengalerie oder nicht? Strittig war der Fall des Konstantin von Neurath, von 1930 bis 1932 deutscher Botschafter in England, danach Außenminister. Von 1938 bis 1941 war von Neurath Reichsprotektor von Böhmen und Mähren und wurde später in Nürnberg verurteilt. Ein Journalist des *Spiegel* hatte sich des Themas angenommen und in London nachgefragt: Wie würde der Botschafter hier entscheiden? Als wir in London angekommen waren, hing das Porträt in einer Reihe mit seinen Kollegen an der Wand. Sollte man ihn nun einfach abhängen und im Keller verstecken? Und damit das Dritte Reich ausblenden? Wolfgang war klar, dass hier ein Weg gefunden werden musste, der Deutschen und Briten vermittelbar war. Eine klare Weisung aus Berlin zu dieser Frage blieb aus. Er entschied dann, das Bild zwar hängen zu lassen, aber in Zusammenarbeit mit dem Deutschen Historischen Institut in London und dem Politischen Archiv des Auswärtigen Amtes sämtliche Bilder der Ahnengalerie mit ausführlichen biographischen Hinweisen versehen zu lassen – und so findet sich jetzt bei Neuraths Porträt der Hinweis auf die Verurteilung im Nürnberger Kriegsverbrecherprozess. Diese Entscheidung wurde dann auch allseits als Versuch akzeptiert, Transparenz im Umgang mit der Geschichte herzustellen.

Sollte man Neurath nun einfach abhängen und im Keller verstecken?

Ganz konsequent im Sinne historischer Vollständigkeit und Transparenz war man dann aber doch nicht: das Porträt von Joachim von Ribbentrop, der 1936 Botschafter des Dritten Reiches in London, später Hitlers Außenminister war und dann in Nürnberg hingerichtet wurde, war offenbar irgendwann in der Nachkriegszeit entsorgt worden. Niemand widersprach, als Wolfgang sich auf das Argument zurückzog, von ihm habe man kein Bild. Auch mit den anderen Spuren Ribbentrop'schen Wirkens in London braucht sich die Deutsche Botschaft nicht mehr direkt auseinanderzusetzen: Ribbentrop hatte, wie sein Vorvorgänger Neurath auch, noch in der früheren preußischen Gesandtschaft und späteren Botschaft des Deutschen Reichs an der Carlton

House Terrace residiert. Die Renovierung der Residenzräume kurz vor dem Zweiten Weltkrieg hatte Albert Speer persönlich geleitet, der das Gebäude als Demonstration des Machtanspruchs Hitlers konzipierte. Zum Glück – so pflegte Wolfgang dies unseren Besuchern zu erläutern – wurde die Botschaft nach dem Krieg den Deutschen nicht zurückgegeben, sondern vom britischen Staat beansprucht. Heute genießt die britische Royal Society den Marmor- und Säulenprunk aus der Nazizeit, ohne viel Federlesens um dessen Geschichte zu machen.

Im Flur vor dem Botschafterbüro in Washington hingen im Übrigen nur die Porträts der Botschafter nach 1949. Dadurch ersparte man sich wohl manch schwierige Entscheidung. Mit Stolz hingegen blickt nicht nur die Botschaft Washington, sondern der gesamte Auswärtige Dienst auf Friedrich Wilhelm von Prittwitz und Gaffron, Botschafter in Washington von 1928 bis 1933. Er hatte als einziger deutscher Botschafter aus Protest gegen die Machtergreifung der Nazis seinen Dienst quittiert. Während unserer Zeit wurde der Konferenzraum der Deutschen Botschaft London nach dem Diplomaten benannt, und an der Wand hängt sein Entlassungsgesuch aus dem Frühjahr 1933.

An die Couragierten erinnern, unbedingt, und bei den schwierigeren Fällen unserer Vergangenheit, gilt da der Mut zur Lücke oder die Verpflichtung zur Vollständigkeit? Den Königsweg gibt es wohl nicht – vielleicht ist hier wie anderswo der offene Umgang mit dem Problem ebenso wichtig wie eine endgültige Antwort.

Mein Schwiegervater und der Doppelagent

Ein ähnliches Thema drängte sich bald von ganz unerwarteter Seite in unser Leben. Ein Stück deutsch-britische Vergangenheit, eng mit der Gegenwart verknüpft. Im Mittelpunkt dieser Vorgänge sollte der deutsche Botschafter selbst stehen, genauer gesagt sein Vater Charly.

Es war im Frühling 2007, als mein Mann und ich die Kings Road entlangschlenderten. Wir wollten zum Buchladen Waterstone's. Als ich gerade für Josie *Katie goes to London* in den Korb gelegt hatte, hörte ich Wolfgang: »Das ist ja unglaublich! Komm mal her!« Wolfgang hatte ein Buch in der Hand, auf dessen Einband ein gut aussehender Mann mit Spitzbärtchen prangte, darüber stand »Agent Zig-Zag« von Ben Macintyre.

»Und?«, fragte ich.

»Das ist Eddie Chapman, der Doppelagent. Charly hat oft von ihm erzählt. Er hat ihn mit dem Fallschirm 1942 über England abgesetzt.«

Charly war mein Schwiegervater. Er hatte soeben seinen 97. Geburtstag gefeiert und sah, was wir damals noch nicht wussten, seinem letzten Lebensjahr entgegen. Ein erfülltes Leben lag hinter ihm. Charly war im Zweiten Weltkrieg Einsätze über England geflogen. Das allein, befürchtete ich, war für die Briten wahrscheinlich schon Skandal genug. Karl Ischinger warf allerdings selbst keine Bomben ab, sondern war Angehöriger einer Fernaufklärerstaffel, die potenzielle strategische Ziele fotografierte: Fabriken, Waffenlager. Stets hatte mein Schwiegervater von Eddie Chapman erzählt, dem charismatischen Engländer, der zu den Deutschen übergelaufen war und angeboten hatte, für sie Spionage in England zu betreiben.

Wie oft hatte Wolfgang von seinem Vater die Geschichten aus dem Flugzeug gehört, von Nächten zwischen Himmel und Erde voller Einsamkeit und Angst. Geschichten vom Krieg eben, von

Flügen über England. Eddie Chapman war für Wolfgang die Figur aus den Geschichten seines Vaters.

Die Hintergründe waren in Wahrheit ganz anders, als die Deutschen damals dachten. Eddie war Doppelagent, die Deutschen hatte er gehörig an der Nase herumgeführt. Er war ein listiger Gauner, Casanova und Panzerknacker und büßte gerade eine Gefängnisstrafe auf Jersey ab, als die Deutschen die Kanalinseln besetzten. Eddie bot ihnen seine Dienste an. Die Deutschen nahmen an, Chapman wurde in Frankreich ausgebildet. Charly Ischinger und sein Crewkamerad Fritz Schlichting setzten ihn dann 1942 mit dem Fallschirm über England ab, wo er Sabotageakte durchführen sollte.

Die Briten taten das ihre, um die Deutschen glauben zu lassen, die Flugzeugfabrik bei London habe Chapman erfolgreich in Brand gesetzt. Clever wie er war, hatte sich der Doppelagent nebenbei gute Bedingungen für seine Dienste ausgehandelt: Das Geld, das er von den Deutschen kassiert hatte, durfte Eddie Chapman behalten. Und die Deutschen hatten ihrem vermeintlichen Helfer sogar das Eiserne Kreuz umgehängt, das er später gewinnbringend verhökerte. Sein britischer Codename kam der Wahrheit nahe: Zig-Zag. Chapman war eine schillernde Figur und ein Frauenheld, seine Abenteuer wurden 1966 mit Stars wie Romy Schneider, Trevor Howard, Gert Fröbe, Yul Brynner und Christopher Plummer verfilmt.

Böse konnte Chapman offenbar langfristig niemand sein. Es heißt, viele Jahre später sei sogar sein ehemaliger deutscher Führungsoffizier zur Hochzeit seiner Tochter gekommen.

Wolfgang hatte nun das Buch gekauft und es an einem Tag durchgelesen, Macintyre hatte aber offenbar nur britische und keine deutschen Quellen gehabt, sodass der deutsche Teil namenlos und schemenhaft blieb, mit falschen Namen und Orten.

Wir saßen in der Küche. Sollte er den Autor anrufen und ihm die fehlenden Puzzleteilchen zu der Geschichte liefern? Was, wenn ein Mediensturm losbrach, wenn bekannt würde, dass der Vater des deutschen Botschafters als Kriegsaufklärer über England geflogen war? Eine bessere Steilvorlage hätte man der *Sun* oder der *Daily Mail* nicht liefern können. Würden die deutsch-englischen

Beziehungen solche Enthüllungen verkraften? Wolfgang war von solchen Überlegungen nicht aus der Ruhe zu bringen. »Das müssen die Beziehungen aushalten!«

Macintyre, hauptberuflich Redakteur der Londoner *Times*, fing sofort Feuer: Etwas Besseres hätte ihm nicht passieren können. Er fuhr nach Deutschland. Wolfgang arrangierte für ihn ein Treffen mit seinem Vater und dessen Bordkameraden Schlichting und verglich altes und neues Material. Ein paar Wochen später erschien in der *Times* eine ganze Seite über die Vorgänge damals. Der Artikel begann mit den Worten: »Der Tag, an dem Chapman von den Toten auferstand«. Macintyre wollte die neuen Erkenntnisse auch in einer Neuauflage einfließen lassen, und so schrieb er in einem zusätzlichen Kapitel der neuen Paperbackausgabe von 2007: »Einige Zeit nach Veröffentlichung der ersten Auflage rief der deutsche Botschafter an. Er sagte, vielleicht sei es für mich interessant zu wissen, dass der Flugzeugführer der Maschine, die Eddie Chapman nach England flog, sein Vater war.« In der Neuauflage des Buches ist sogar ein Foto von Charly in Fliegermontur samt seines Eisernen Kreuzes 1. Klasse. Charly bekam das alles noch mit. Er war schon in den 70er Jahren von britischen Traditionsverbänden kontaktiert worden, mit denen er sich über Flugzeuge und Verwundungen ausgetauscht hatte. Die Feinde von damals hatten korrespondiert und sich gegenseitig besucht. In der Rückschau der Ereignisse und im fortgeschrittenen Alter hatten sich die ehemaligen Feinde besonnen, dass sie mehr verband als trennte.

Als er erfuhr, dass sein Sohn Botschafter in London werden würde, hatte der alte Herr gescherzt: »Ich besuch euch bald. Die Flugroute hab ich im Kopf.« Wenig später starb er. Wie durch ein Wunder blieben in Presse und Öffentlichkeit jegliche negative Reaktionen auf die Enthüllungen über den Vater des deutschen Botschafters aus. Der Agent Eddie Chapman war tatsächlich so viele Jahre nach dem Krieg in den Dienst einer dritten Macht geraten: der deutsch-britischen Versöhnung.

Wolfgang und ich konnten uns, allen Unkenrufen zum Trotz, während unserer Zeit in Großbritannien auch sonst nicht beklagen über deutschfeindliche Töne. Was nicht heißt, dass sich dies bei der nächsten Gelegenheit nicht wieder ändern könnte. Denn es ist einfach so: Ob in London, Washington oder sonstwo: Die deutsche Geschichte ist immer präsent. Sie klebt an uns wie ein Steckbrief an der Wand. Kaum ein Schritt des wiedervereinigten Landes, ob außen – oder innenpolitisch, kann vom Nationalsozialismus und dem, was er über die Welt gebracht hat, völlig losgelöst betrachtet werden. Wie halten wir es mit dem Asyl, der Einwanderungspolitik, mit dem Einsatz unseres Militärs, den Nachbarn, mit der Flagge – ja oder mit dem Fußball? So falsch die Vergangenheit, so richtig sind die sich daraus ergebenden Fragen.

Fritz Stern

Einer, der dieses Nachkriegsdeutschland zunächst kritisch, dann auch mit Wohlwollen betrachtete, ist Fritz Stern, Sohn einer jüdisch-deutschen Arztfamilie aus Breslau, die 1938 vor den Nazis nach Amerika floh. Fritz Stern, langjähriger Professor für Geschichte an der Columbia University, Träger des »Friedenspreises des Deutschen Buchhandels« und vieler anderer Auszeichnungen, ist geschätzter Gesprächspartner in den wichtigsten Zirkeln politischen und intellektuellen Austauschs überall in der Welt. Im November 2009, als Angela Merkel vor beiden Häusern des US-Kongresses sprach, erwähnte die deutsche Bundeskanzlerin ihre Begegnungen mit Professor Stern, den sie zu diesem historischen Auftritt nach Washington eingeladen hatte.

Wir Deutschen sehen in ihm den kritischen, aber auch großherzigen Mittler zwischen dem Deutschland von heute und der belasteten Vergangenheit, zwischen Europa und Amerika. Stern hatte vor vielen Jahren einmal geschrieben, dass sowohl die Amerikaner als auch die Deutschen ungewöhnlich begabt seien in der »Emotionalisierung« von Außenpolitik. Daran habe ich oft denken müssen im Hinblick auf die jüngsten Auseinandersetzungen zwischen Berlin und Washington über die Situation im Irak.

Fritz Stern und mein Mann kannten sich seit Beginn der 90er Jahre, als der Historiker mehrere Monate als Sonderberater des damaligen Botschafters Richard Holbrooke in Bonn verbracht hatte und Wolfgang als politischer Direktor im Auswärtigen Amt arbeitete. Als Wolfgang Fritz Sterns neues Buch *Fünf Deutschland und ein Leben* erstmals in den Händen hielt, stellte er erfreut fest, dass der von ihm so verehrte Fritz Stern ihn in seinem Buch herzlich als »Freund« bezeichnet hatte. Tatsächlich räsonierte Stern an besagter Stelle auch über den Unterschied zwischen deutschem und amerikanischem Freundschaftsbegriff, über Gesten und Anreden. Wolfgang und Fritz fanden in dieser Hinsicht ihre eigene

Form, mit der beide sehr zufrieden waren: Sie nannten sich beim Vornamen, benutzten aber das »Sie«.

Im März 2008 besuchten Fritz und seine Frau Elisabeth uns in London. In der Botschaft sollte er am Abend einen Vortrag über das Deutschland halten, das er, wie er sagte, nicht selbst kannte: das wilhelminische. Aber natürlich hatte der auf beiden Seiten des Atlantiks gefeierte Historiker bahnbrechende Bücher über diese Epoche verfasst, so über Bismarck und seinen Bankier Bleichröder. Vorab trafen wir uns zu einem kleinen Teestündchen im ersten Stock und sprachen über seine Annäherung an das Land seiner Vorfahren.

Viele längst verschüttet geglaubte Gefühle seien durch die Arbeit an seinem letzten Buch wieder in ihm hochgekommen, bekennt Fritz Stern. In den ersten Jahren nach 1938 und seiner Flucht aus Breslau nach Amerika habe er tiefste Abneigung gegen Deutschland empfunden. Diese Gefühle, erinnert er sich, hätten seine Wehmut nach Europa überlagert. Durch das Geschichtsstudium war er als junger Historiker wieder mit deutscher Vergangenheit in Kontakt gekommen, und dann auch mit der deutschen Gegenwart der 50er und 60er Jahre. Als er 1954 nach Berlin kam, war er, wie er auch in seinem jüngsten Buch schreibt, »auf vorauseilende Weise feindselig«; er hatte sich ununterbrochen die Frage gestellt, was sein jeweiliges Gegenüber wohl zehn Jahre zuvor getan hätte.

Die Gedenkfeier am zehnten Jahrestag des 20. Juli 1944 habe die Vorstellungen, die er bis dahin von Deutschland hatte, verändert. Stern schämte sich plötzlich »seines unterschiedslosen Hasses auf die Deutschen«. Seine Eltern und die Erinnerung an die alte Heimat, so sagt er, das wäre enttäuschte Liebe. »Für mich war es anscheinend leichter, den Hass zu überwinden«, rekapituliert er auch an diesem Nachmittag in London. Persönliche Freundschaften hätten ihm den Weg zu dem Nachkriegsdeutschland, das nach und nach aus den Trümmern erstand, erleichtert; »viele, die ein ähnliches Schicksal hatten wie wir, haben sich allerdings völlig losgesagt von Deutschland.«

Das hat er dankenswerterweise nicht getan. Überhaupt sollten wir Deutschen denen dankbar sein, die sich uns wieder zugewandt haben – Menschen auch wie Henry Kissinger, George Weidenfeld und viele weniger prominente Menschen, die zu Brückenbauern besonderer Art wurden.

Als erster ausländischer Staatsbürger hielt Fritz Stern am 17. Juni 1987 die Festrede zum westdeutschen Nationalfeiertag. Zwei Jahre später fiel die Mauer, und bei einer Konferenz in Chequers, Buckinghamshire bemühte sich Stern, der selbst vor den Nazis geflohen war, die Ängste der damaligen britischen Premierministerin Thatcher vor der deutschen Wiedervereinigung zu zerstreuen. Ein fast unmögliches Unterfangen, wie man inzwischen weiß. Dennoch: Ist es eigentlich bekannt zwischen Berlin und Düsseldorf, Dresden und München, dass die aus Deutschland stammenden Juden in der angelsächsischen Welt oftmals unsere beste und beharrlichste Lobby sind?

Die aus Deutschland stammenden Juden sind in der angelsächsischen Welt oftmals unsere beste Lobby

Fritz Stern hält dann bei uns in der Botschaft seinen Vortrag vor einem andächtigen und begeisterten Publikum aus deutschen und britischen Historikern sowie anderen Gästen der Botschaft. Bei dem anschließenden Empfang schüttelt er die Hände der »Fans«. Er trifft auf Judith Kerr, Kinderbuchautorin und Tochter von Alfred Kerr, dem berühmten Theaterkritiker, der ebenfalls mit seiner Familie aus Nazideutschland geflohen war und sich 1935 in England niedergelassen hatte. Einige Monate vor Sterns Vortrag war der Autorin von *Als Hitler das rosa Kaninchen stahl* das Bundesverdienstkreuz in unserer Botschaft verliehen worden. Zu diesem Anlass hatte ich Judith kennenlernen dürfen. Und nun stehen sich Fritz Stern und Judith Kerr gegenüber. Gehört hatte man schon viel übereinander, sich aber noch nie gesprochen. »Mein Vater stammt aus Breslau, wie ihre Familie …«, sagt Judith.

Meine Gedanken wandern: Breslau. Berlin. Dort begann vor mehr als 70 Jahren eine Reise, welche die halbe Welt umspannte, die Abgründe der deutschen Geschichte hinter sich ließ und die nun in London – ausgerechnet in der Deutschen Botschaft – zwei Menschen zusammenbrachte, die wahrscheinlich nicht mehr leben würden, wären sie in Deutschland geblieben. Da fragt mich Judith Kerr auch schon, ob ich wüsste, dass in Berlin eine Grundschule nach ihr benannt worden war. Wusste ich. Ja.

Nur, ob man auch mit dieser Art von Gedenken gegen das Vergessen ankommt? Das Meinungsforschungsinstitut Emnid hat 2007 Jugendliche in Deutschland befragt und festgestellt, dass 65 Prozent der 14- bis 18-Jährigen der Begriff »Holocaust« unbekannt ist. Selbst wenn es so sein sollte, dass in Deutschland (vielleicht nur) der Begriff nicht so geläufig ist wie im englischsprachigen Ausland – die Erinnerung an das schwärzeste Kapitel unserer Geschichte darf gerade bei den Jüngeren nicht verblassen.

»London Season«

Die Chelsea Flower Show, Royal Ascot und Wimbledon sind feste Bestandteile der Londoner »Season«. Dazu gehören auch die Royal Garden Partys, für die man allerdings keine Karten kaufen kann. Organisationen und Wohlfahrtsvereine schicken ihre Vorschläge zum Palast, der dann nach einem Quotierungssystem die Gästelisten zusammenstellt. 1860 veranstaltete Königin Victoria zum ersten Mal eine solche Party. Inzwischen werden drei pro Jahr gegeben.

Mitten im Weltmeisterschaftssommer 2006 waren wir zum ersten Mal eingeladen. Butler James chauffierte uns mit dem Dienstwagen zum Buckingham Palace. Die königlichen Garden geleiteten uns durch die zugigen Gänge zum Garten. Das Gras war gelbbraun, denn im Sommer 2006 herrschte Wasserknappheit wegen der großen Hitze in Südengland. Das Bewässern des eigenen Gartens war verboten, und natürlich ging der Palast mit gutem Beispiel voran. Die Gäste geben dem ausgedörrten Rasen an diesem Nachmittag den Rest. Einige suchen Zuflucht unter schattenspendenden Bäumen, andere zieht es in die weißen Zelte, in denen aus Samowaren Tee und Kaffee ausgeschenkt wird. Auf silbernen Tabletts liegen Berge von Lachs- und Gurkensandwiches, die dem Ansturm der Hungrigen kaum standhalten. Hände gestikulieren, dicke Goldarmreifen und Brillanten blitzen. Ein Gewimmel von schnatternden Menschen, die Damen in bunten Sommerkleidern und dezenten Hüten, die Herren im grauen »Morning Dress«: ein Anzug mit gestreifter Hose, Weste und Zylinder. Bei den Temperaturen war das reichlich viel Textil.

Wir fliehen zum Zelt des Diplomatischen Corps, das im Garten aufgestellt ist. Keine Sekunde zu früh. Schon erschallt der Tusch, und alle wenden sich der Treppe zu. Da stehen sie, Ihre Majestät Königin Elisabeth II., ihr Gemahl Prinz Philip sowie der Hofstaat. »God save our gracious Queen!«

Die Königin und ihr Tross bewegen sich über das Gelände, wobei Ihre Majestät Hände schüttelt, mit diesem oder jenem ein paar Sätze wechselt. Das Partyprotokoll folgt einer ausgeklügelten Dramaturgie, vor allem im Arrangement »zufälliger Begegnungen«. In Wahrheit wird der Zufall aus den Abläufen des königlichen Auftritts völlig verbannt. In Deutschland tun wir uns schwer im Umgang mit nationalen Symbolen und Würdenträgern. Manchmal gerät es zu zeremoniell, manchmal zu hemdsärmelig. Die Briten beherrschen dies mit einem ganz lockeren Unterton.

Wolfgang und ich plaudern seit ein paar Minuten angeregt mit dem russischen Botschafter und seiner Frau, als Anthony Figgis, im Royal Household zuständig für das Diplomatische Corps, auf uns zukommt. »Es kann sein«, eröffnete uns Sir Anthony feierlich, »dass Ihre Majestät mit Ihnen reden möchte. Wenn Sie mir bitte folgen wollen.« Er platziert uns am oberen Drittel des Roten Teppichs, der mitten durchs Zelt verläuft, dann führt er weitere Auserwählte zu strategisch wichtigen Plätzen. Ganz diskret geht er dabei vor, die weniger Privilegierten sollen von ihrem Unglück nichts mitbekommen. Hier also geht's zur Queen.

Hier also geht's zur Queen

Wir warten 20 Minuten. Dann erscheint die Royal Party. Prinz Charles und Camilla, Prinz Michael von Kent sowie weitere Verwandte. Im Ablaufplan hieß es, die Royal Party würde eine Teepause einlegen. Teepause? Was ich eher als protokollarische Randnotiz verstanden hatte, entpuppt sich nun als lebenserhaltende Maßnahme. Die Royal Party hat offenbar wirklich Hunger! Nachdem sie das Zelt betreten hat, verharrt Queen Elisabeth für eine Sekunde und nimmt das Angebot in Augenschein. Dann streift sie ihre weißen Stoffhandschuhe ab, deponiert sie auf einem Seitentischchen und greift zu Sandwiches und Kuchen. Anschließend leert sie eine Tasse Tee. Die anderen tun es ihr gleich – auch sie wirken völlig ausgehungert und halb verdurstet.

Eine skurrile Situation: Die Diplomaten stehen wie angewurzelt auf den ihnen zugewiesenen Plätzen und werden unfreiwillige Zeugen der königlichen Nahrungsaufnahme. Aber wo hätte man sonst hinschauen sollen? Neben uns flattert das weiße Gewand des Botschafters von Lesotho, auch er von königlichem Geblüt, wie er uns erklärte. Seine Frau stibitzt noch schnell ein Stückchen Kuchen. Die Queen ist ja schließlich auch noch bei der Teepause.

Weitere 20 Minuten später scheint Ihre Majestät offenbar gesättigt und blickt zum ersten Mal in die Runde. Dann legt sie, wie ein Chirurg, der sich für die OP bereit macht, ihre Handschuhe wieder an. Es kann losgehen. Noch ist Ihre Hoheit weit entfernt. Zwischen uns liegen mindestens 15 Meter. Wolfgang erinnert mich daran, wie wir vor einigen Jahren bei der Einweihung der neuen Britischen Botschaft in Berlin gleich neben dem Hotel Adlon mit Prinz Philip über das Stadtschloss geredet hatten. Irgendwo im Foyer des modernen Botschaftsgebäudes sagte der Duke of Edinburgh zu Wolfgang dann: »Meine Vettern, die Preußen, die waren ja gar nicht gerne in Berlin. Sie weilten lieber auf ihren Schlössern im Umland. Sie hatten keine Lust, inmitten ihrer ›subjects‹ zu wohnen – im Gegensatz zu uns. Wir leben im Buckingham Palace mittendrin.« Also inmitten der »subjects«, auf Deutsch: im Kreise der Untertanen!

Jetzt ist sie gleich bei uns. Ich knickse und erhebe meinen Blick.

»Wie haben Sie sich denn hier eingelebt – nach Washington?«, fragt die Queen und schaut mit flinkem Blick von einem zum anderen.

»Sehr gut«, geben wir artig zurück. Auf den Versuch, sie erneut in eine Fachsimpelei über die Reitweltmeisterschaft in Aachen und ihre siegreiche Enkelin zu verwickeln, geht sie nur kurz ein. Ihre Majestät lächelt milde, nickt und zieht zum Nächsten. Danach folgen die anderen Familienmitglieder, Prinz Philip, mit leicht abwesendem Blick, ein braungebrannter Charles spricht mit Wolfgang übers Skifahren: Experten unter sich. Camilla zeigt ein fröhliches, wettergegerbtes Lachen. Nachdem die Königin sich offiziell zurückgezogen hat, dürfen auch die Gäste gehen.

Adel in England: »Nothing has changed«

Meine deutsche Freundin Regine gehört zwar nicht zur königlichen Familie, doch hatte sie durch die Ehe mit Lord Bonnington (der Name wurde wegen Regines sensibler Verwandtschaft geändert. Aber es gibt sie!) wertvolle Einblicke in die Geheimnisse der englischen Aristokratie gewonnen. Auf meine Bitte hin, mich doch einzuweihen in die Welt und ihre Regularien, die für Außenseiter undurchschaubar scheinen, erreicht mich diese E-Mail:

Liebe Jutta,
nichts bereitet einen auf die vielen Fallstricke in der Begegnung mit dem englischen Adel vor. Du musst verstehen, wie durchlässig das System des Adels hier ist, sowohl die »Zugänge« wie auch die »Abgänge«. Der Monarch verleiht den Titel und ebnet so den Zugang. Abgänge entstehen dadurch, dass immer nur der älteste Sohn einen Familientitel erbt, und alle nachgeborenen Söhne leer ausgehen oder allenfalls auf Lebenszeit mit sogenannten »Junior Titles« ausgestattet werden. Dieses »Abrutschen« von zweitgeborenen Söhnen in die Bürgerlichkeit macht sie gewissermaßen zu Mitgliedern in einem Geheimclub. Erkennungszeichen ist da nur der titellose Familienname.

Das kann man am Beispiel unserer Familien sehen. Unser Familienname ist »Stephens«. Der Titelname ist »Bonnington«. Hätte Charles jüngere Brüder, so hießen sie nach wie vor Stephens, nur mit dem Titel »The Honourable« vor dem Namen. Diesen würde aber nur eine Generation tragen, dann ist Schluss, und man ist schlicht »Mister«.

Wenn Du das schon kompliziert findest, dann warte mal, wie das bei höherrangigen Adeligen, Dukes, Earls »and the like« läuft. Es gibt fünf Hierarchiestufen im englischen Adel. Diese sind, von oben nach unten: Duke, Marquess, Earl, Viscount, Baron. Da es in der Regel so ist, dass man über Generationen Schritt für Schritt im Rang aufsteigt, bedeutet das, dass nur ein Viscount zum Earl werden kann, nur ein Earl Marquess und so weiter. Das heißt logischerweise auch, dass jeder

Duke noch vier weitere Familientitel trägt, die seiner Ernennung zum Duke vorausgingen, jeder Marquess drei, der Earl noch zwei ... In den seltenen Fällen eines »Kickstarts« in eine obere Abteilung wird gleich die dazugehörige Anzahl von untergeordneten Titeln mitgeliefert.

Nehmen wir mal den Marquess of Salisbury. Ihm stünden also noch die Titel »Earl of Salisbury«, »Viscount Cranborne«, »Baron Gascoyne« und last but not least der Familienname »Cecil« zur Verfügung. Der Duke of Westminster ist: Marquess of Westminster, Earl Grosvenor, Viscount Belgrave, Baron Grosvenor und Sir Gerald Cavendish Grosvenor, Baronet (Bt.). Familienname: Grosvenor. Das ließe sich beliebig fortsetzen: Der Duke of Bedford heißt noch Earl Russell, Baron Ampthill, Baron de Clifford, und mit Familiennamen Russell. Noch ein Beispiel: Der Duke of Devonshire trägt die Titel Earl of Devonshire, Marquess of Hartington, Earl of Burlington, Baron Cavendish und den Familiennamen: Cavendish.

Fällt Dir auf, dass der englische Bilderbuchtitel »Lord« in der Aufzählung noch gar nicht aufgetaucht ist? Das ist auch wieder so ein Kuriosum: Streng genommen gibt es diesen als Rang gar nicht (außer im Zusammenhang mit dem Titel »Baron«), sondern ist eine Sammelanredeform und quasi eine Gattungsbezeichnung für sämtliche »Peers of the Realm« vom Marquess abwärts. Und wie erhält man die Titel?

1. Ein »amtierender« Duke gibt immer an seinen ältesten Sohn den nächsten rangniedrigeren Titel weiter und seinem ältesten Enkel den darauffolgenden. Das bedeutet, dass das Baby mit Namen Baron Gascoyne der Sohn von Viscount Cranborne ist und der wiederum der Sohn vom Marquess of Salisbury.

Um die Verwirrung zu komplettieren, heißt der jüngere Bruder von Baby-Baron Cranborne: Lord Peter (oder Richard, George; welcher Vorname auch immer) Cecil. Dieser Lordtitel eines nachgeborenen Enkels ist nicht weiter vererbbar und nennt sich »courtesy title«. Um von den »echten« Erblords auf Anhieb unterschieden zu werden, führt der kleine Cecil den Lordnamen mit seinem Vornamen.

2. Das andere sind die Familiennamen, die »man« kennen muss; dies zum Thema »Durchlässigkeit« und »Geheimclub«: Du kannst auf einen einfachen Mr. Cecil stoßen, dessen Großvater womöglich der Marquess of Salisbury war. Der Großvater von Mr. Fitzalan-Howard ist mit großer Wahrscheinlichkeit der Duke of Norfolk; der von

Mr. Thynne der Marquess of Bath; der von Mr. Percy der Duke of Northumberland. Selbst beim Namen Smith muss man aufpassen. Es könnte ein Nachkomme des Viscount Harbledon sein. Die Eingeweihten und Mitglieder des »Clubs« wissen genau, ob dieser Mr. Smith ein ganz normaler Mr. Smith ist, oder einer von »den« Smiths. Entweder kennt man ihn sowieso und war im Zweifel mit ihm auf der gleichen Schule, oder aber man erkennt sich an gleicher Aussprache, gleichem Benehmen, gleicher Kleidung.

Zu Beginn meiner Zeit in England stolperte ich ständig in Standeswissenslücken. Auch die Kenntnis des deutschen Adels half mir da nur sehr begrenzt weiter. Was ist der Unterschied zwischen ›Lady Bloggs‹, ›The Lady Bloggs‹, ›Lady Mary Bloggs‹, ›The Hon. Lady Bloggs‹, ›The Hon. Lady Mary Bloggs‹? Jetzt weiß ich's. Aber damals stellte sich mir nur die Frage, ob ich oder die anderen in eine Klapsmühle gehören.

Willst du's wissen? Hier also: ›Lady Bloggs‹ ist die Frau von Sir John Bloggs (der natürlich nur ›Sir John‹, und nie ›Sir Bloggs‹ genannt wird); ›The Lady Bloggs‹ ist die Frau von ›The Lord Bloggs‹ (der natürlich, außer im Bett, keinen Vornamen hat); ›Lady Mary Bloggs‹ ist die Tochter eines Earls, die einen Mr Bloggs geheiratet hat; ›The Hon. Lady Bloggs‹ ist die Tochter eines Barons, die einen Knight oder Baronet (also eine Stufe unter dem Papa) geheiratet hat. (Hätte sie nur etwas höher, nämlich einen Baron geheiratet, wäre ihr rangniedriger Tochtertitel weggefallen und sie wäre jetzt ›The Lady Bloggs‹.) ›The Hon. Lady Mary Bloggs‹ ist die Tochter eines Earls, die den Sohn eines Barons geheiratet hat.

Noch ein Beispiel aus eigener Familie: Ich begann mein Eheleben als ›The Hon. Mrs Charles Stephens‹ (ja, mit Charles' Vornamen, nicht mit meinem, denn schließlich ist mein Vater kein Earl, sondern nur ein deutscher »Herr von«, und das zählt überhaupt gar nicht). Charles' Vorname gehört dazu, weil zukünftige Lords im Wartestand eben einen Vornamen haben! Meine beiden verheirateten Schwägerinnen hießen ›The Hon. Mrs. Laing‹ und ›The Hon. Mrs. Roberts‹. Bei ihnen tauchten die Männervornamen nicht auf, weil der Titel nicht erheiratet wurde.

Die Männer heißen auf dem Briefumschlag: ›Alasdair L. Esq.‹ beziehungsweise ›Hugh Roberts Esq. ›Esquire‹ benutzt man, wenn jemand gar keinen Titel hat. Kann aber auch weggelassen werden.

Nur um Gottes willen nie ›Mr Alasdair Laing‹. Das zeigt den Uneingeweihten. Mein Schwager Hugh bekam kürzlich eine ›knighthood‹ (Sir Hugh!) verliehen, und seitdem ist meine Schwägerin ›The Hon. Lady Roberts‹. – Ach ja, und seitdem Charles ›The Lord Bonninton‹ ist und ich ›The Lady Bonnington‹, bin ich an die Stelle meiner Schwiegermutter gerutscht. Sie hat als Witwe ihren Vornamen wiederbekommen. Sie heißt jetzt ›Araminta Lady Bonnington‹. Oder, wenn sie wollte, könnte sie sich auch ›The Dowager Lady Bonnington‹ nennen. ›Dowager‹ bezeichnet eine verwitwete Adelige und kann vor jeden Titel geklebt werden.

Ich fragte einmal meine Schwiegermutter, ob es nicht irgendein Büchlein gäbe, in dem all das in leicht fasslicher Form nachzulesen sei. Sie gab mir ein reizendes kleines Bändchen, in rotem Saffian gebunden, ein bibliophiles Schätzchen, gedruckt 1849. Ich gab es dankend zurück und versuchte das Missverständnis zu klären, dass ich diese Dinge für den heutigen Gebrauch benötigte und nicht die Gepflogenheiten von vor 150 Jahren studieren wollte. Sie schaute mich erstaunt an und antwortete: »But darling, nothing has changed!«

Das werde ich nie vergessen. Gesegnetes Land: »Nothing has changed.«

Deine Regine

»Nothing has changed« – eine Welt, die sich selbst genügt. Nicht nur bei Jane Austen wird sie treffend beschrieben, sondern auch von Julian Fellowes, der für sein Drehbuch von *Gosford Park* den Oscar erhielt. In seinem Roman *Snobs* hat Julian, der aussieht wie ein junger Winston Churchill, mit beißendem Spott all jene aufs Korn genommen, die dazugehören wollen, es aber nie schaffen, weil schon Akzent und Redeweise sie als Aufsteiger entlarven. Julians Frau Emma ist übrigens Hofdame von Princess Michael Kent – und zufällig auch eine Cousine von Regines Mann!

Meritokratie in der Monarchie

Die Aristokratie, die von alten Privilegien zehrt, hat natürlich ihren festen Platz in der britischen Gesellschaft. Das liest der Autor Jeremy Paxman in seinem Buch *The English* an der Beliebtheit des National Trust ab, der viele Millionen Mitglieder hat. Adelsfamilien öffnen ihre Häuser für Millionen von Neugierigen, die in großen Horden in die alten Kästen strömen und die restaurierte Vergangenheit bestaunen – und damit, laut Paxman, die feudalen Strukturen bestätigen. Diese alten Strukturen gehören zu England wie der »five o'clock tea«. Doch als politische Kraft ist der Adel weitgehend entmachtet. Das Oberhaus, traditionell die Bastion des Erbadels, hat sich längst der Meritokratie geöffnet.

Seit der Mitte des 20. Jahrhunderts hat sich die Machtbalance im Oberhaus mit großer Konsequenz zugunsten solcher Peers verschoben, die ihren Titel nicht ererbt, sondern aufgrund gesellschaftlicher Meriten verliehen bekommen haben: Es zählen weniger die Verdienste irgendwelcher vor Jahrhunderten verbuddelter Ahnen als vielmehr die gegenwärtige Position oder Leistung des Einzelnen. Der von der Königin auf Vorschlag des Premierministers verliehene Titel belohnt die Person. Bei männlichen Lords auf Lebenszeit bekommen die Ehefrauen den Titel mitgeschenkt. Bei weiblichen Ladys auf Lebenszeit gehen die Ehemänner titelmäßig leer aus – genauso wie der Nachwuchs. Ein Triumph moderner Meritokratie – mit den Mitteln der Monarchie. Welch Paradoxie!

Die Zugangsmodalitäten der »Peers auf Lebenszeit« ins Oberhaus wurden 1958 mit dem »Life Peerages Act« geregelt: Solche Ernennungen hatte es schon lange gegeben, allerdings war ihre Zulassung im House of Lords umstritten gewesen. Ein Gesetz von 1958 erklärte nun eindeutig alle Life Peers zu Mitgliedern des Oberhauses. Somit erlangte dieser Rang schlagartig großes politisches Gewicht und erhöhte die fachliche Kompetenz des Oberhauses als zweiter Kammer enorm. Die jeweiligen Regierungen beeilten sich, immer mehr Life Peers aus den eigenen Reihen zu ernennen, um mit der Konkurrenz gleichzuziehen. Im Umkehrschluss warf es ein unbarmherziges Licht auf die Hereditary Peers, die dort nur kraft ihres Namens und ihrer Abstammung saßen. Um solche Herrschaften ranken sich viele Anekdoten, wie zum Beispiel die Geschichte eines alten Lords irgendwo aus den Wäldern, der sich nur einmal in seinem Leben auf den Weg nach London ins Oberhaus machte, nämlich als dort über eine Gesetzesnovelle zum Lachsfischfang abgestimmt wurde. Und dann, so erzählt man sich, gab es auch Peers, die morgens kamen und sich ihren von der Verwaltung gezahlten Tagessatz abholten, die Sitzung für ein Nickerchen nutzten, dann im Restaurant des House of Lords mit Freunden lunchten und wieder abfuhren.

Mit der Zunahme des politischen Gewichtes des Oberhauses musste schließlich eine Entscheidung herbeigeführt werden, wie man es künftig mit dem Erbadel halten sollte. 1999 wurde dann von Tony Blair der House of Lords Act verabschiedet, der die Zahl der Hereditary Peers auf 92 begrenzt. Ererbtes und Erarbeitetes, beides nebeneinander in der zweiten Kammer. Typisch britisch, diese »muddling-through«-Politik, und das in einem Land, das seit tausend Jahren beispielgebend für parlamentarisch-demokratische Strukturen innerhalb der Monarchie war, ohne sich jemals eine offizielle schriftliche Verfassung gegeben zu haben.

Eine Begegnung im September 2006 hat sich mir in diesem Zusammenhang besonders eingeprägt. Bruno Baron Schroder und seine Schwester Charmaine von Mallinckrodt sollten das Bundesverdienstkreuz erhalten. Die Schroders sind nicht nur Nachkommen einer alten und überaus erfolgreichen deutsch-englischen Dynastie von Bankern, sondern tun auch viel Gutes. »Wir sind Treuhänder von 13 wohltätigen Organisationen. Die haben wir von meinem Vater und Großvater übernommen«, erklärte mir Bruno lapidar. Bei dem Empfang anlässlich der Ordensverleihung tauchte überraschend, weil nicht eingeladen, ein wohlvertrautes Gesicht in der Gästeschar auf: Lord Robertson, ehemaliger NATO-Generalsekretär und früherer britischer Verteidigungsminister. Was aber hatte der hier zu suchen, bei der Ordensverleihung für einen deutsch-britischen Bankier?

»Klar«, sagte George, »das lass ich mir doch nicht nehmen. Bruno und ich kennen uns von Kindesbeinen an von der Isle of Islay. Wir sind uralte Freunde.« Auf der schottischen Hebrideninsel, die bekannt ist für ihre Whiskydistillerien, besitzen die Schroders seit 1937 den Landsitz Dunlossit. Bruno verbrachte dort seine Sommerferien – und spielte mit George Robertson, dem Sohn des Dorfpolizisten. Die beiden hätten unterschiedlicher nicht sein können. Doch die Freundschaft hat gehalten. Brunos Großvater war noch vom deutschen Kaiser 1904 geadelt worden und hatte den Titel an seine Nachfahren vererbt. George Robertson hingegen verdiente ihn sich selbst: Er arbeitete sich in der Labour-Partei hoch, wurde Minister und schließlich NATO-Generalsekretär. Seit 1997 ist er »Baron Robertson of Port Ellen«, und damit Lord auf Lebenszeit – genau wie George Weidenfeld, Norman Foster, der kürzlich verstorbene Ralf Dahrendorf oder auch Lord Ahmed of Rotherham, der 1998 als erster Muslim einen Titel und einen Sitz im Oberhaus bekam.

Zwar diskutieren die Briten schon seit geraumer Zeit, ob und wie sie das Oberhaus grundsätzlich reformieren sollten, aber einen gewissen Reiz hat diese altehrwürdige Institution durchaus: Solch ein Gremium, in dem renommierte und sachkundige Persönlichkeiten die Geschicke des Landes mitbestimmen, ohne als Parteipolitiker alle vier Jahre wiedergewählt werden zu müssen, kann auch Vorteile haben. Wäre das nichts für uns? So eine Art »aufgemischter Bundesrat«, zu dem neben Vertretern der Länder auch Persönlichkeiten gehören würden, die sich Verdienste in anderen Bereichen der Gesellschaft erworben hätten. Die würden dann vom Bundespräsidenten zwar nicht in den Adelsstand, aber eben in das Oberhaus respektive den Bundesrat berufen – vielleicht auf Vorschlag von Ministerpräsidenten oder Fraktionsvorsitzenden. Wunderbar einfach! Man stelle sich das mal vor in Berlin: Hans Magnus Enzensberger, Gesine Schwan, Jürgen Habermas, Jutta Limbach, Frank Schirrmacher und Helmut Schmidt – beispielsweise? Die säßen dort für eine festgelegte Anzahl von Jahren, wenn nicht gar auf Lebenszeit und wären unabhängiger als die Parteigebundenen, weil sie nicht auf die nächste Wahl schauen müssten. Und keine Spendengelder sammeln müssten – sie könnten einfach »nur« philosophieren und ihre Lebenserfahrung einbringen. Im Ernst, wäre eine stärkere Einbeziehung von Persönlichkeiten aus Kultur, Wissenschaft oder Wirtschaft – wie es ja schon in der Bundesversammlung Brauch ist – nicht eine Bereicherung eines von Berufspolitikern dominierten politischen Systems?

George Weidenfeld

Auch er ist eine Bereicherung für jedes Gremium: George Weidenfeld. Ohne ihn – ob Lord oder nicht – wäre London ärmer. Nicht nur London! Die ganze Welt, denn die ist sein zu Hause. Schon bevor wir 2001 nach Washington gegangen waren, hatte Wolfgang immer wieder diesen charmanten Weltenbürger getroffen, der die verschiedenen Einflusssphären dieser Erde über die Grenzen von Nationen, Parteien und Religionen hinweg zu einem großen Netz verknüpft, das sich liest wie der Routenplan der Lufthansa: London, Berlin, Washington, Tel Aviv, Moskau. George, inzwischen 90 Jahre alt, kam regelmäßig zum Arbeitsfrühstück in die Botschaft London und hatte »immer irgendeine neue Initiative ausgeheckt«, wie Wolfgang sagte. Und die wurden dann auch umgesetzt: als Stiftung an der Universität von Oxford, als Forschungs- und Stipendienprogramme oder als Medienpreis. Das Thema Muslime in Europa gehört zu den neueren Programmschwerpunkten seines Institute for Strategic Dialogue. Ein heikles Thema gerade in Großbritannien, wo die Spannungen zwischen den verschiedenen Bevölkerungsruppen in den letzten Jahren spürbar zugenommen haben.

George war 1938 vor den Nationalsozialisten aus Wien geflohen, wo er sich als Jude nicht mehr sicher fühlen konnte. Er ging nach London und begann seine Karriere als Journalist bei der *BBC*, wurde Verleger und fungierte zwischendurch als Kabinettschef des ersten israelischen Präsidenten. Deutschland, das Land, das einst für den Holocaust verantwortlich war, ist für ihn ein wichtiger Bezugspunkt. Wohl auch, weil das moderne Deutschland sich Israel und den Juden in besonderem Maße verpflichtet fühlt.

»Deutschland ist mit den Problemen des verlorenen Krieges besser umgegangen als jedes andere Land«, resümiert der 90-Jährige in dem Jahr, in dem sich der Beginn des Zweiten Weltkriegs zum 70. Mal jährt – und auch der Mauerfall zum 20. Mal. Aus diesem

Anlass ist George natürlich nach Berlin gereist. Dabei fühlt er mit Programmen und hochrangig besetzten Konferenzen wie dem »Club of Three« ohnehin am Puls der Zeit. Sasha Havlicek, die Direktorin des Londoner Instituts, weiß, wie ihr Chef und Mentor operiert: »In drei Telefonaten kann er das erreichen, wofür drei Bürokratien ein halbes Jahr brauchen.«

George, das Phänomen. Wie ein Fürst hält er mit seiner Frau Annabelle Hof in seiner eleganten Wohnung in Chelsea mit Blick über die Themse. Das Interieur spiegelt vieles von dem wider, was ihm wichtig ist: Bücher, Kunst, Antiquitäten und – meistens – viele, viele Gäste. Wenn er ruft, kommen alle. Oft trafen wir den inzwischen verstorbenen Harold Pinter bei den Weidenfelds, dessen Frau Antonia Frazer, junge Schattenminister der Torys, Regierungschefs, Staatspräsidenten, Bankiers und immer wieder seinen Freund, den Architekten Norman Foster. Der zollte im Herbst 2009 George auf großzügigste Weise Respekt und lud zusammen mit seiner Frau Elena zum 90. Geburtstag von George Weidenfeld in sein Château an den Genfer See. Gedacht war nur an die engeren Freunde. Schließlich kamen 350 der »Friends of George«. Wären es mehr gewesen, hätten die Fosters womöglich ein zweites Zelt in die Weinberge neben ihr Haus stellen müssen. Netterweise waren gleich auch mehrere Generationen deutscher Botschafter in London eingeladen worden, so konnten Wolfgang und ich dem Jubilar persönlich gratulieren.

Als wir irgendwann nach Mitternacht den Heimweg antreten wollten, war kein Durchkommen zu George. Begum Inaara Aga Khan, Bianca Jagger und Barbara Walters hatten ihn in die Mitte genommen. Eine Bekannte blieb noch länger an diesem Abend und erzählte anderentags, wie sie sich morgens um drei Uhr verabschieden wollte. Da war das 90-jährige Geburtstagskind noch munter und rief ihr zu: »Bleib doch noch, um fünf Uhr gibt es Frühstück!«

Wie Gordon Brown fast zum rumänischen Prinzen wurde

Eine Begegnung der dritten Art hatten wir im Sommer 2006 mit Vertretern eines ursprünglichen deutschen Adelshauses während der deutschen EU-Ratspräsidentschaft. Es war ein verrückter Sommer mit wenig Freizeit. Daher war ich nicht sonderlich begeistert, als sich der einzige freie Abend der Woche auch wieder füllte: Ein Abend bei der rumänischen Geschäftsträgerin, die ein Dinner für König Michael von Rumänien gab. Der König entstammt dem Geschlecht Hohenzollern-Sigmaringen, auf dem rumänischen Thron saß er zwischen 1940 und 1947. Danach lebte er im Schweizer Exil, konnte aber in seine alte Heimat zurückkehren, als der Eiserne Vorhang endlich gefallen war.

»Tut mir leid«, beharrte Wolfgang, »da müssen wir hin. Deutschland hat die EU-Präsidentschaft inne.«

Das Gute daran war, dass das rumänische Kulturinstitut auch am Belgrave Square lag, so konnten wir zu Fuß gehen. Ich schaffte mit den schwarzen Lackpumps allerdings nur Trippelschritte, sodass wir leicht zeitversetzt dort eintrafen. Einige Gäste saßen bereits am Tisch. Doch König Michael und seine Frau standen, von schwarzäugigen Rumänen umringt, noch immer in der Halle und begrüßten Neuankömmlinge.

Mein Tischherr stellte sich als Schwiegersohn des Königs vor, er war Schweinezüchter in Nordengland. Mein Mann saß neben Prinzessin Margarita, einer Tochter des Königs. Deren Ehemann wiederum hatte nicht eben das rosige Gesicht eines englischen Schweinezüchters, sondern war ein hochgewachsener Rumäne mit schulterlangem Haar und stolzem Blick. »Radu Dadu, Prince of Hohenzollern-Veringen.« Hatte ich mich verhört?

Nein, die klangvolle Namens- und Titelfolge habe Radu Dadu, der in Rumänien Geschäftsmann und Politiker ist, angeblich dem Oberhaupt des Hohenzollernclans zu verdanken. Aber wie kann denn ein deutscher Fürst heutzutage überhaupt Titel verleihen?

Fragen über Fragen, nur keine klaren Antworten. Ob das alles mit rechten Dingen zuging oder nicht, es wurde jedenfalls ein denkwürdiger Abend. Reden, Rotwein und Rumänen ließen uns nicht vor Mitternacht entkommen.

Das bizarre Treffen mit Radu, dem rumänischen Märchenprinz, sollte noch Nachwirkungen haben. Eine Woche später schlug mein Mann den *Daily Telegraph* auf. Prinzessin Margarita enthüllte in einem ganzseitigen Zeitungsartikel ihre große Jugendliebe: niemand anders als Premierminister Gordon Brown. Die beiden waren sich an der Universität von Edinburgh näher gekommen und hatten sogar zusammengewohnt. Ein Foto des jugendlichen Brown mit halblangem Haar und störrischem Gesichtsausdruck prangte neben dem Text. Ein Strahlemann war er offensichtlich noch nie.

»Tja«, grinste Wolfgang, »wer weiß – hätte Gordon Brown noch ein bisschen durchgehalten, dann wäre der jetzt ein Hohenzollernprinz: Gordon Prince of Hohenzollern-Veringen.«

»Vive la France!«

Im Frühjahr 2008 stand ganz Europa im Bann von Carla Bruni – und ihrem Mann Nicolas Sarkozy. Und nun wurde das französische Präsidentenpaar zum Staatsbesuch in Großbritannien erwartet. Auch in die Deutsche Botschaft flatterte eine Einladung zum Staatsbankett in Windsor Castle. Windsor? Den langen, zugigen Gängen von Buckingham haftet nichts Anheimelndes an. Windsor Castle aber hat alles, was sich der Bürger bei einem Königsschloss erträumt: Dicke Mauern, hohe Hallen, Kronleuchter, Fackeln und Ritterrüstungen.

In der illustren Gästeschar, die sich schließlich zu diesem besonderen Ereignis in der Halle versammelt, entdecken wir Premier Gordon Brown, Außenminister David Miliband, auch den Erzbischof von Canterbury. Alle Mienen leuchten in froher Erregung. England trifft Frankreich. Wie Carla wohl aussieht? Events mit so hohem Glamourfaktor sind auch in Windsor nicht die Regel.

Bald reiht man sich in die »receiving line« ein. Die Queen und Prinz Philip, der französische Präsident und seine Frau Carla Bruni lassen das Defilee der Gäste geduldig über sich ergehen. Ein Toastmaster ruft unsere Namen auf: Händedruck, kurzer Blick in die Augen. Carla wirkt blass und angespannt. Dann sind wir auch schon im Speisesaal. Eine einzige lange Tafel, an der knapp 180 Gäste Platz finden sollen. Auf dem Tisch all das, was das Britische Empire an Gold, Silber und an Porzellan zu bieten hat. Das türkisblaue Dessertgeschirr etwa war ein Geschenk von Louis XVI. an die Duchess of Manchester. Die mit Vögeln bemalten Obstplatten entstanden um 1787 im Auftrag des Duc d'Orléans.

Hätte man wohl, frage ich mich, den ganzen Aufwand wie jetzt bei der Visite von Sarkozy auch betrieben, wenn Bundespräsident Köhler aus Berlin zu Besuch gekommen wäre? Auf der Tribüne blitzen noch ein paar Kameras. Das Essen beginnt: Neben mir ein Franzose aus dem engeren Umfeld des französischen Präsidenten und ein hoher Repräsentant der Region, Wolfgang zwischen zwei Ladys weiter oben am Tisch mit freier Sicht auf Königin und Staatspräsident. Er berichtet später, wie die Queen, anmutig ihren Kopf wiegend, ein paar Sätze sagte, lächelte, schwieg, weitersprach. Sehr würdevoll, sehr majestätisch. Sarkozy hingegen springt auf, zieht die Augenbrauen hoch und redet mit den Händen. Dann hält er seine Rede, in der er die Briten umschmeichelt wie ein Minnesänger seine Auserkorene. Alte englisch-französische Erbfeindschaft? Offenbar Schnee von gestern!

Carla Bruni sitzt zwischen dem entzückten Duke of Edinburgh und dem Prince of Wales. Gegen Ende des Essens ziehen die Balmoral Highlanders mit ihren Dudelsäcken durch die Reihen. Wenig später wird zum Kaffee gebeten. Die Queen, der nachgesagt wird, sie zöge sich nach Dinners meist so früh wie möglich zurück, macht keine Anstalten zu gehen. Sie gleitet durch den Raum und plaudert. Alle sind gekommen, die königliche Familie scheint ziemlich vollzählig zu sein: Prinz Andrew, Prinz Edward und Sophie, seine Gemahlin, sowie Prinzessin Anne. Carla und Nicolas sind die bestaunte Sensation. Dass es so etwas gibt! Eine gallische Naturgewalt!

Carlas Mutter ist auch mit von der Partie, und ich erinnere mich, wie sie vor ein paar Jahren mit ihren beiden Töchtern für eine Frauenzeitschrift nackt posiert hatte. So können sich die Zeiten ändern!

Am Tag danach treffe ich eine Freundin aus dem engeren Dunstkreis des Hofes. »Wie hat denn Ihrer Majestät der Abend gefallen?«, frage ich.

»Sehr gut. So munter ist sie nicht immer.« Dann beugt sie sich zu mir: »Weißt du, was die Königin noch gesagt hat: ›Also, dieser französische Präsident, der war ja so aktiv den ganzen Tag. Und ich bin sicher, er war auch die ganze Nacht aktiv.‹«

Ich verschlucke mich fast: »Pardon, das hat die Queen gesagt?!«

Sie nickt und lächelt leise, fast stolz. Kommentare aus dem Umkreis der Königin über deren Ansichten gehören zu den Rarissime der Zeitgeschichte.

»Sex and the cities« oder die Sterilität zwischenmenschlicher Beziehungen

In den ersten Tagen nach unserer Ankunft in London kehrten mein Mann und ich kurz in einem kleinen Pub hinter der Botschaft ein, der Star Tavern. Wir tranken ein Bier und waren froh, den Umzugskartons entkommen zu können. Die Bedienung war freundlich, sogar Rocky bekam einen Napf Wasser. Auch sonst hatte die Star Tavern den Ruf, ein besonders gastfreundlicher Ort zu sein. In einem der Hinterzimmer hatte sich zurzeit des Kalten Krieges die berüchtigte Liebesaffäre zwischen Verteidigungsminister John Profumo und dem Callgirl Christine Keeler konkretisiert. Diese längst vergangene Affäre ist allerdings harmlos im Vergleich zu dem, woran sich Sensationspresse und Öffentlichkeit sonst ergötzen.

Handschellen, Zorrokostüme, Augenbinden, Sado-Maso-Orgien mit Peitschen, Dominas, Homosexualität, zwielichtige Hinterzimmer, düstere Tragödien – das sind übliche Zutaten im typisch britischen Skandalgebräu aus Öffentlichkeit, Sex und Schmerz.

Ein Ausländer, der im Mittelalter England bereiste, soll einst festgestellt haben, »the English take their pleasures sadly«. Fast tragisch mutet der Fall des blinden Ministers Blunkett an, der vor einigen Jahren über seine Affäre mit einer verheirateten Frau, die dann ein Kind erwartete, politisch ins Wanken geriet und schließlich zurücktrat.

Mal prüde und körperfern, dann wiederum schmerzhaft und exzessiv – die Vorliebe für das Ausgepeitschtwerden wurde bekannt als »Vice anglais«. Das Motiv tritt nicht nur in der Literatur auf, etwa in Thomas Shadwells *The Virtuosos*, sondern auch immer wieder in der Realität: der respektable Gentleman, der nach außen hin eine Stütze der Gesellschaft ist und seine geheimen Leidenschaften im Verborgenen lebt. Im Alter von fünf Jahren erfährt der typische Gentleman, wie Jeremy Paxman in *The English* ausführt, zum letzten Mal elterliche Zuwendung, dafür macht er in der Schule anschließend schmerzhafte Bekanntschaft mit der Peitsche – durch die er sich dann auch als Erwachsener gern »bestrafen« lässt – oder selbst bestraft.

Sind dies nur aufgebauschte Einzelfälle, überkommene Bilder, Stereotypen und Klischees, die der Normalität der Briten nicht gerecht werden? Möglich. Doch dann hatte sogar die Normalität hier ein anderes Gesicht als in Amerika.

Ob Leid, Peitsche oder andere Fetische einer komplizierten Sexualität – nach fast sechs prüden Jahren in Washington fiel die britische Lust an der Provokation und der Anzüglichkeit schon auf – und führte mir gleichzeitig vor Augen, wie unterschiedlich man diesseits und jenseits des Atlantiks mit dem Erbe der Puritaner umging. Vorbei jedenfalls schienen die Zeiten der typischen Washingtoner Dinner Talks, bei denen ich nach einer Weile auf Autopilot schalten konnte. Das war mir in London bisher nur einmal passiert, als wir zu einem eleganten Dinner eingeladen waren und ich vor Müdigkeit die Augen nicht mehr offen halten konnte. Mein Nachbar zur Linken beugte sich zu mir und raunte: »Ich habe den Eindruck, Sie schlafen gleich ein. Mir würde einiges einfallen, um Sie wachzuhalten …« und schaute bedeutungsvoll auf seine langen sommersprossigen Finger.

Kurz darauf wurden wir in einen ehrwürdigen Gentlemenclub geladen. Gastgeber war ein Lord, der auf eine erfolgreiche militärische Laufbahn zurückblicken konnte. In der Bar versammelte sich die Gästeschar; ich war der Einladung ohne Wolfgang gefolgt.

Nach einer Weile schritt die Gesellschaft zum Dinner ins Nebenzimmer. Dort war ein ovaler Tisch für rund 20 Personen gedeckt. Mir zur Rechten sitzt ein steinalter Herr, Mitglied des Oberhauses, ein Lord also. Alle Bemühungen, ihn in ein Gespräch zu verwickeln, scheitern an dem piepsenden Hörgerät in seinem linken Ohr. Ich wende mich also nach links und blicke in spöttische, wasserhelle Augen. Ein Gesicht, wie man es von den Herrenreitergemälden aus englischen Bibliotheken kennt. »Endlich«, grinst er, »bin ich dran.« Es stellt sich heraus, dass er ein hochrangiger General der britischen Armee ist. Nachdem wir die Militäreinsätze in Irak und Afghanistan hinter uns gelassen haben, genauso wie meinen ersten Eindruck von London und die

Abläufe des Diplomatenlebens, beugt er sich zu mir rüber: »Wo in London wohnen Sie denn genau?«

»Belgrave Square.«

»Oh, in der Nähe ist mein Lieblingsladen, da könnte ich ja mal …«

»Oh, Sie meinen sicher den Waitrose in der Motcomb Street«, gab ich zurück, stolz darauf, dass ich den High-Society-Supermarkt, 50 Meter von der Botschaft entfernt, identifizieren konnte.

»No«, seine Mundwinkel rutschen nach unten, »Waitrose, wie langweilig, den meine ich nicht.«

»Ach, der Herrenausstatter um die Ecke?«, versuche ich es weiter.

»Nein, bestimmt nicht. Nein, ich meine Agent Provocateur.«

O là, là. Ich war platt. Der frivolste Dessousladen weit und breit. Agent Provocateur gehört dem Sohn von Vivienne Westwood. Mit Schaufensterauslagen, an denen ich meine Tochter auf dem Weg zum Spielen in Cardogan Gardens stets schnell vorbeizerre. Neulich erst lagen etwa fünf Schaufensterpuppen mit verschränkten Gliedmaßen, Bettfesseln und anderen Accessoires übereinander. Allesamt nur knapp mit den winzigen, mitunter durchsichtigen Kreationen von Agent Provocateur geschürzt.

»Was machen die da?«, wollte mein Kind wissen. »Die toben.« Mehr fiel mir nicht ein.

Gleich neben Agent Provocateur das Kontrastprogamm: Handgeschneiderte Kindermoden. Modelle für Mutter und Kind in 40er-Jahre-Tristesse-Kleidern mit hochgeschlossenem Kragen und langem Saum aus grauem und braunem Tuch. Exzentrisch das eine, freudlos das andere. Da waren sie, die beiden Facetten des englischen »private life«: nach außen anständig, bieder und konservativ. Aber darunter: schrill, sexy und ziemlich schräg.

Der General ergötzt sich an meinem verdutzten Gesichtsausdruck. »Haben Sie was gegen sexy Dessous?«

»Nein, aber ich habe sechs Jahre Amerika hinter mir, und da spricht man nie über so etwas.«

»Wie gut, dass Sie wieder in der Zivilisation sind! Dann wissen Sie ja jetzt, wo Sie gut einkaufen können – oder Ihr Mann …« Jetzt grinst der Provokateur ziemlich breit. »Wirklich! Ich gehe da gern hin und kaufe Sachen für meine Frau … und so.«

Und so? Ach so – natürlich! Und in diesem Stil ging es weiter. Wir waren inzwischen beim Dessert angelangt. Mein Nachbar bestellte Scottish Woodcock. Davon hatte ich noch nie gehört. »Das ist ein Dessert für die Herrn, die noch Kraft brauchen: Rühreier mit Sardellen und Kapern.« Ich wandte mich etwas hilflos dem Lord auf der anderen Seite zu. Der schlief inzwischen fest. Ein letzter Versuch der Reanimation prallte leider an ihm ab. Auch Scottish Woodcock wäre hier zu spät gekommen …

Doch die Kette kleiner Anzüglichkeiten und Frivolitäten wollte nicht abreißen. Anlässlich der in Deutschland ausgetragenen Fußballweltmeisterschaft startete das Kaufhaus Harrods eine »deutsche Woche«. Deutsche Produkte, vom Strumpf bis zum Auto. Tatsächlich hatten sie sogar einen Maybach ins Schaufenster gestellt. Deutscher Wein war ein weiteres Lockangebot. Wir gingen zur Eröffnung der »German Week«. Kein Wein unter 18 Pfund. Auf Wolfgangs Einwand, es gebe ja auch guten und etwas preisgünstigeren deutschen Wein, winkte der »food manager« ab. »Wir sind Harrods, etwas Billiges will hier niemand kaufen.« Das war zwei Jahre bevor die Krise auch London erreichte …

Ein paar Minuten später fanden wir uns in einem Gewirr von Kameras und Fotografen wieder. Auftritt: Mohamed Al-Fayed, Besitzer von Harrods und Vater des zusammen mit Lady Diana ums Leben gekommenen Dodi. Dann passierte etwas, das uns mit einem Schlag klarmachte, warum das Königshaus und die britische Oberschicht diesen Mann als Zumutung betrachten. Als er zur Begrüßung meine Hand nahm, drückte er ein kleines Kügelchen hinein und grinste: »Sie wollen doch noch Kinder?«

»Warum?«

»Geben Sie dies Ihrem Mann, das ist Power Viagra!« Ich starrte ihn sprachlos an.

Er ging weiter, drehte sich dann um und lachte: »War nur ein Scherz, das ist Pfefferminz!« – Wow.

Gerard Errera, der bis 2006 französischer Botschafter in London war, sagte einmal: »Paris, c'est une femme, London – das ist ein ›gentleman‹.« Ja, denke ich, aber ein mächtig frivoler.

Und Washington? Die von Macht gesteuerte amerikanische Hauptstadt kommt als imponierender Kriegsherr daher, mit

Mausoleen, Monumenten, Siegessäulen. Die Erotik der Macht ist hier männlich. »Hard Power!« Der starke Auftritt einer Supermacht, deren Hauptstadt auf den Namen eines Präsidenten hört, der ein General war: Washington. Nie liegt dort irgendetwas in der Luft, kein Knistern, kein Zwinkern in den Augen. Die Sinnlichkeit des Lebens darf – anders als in England – nicht das Getriebe stören. Deshalb ist sie auch als »Sexual Harassment« in den Strafraum verbotener Kontakte verbannt. Erlaubt hingegen ist, was im Schutz von allgemein bekannten Datingregeln passiert, die jedes amerikanische Kind seit der Highschool kennt. Dass die US-Hauptstadt in erotischer Hinsicht Entwicklungsland ist, haben wohl auch die Stadtoberen eingesehen, die inzwischen die TV-Sex-Therapeutin Ruth Westheimer für eine Kampagne für romantische »date nights« in der Hauptstadt verpflichteten. Alles soll sich natürlich in den Grenzen des Anstands bewegen. Ruth Westheimer rät: »Immer schön auf den Ehering schauen!«

Überschreitet jemand die Grenzen des Anstands, noch dazu der Präsident persönlich – wie bei Clintons Affäre mit Monica Lewinsky – geht es einer verstörten Öffentlichkeit weniger um die Ausbreitung intimer Details als um die äußere Wiederherstellung der moralischen Ordnung. Der Mann bereut seine Sünden öffentlich, die Frau an seiner Seite lächelt tapfer. Eine soldatische Tugend. Die Familie siegt, wenn auch nur für die Kameras. Im Washingtoner Machtgetriebe ist Kontrollverlust, schon gar über die eigenen Triebe, nicht vorgesehen. Die Abgründe menschlichen Leidens und Liebens werden verschwiegen, Tränen meist im Stillen geweint. Alles Intime, alle Sexualität wird in Amerika aus dem öffentlichen Diskussionsraum verbannt, was nicht heißt, dass nicht anderswo, etwa in Hollywood, damit Geld verdient wird. Stets muss es sich aber einem höheren Zweck unterordnen, hier der Macht, dort dem Mammon.

Alles Intime, alle Sexualität wird in Amerika aus dem öffentlichen Diskussionsraum verbannt

Eines Abends in unserem ersten halben Jahr in Washington, als wir noch nicht verheiratet waren, sitzen Wolfgang und ich im großen Saal der Residenz unter den bunt-fleischigen Gemälden von Bernhard Schulze. Mein Tischherr ist ein weißhaariger Unternehmer aus Wisconsin. Er blickt auf mein Namenskärtchen auf dem Tisch: »Wer sind Sie denn?«

»Na, das steht ja da: Ich bin Ihre Gastgeberin!«

Er ließ nicht locker: »Und das heißt? Wer sind Sie denn nun?«

Bis jetzt hatte das immer so funktioniert. Nun musste ich mehr erklären: »Ich bin die Verlobte des Botschafters, die ›Fiancée‹.«

»Das heißt, Sie meinen, Sie wohnen hier, aber Sie sind nicht verheiratet? Geht das?«

»Und ob«, ich setzte mich aufrecht hin. »In Deutschland geht das. Unser Kanzler ist zum vierten Mal verheiratet und der Außenminister auch.«

Er nahm einen großen Schluck Wein: »Sie wollen noch heiraten?«

Ich lächelte so arrogant wie möglich: »Schauen wir mal!«

»Wir sind hier sehr konservativ, wissen Sie«, gab er mir noch mit.

»Klar«, gab ich zurück, »das hat man ja bei Clinton gemerkt.«

»Ja, die Clintons. Aber die sind schließlich noch verheiratet.«

Für amerikanische Frauen ist Sex Mittel zum Zweck. Dekolleté zeigen, offen flirten, einfach so? Undenkbar in Washington. Die Sexualität wird von Frauen auf dem Washingtoner Marktplatz der Eitlen und Mächtigen als harte Währung eingesetzt. Vor allem wenn »frau« ihre soziale und finanzielle Position »upgraden« will. Warum sonst nach Washington kommen? Die Lobbyistin, die den republikanischen Kongressabgeordneten heiratet, die Cutterin, die sich den Parteifinanzier angelt. Plötzlich sind die Lider gestrafft, die Falten gebügelt, die Haare blondiert und die Kleider von Chanel. Eine dunkelhaarige Vierzigerin sagte einen Monat nach ihrer Hochzeit, die kurz nach der unseren stattfand: »Jutta, du und ich, wir haben es genau richtig gemacht, wir sind ganz oben eingestiegen, da kann man sich manches ersparen …!«

Einmal waren wir zu Gast bei einem weithin bekannten Paar der Intelligenzia von Georgetown. Sex und Power hatten sich vereint. Sie gilt als erfolgreiche Georgetowner Gastgeberin, er als Brain. Wir brachten einen Freund aus New York mit, einen international bekannten Unternehmer.

Auf der Rückfahrt schmunzelte der vor sich hin und rückte schließlich mit der Sprache raus. »Sie hat ihr Bein an mein Knie gerieben und gehaucht: Ich fühle sexuelle Vibrationen mit dir.«

»Nein, wirklich?!«, ich war erstaunt, denn ich hatte davon nichts bemerkt. »Hast du denn so heftig geflirtet?«

»Überhaupt nicht!«, wehrte er sich. Er habe nur erzählt, dass er seit einiger Zeit geschieden sei, und seine Finca auf Mallorca, sein Haus in Aspen und seine Stadtwohnung in Paris so gern mit jemand teilen würde. »Das war ihre Bewerbung«, spottete später eine gemeinsame amerikanische Freundin, »schließlich ist ihr jetziger Mann schon über 80.«

War dies die Ausnahme von der Regel? Oder ein Vorgeschmack auf die Dekadenz und schamlose Aufdringlichkeit der alten Welt?

Die deutsche Hauptstadt zum Beispiel ist von eher flatterhaftem Wesen. Berlin – das sei »ein Ganzkörperzustand, der einen in Trance versetzt«, schreibt Martina Löw in *Die Soziologie der Städte*. Erregungszustand, Herausforderung, alles Begriffe, die mit Berlin in Verbindung gebracht werden. »Arm, aber sexy« – diese Formel enttarnt die versuchte Selbstinszenierung einer Stadt, die nichts zu verbergen und nichts zu verlieren hat. Angriff ist die letzte Verteidigung, Berlin wirft sich ran, drängt sich auf – und lässt einen nicht mehr los.

Alles scheint möglich. Sollte ich die neue alte deutsche Hauptstadt als sexuelles Wesen beschreiben, wie vorher schon Washington oder London, so dächte ich an einen »cross dresser«, einen Transvestiten, der sich in einer Welt bewegt, in der die Farben jeden Tag anders schillern – und in der sich doch nichts verändert. »Be Berlin« – eine Illusion, die Gemeinschaftsgefühl vorgaukelt, wo im Grunde nur Anonymität herrscht. Und Armut – wenn mal Schluss ist mit sexy.

Berlin wirft sich in die Brust und feiert, hemmungslos, aufdringlich, kreativ, wild, mal ärmlich, mal schick. In einer Stadt, in der alles erlaubt ist, herrscht sexuelle Toleranz. Keinen kümmert's, was der andere treibt, ob der Bürgermeister homosexuell ist oder der Außenminister. Wie viele Affären, Kinder oder Ehen einer hat, mag Belustigung auslösen oder Spott, hat aber anders als in Washington oder London nur selten das Zeug zum schmutzigen Politskandal. Die 1968er und ihre Folgen, der Aufstieg der Grünen, der Bedeutungsverlust der Kirchen als moralische Wächter – so obrigkeitshörig wir sonst sind, Fragen der Moral haben wir privatisiert. Ohnehin ist die deutsche Unschuld bereits in der Mitte des letzten Jahrhunderts an ganz anderer Stelle verloren gegangen.

Berlin, zwischen Kiez und Location

»Der Ort, an dem Berlin steht, hat Tradition und Geschichte, aber die Stadt selbst hat keine Tradition und keine Geschichte. Es ist eine neue Stadt, die neueste, die ich je gesehen habe.« Das schrieb Mark Twain 1891. Was würde er wohl heute sagen? Zwischen Twain und der Gegenwart liegt das ganze 20. Jahrhundert, Zerstörung und Wiederaufbau – und die Vereinigung der mehr als vierzig Jahre geteilten Stadt. Wie drückte sich Mark Twain aus? Die Stadt Berlin habe keine Geschichte. Auf die Frage, was ihm an Berlin am meisten auffalle, sagte Sir Michael Arthur, britischer Botschafter in Berlin, das Gegenteil: »Die Geschichte. Geschichte ist hier überall.«

Nichts im Vergleich zu London, sage ich. In London künden die Denkmäler und Prachtbauten von vergangener Größe des British Empire, von alten Helden und geschlagenen Schlachten, London ist ein Museum für Erinnerungen. Immerhin: Als im 11. Jahrhundert Westminster Abbey gebaut wurde, war das heutige Zentrum von Berlin kaum mehr als eine Sandbank.

Im Sommer 2008 kehrten wir nach Berlin zurück. Seitdem wir der Stadt 2001 den Rücken gekehrt hatten, war viel passiert. Oder doch nicht? Immer noch ist Berlin die Stadt der Strandbars. Partys werden überall in Berlin gefeiert, auf Dächern, in Bunkern, in Schlössen und Ruinen. Die sogenannte Hauptstadt der Hartz-IV-Empfänger feiert rund um die Uhr. Das Kultur- und Freizeitangebot ist kaum zu übertreffen. Die Stadt setzt auf Touristen und Eventkultur. Fashion Week, Partys und Bälle in der Russischen Botschaft, Berlinale, Artforum, Dream Ball, Save the children, Aidsgala ... Zu den Institutionen, den Opern, den Berliner Philharmonikern, den Theatern und der Berlinale gesellt sich neues Altes wie die (vor allem) von David Chipperfield wunderbar renovierte und neugestaltete Museumsinsel; auf der Brache gegenüber soll dann auch das alte Stadtschloss wieder auferstehen. In

Berlin verkommt Historie dabei allerdings oft zur Partykulisse, zur Location. Etwa wenn Laserstrahlen auf das Brandenburger Tor die Lettern »Be Berlin« beamen. Absurd! Würde in Paris jemand auf die Idee kommen, »Sei Paris« auf den Louvre zu schreiben? Berlin ist ein Magnet für Glückssucher aller Art, für solche, die kein Geld haben, und die, die hier immer ihre Nische fanden: Studenten, Künstler und Kreative aller Art. Und dann sind da aber auch die Neuberliner aus der Karawane des Bundesumzugs: Bundestagsabgeordnete, Lobbyisten, Eventagenturen, Verwaltungsangestellte, Journalisten, Beamte und ausländische Diplomaten.

Die alte neue deutsche Hauptstadt Berlin trumpft aber auch architektonisch mächtig auf – mit dem Fall der Mauer ist die Monumentalarchitektur, die zu Kaisers Zeiten, zu Zeiten des Nationalsozialismus und auch während 40 Jahren DDR schon einmal ihren Auftritt hatte, endgültig nach Berlin zurückgekehrt. Wohnraum ist genug vorhanden, nicht teuer und oft eindrucksvoll. In der einst belagerten Stadt sind wir alle irgendwie Hausbesetzer. Das, was uns die verschiedenen Epochen der Geschichte hinterlassen haben, wird von Immobilienhändlern feilgeboten, ob heil oder kaputt. Es gibt so viel Platz, so viel Leerflächen mit temporärer Nutzung, so viel Spielfeld für neue Architektur. So viel Platz für Denkmäler, die diese Berliner Republik sich selber setzt. Die, die sich darstellen wollen, sichern sich entweder einen weitläufigen Altbau unter Stuck und hohen Decken oder das Loft aus Glas mit weitem Blick, sich selbst setzen sie dann mitten rein wie in ein gerahmtes Bild. Licht aus, Spot an, Vorhang auf: Wieder ein neues Showtalent auf der Hauptstadtbühne.

Die fast schon vergessene Bonner Republik – das war Biedermeier am Rhein. Berlin ist fordernder, schräger, bunter und anstrengender. Das ist auch gut so. Doch dafür überstrahlten in Bonn die handelnden Figuren die »locations«: Adenauer, Wehner, Brandt, Schmidt und Kohl. Im neuen Deutschland und seiner Hauptstadt Berlin ist es umgekehrt, da sind in der Regel die Orte großartiger als die Bewohner; die Menschen füllen das Volumen noch nicht aus.

Doch dafür überstrahlten in Bonn die handelnden Figuren die »locations«: Adenauer, Wehner, Brandt, Schmidt und Kohl

»Berlin bleibt eine Parvenustadt, in der sich bei dem steten Zuzug eine feste, alteingesessene Gesellschaft noch kaum gebildet hat …«, schrieb im Jahr 1895 bereits der Kritiker Alfred Kerr. So haben Kriege, Nationalsozialismus und deutsche Teilung Spuren und Narben hinterlassen – und auch ein menschliches Vakuum, das selbst heute noch spürbar ist. Großbürgertum und Intelligenzia, vor allem diejenige jüdischer Herkunft, haben den Brüchen und Abgründen der Geschichte nicht standgehalten. Die Blüte Berlins in den ersten drei Jahrzehnten des 20. Jahrhunderts – zum größten Teil verdankt die Stadt dies den jüdischen Intellektuellen. Einigen wenigen wie Albert Einstein oder auch Ernst Lubitsch gelang es, noch rechtzeitig zu emigrieren. An die anderen erinnert das Stelenfeld …

Inzwischen stehen wieder alle Zeichen auf Anfang. Mit Stolz verweist Berlin jetzt wieder auf eine stetig wachsende jüdische Gemeinde. Auch das Bürgertum, das sich in anderen Teilen der Republik zu den Arrivierten zählt, klopft wieder an die Tür. Die Mitgift? Ein bisschen Geld und der Ehrgeiz mitzumischen in der neuen Hauptstadt und ihrem Partyzirkus. Diese Ansprüche führen nicht wenige in die Hauptstadt: »Ich habe meinen Sitz in Berlin«, sagte mir mal ein Unternehmer aus Bielefeld, »um eine Hauptstadt daraus zu machen«.

Die Gentrifizierung Berlins schreitet unterdessen voran, auch das Umland im alten Osten wird dabei erkundet. Im Ostteil der einst geteilten Stadt hatten die Menschen schon immer ihre Datsche irgendwo im Grünen. Deshalb, erzählte mir mal ein Taxifahrer, ist an einem Samstag- oder Sonntagvormittag in Pankow oder Weißensee viel mehr Verkehr als im ruhigen Westend oder Zehlendorf – man bricht auf zur Datsche. Der Westberliner hatte so was nicht. Das ändert sich langsam. Auch Neuberliner zieht es jetzt immer mehr aufs Land.

Geld hilft, ist aber kein Muss in Berlin. »Normales« Überleben im Alltag, das geht hier – anders als im teuren London – ziemlich gut auf dieser Insel der Seligen. Jenseits von Mitte ist »Kiez«. 200 000 Türken wohnen in Berlin, die meisten in und um Kreuzberg, im Osten des Westens. Im Südwesten ist unter mächtigen Eichen und Gaslaternen Laubenpiepers Paradies mit Grillfaktor und Schrebergartenlaube angesiedelt. Kopfsteinpflaster, unsanierter Altbau, Biergärten und Currywurstbuden – was will man mehr? Die Pizza kostet sechs Euro, der Herrenhaarschnitt nur vier. Dafür gibt es in London nicht mal ein Glas Wasser.

Im Sommer 2009 ist bei OBI die Welt noch in Ordnung. Auf den Einkaufswagen stapeln sich die Terrakottatöpfe, Oleanderbüsche und die neuen Balkonmöbel im Rattanlook. Beliebt immer noch Heizpilz und Hollywoodschaukel. Krise? Von der weltweiten Finanzkrise ist Berlin kaum berührt. Berlin hat weniger Wirtschaftskraft als der Rest der Republik, nur wenige große Unternehmen, dafür umso mehr Arbeitslose, mit 14 Prozent liegt die Quote doppelt so hoch wie der Bundesschnitt – und auch höher als in den neuen Ländern! Die Kaufkraft ist gering. Im Jahr 2008 waren 562805 Berliner auf Hartz IV angewiesen. Fast 170000 Kinder leben unter der Armutsgrenze. Das ist arm, aber ist das auch sexy? Von Transferleistungen leben auch Studenten, Rentner oder Beamte. Ein gesellschaftlicher Querschnitt. Was fehlt, sind Chancen für die Jungen, die sich nach bestandenem Examen beruflich ihre Sporen verdienen wollen. Nicht jeder will im Dienstleistungsbereich, im Gesundheits- oder Pflegesektor arbeiten, will Taxi fahren oder malen. Doch interessante Arbeitgeber jenseits des öffentlichen Dienstes sucht man in Berlin noch vergebens. Angeblich ist Berlin der Hoffnungsstandort wichtiger Zukunftsbranchen. Finden sich diese ein, wird wohl hoffentlich bald die Zahl der Arbeitslosen weiter sinken.

Wo aber kommt der Sound der brummenden Großstadt her? Wo ist der Herzschlag, der den Lebenssaft durch die Adern jagt? Hier pumpt nicht viel aus eigener Kraft, da muss angeschoben, nachgeholfen werden. Viele kleine Subventionen und Injektionen, viele kleine Herzschrittmacher. Viel Frust. So ist Berlin jenseits des Hypes und der Touristenpfade ein Ort mit großen sozialen Gegensätzen und hohem Aggressionspotenzial. Nachts brennen die Autos der Besserverdienenden. Und als im Jahr 2008 der öffentliche Dienst in den Bürgerämtern streikte, mussten die Gebäude der Behörden in Hohenschönhausen und Neukölln von der Polizei vor aufgebrachten Horden geschützt werden. Frust und Tristesse begegnen einem in erloschenen Gesichtern – Menschen, die so energiearm wirken, als hätten sie ihre Zukunft schon hinter sich, mit nicht mal 30 Jahren. Sogar der Regierende Bürgermeister Wowereit beklagt inzwischen den mangelnden Aufstiegswillen vieler Berliner. In vielen Familien gebe es niemanden mehr, »der eine Vorbildfunktion einnimmt, der regelmäßig zur Arbeit geht und mit dem selbst verdienten Geld seine Familie ernähren kann.«

Was tut die Stadt, um Unternehmer nach Berlin zu locken? »Be Berlin«? Wer nach Jahren in die Stadt zurückkommt, wünscht sich, die Verantwortlichen würden nicht nur Werbeagenturen Aufträge geben, sondern auch »normalen« – oft arbeitslosen – Berlinern. Unternehmer, die investieren und hier Arbeit schaffen wollen, schreckt man häufig ab in dieser Stadt. So wie die Brüder Lauder aus New York, die mit dem langjährigen Vorstand ihres Kosmetikunternehmens, Fred Langhammer, den Flughafen Tempelhof in eine Privatklinik verwandeln wollten. »Wir wollen keine Klinik für Superreiche« – mit einer solchen Kampagne wurde verhindert, dass neue Arbeitsplätze entstehen. Stattdessen: eine neue Brachfläche. Wieder keine neuen Beschäftigungsverhältnisse.

Im Sommer 2009 erhalte ich eine E-Mail von einer amerikanischen Freundin aus London: »Hier ist es ziemlich deprimierend. Viele unserer Freunde verlieren ihre Jobs, suchen verzweifelt nach anderen oder überlegen wegzugehen. Viele Läden machen zu – selbst auf der Kings Road stehen ganze Ladenzeilen leer. Der Immobilienmarkt bricht zusammen. Ich habe das noch nie in der Stärke erlebt, New York in den 90ern war nichts dagegen. In Deutschland merkt man solche Schwankungen ja nicht so …«

Bei einem Kurztrip nach London im September 2009 traue ich meinen Augen nicht: »relocation«, wohin ich sehe. Entlang der Kings Road, auf der Höhe von Marks and Spencer, sind Läden mit Brettern zugenagelt. Hart trifft es Familien, die ohnehin schon verschuldet waren, weil sie Hypotheken aufgenommen hatten, oft auch um das Schulgeld für die Kinder zu bezahlen. 70 Prozent der Briten besitzen ihr eigenes Häuschen – bei der Kreditvergabe allerdings wurde die Bonitätsprüfung vernachlässigt. Die Kredit- und Finanzkrise, die im Frühsommer 2007 als Folge des aufgeblähten und unterfinanzierten Immobilienmarktes in den USA ausgelöst worden war, erwischte auch das Vereinigte Königreich böse.

In London ist die Arbeitslosenquote im Sommer 2009 so hoch wie seit 14 Jahren nicht mehr, allein im Finanzsektor haben 260 000 Menschen ihren Job verloren. Ob die Stadt je wieder so ein gewaltiger Wachstumsmotor für Großbritannien werden wird wie zuvor? Die Unsicherheit, wie London, ja das ganze Land die Krise meistern wird, ist groß. Fast alles hängt an der Profitabilität des Finanzsektors. Schon ist wieder die Rede von hohen Boni, die ausgeschüttet werden müssten. Die Zahl der offenen Stellen im Finanzwesen der City steigt angeblich wieder. Doch sicher ist nichts. Eine Stadt spielt Roulette mit hohem Einsatz. Viele Ups und Downs. Und großes Risiko.

Berlin hingegen dümpelt mehr oder weniger gleichbleibend auf niedrigem Niveau. Stört's irgendwen?

»So ist das eben«, sagte mir ein alter Westberliner, »wo nischt is, kann och nischt wehtun.«

»Washington revisited«: schwarzer Mann in weißer Gesellschaft

Im Mai 2009 war ich aus einem traurigen Anlass nach Washington geflogen. Unsere liebe Freundin Brooke Shearer war an einer heimtückischen Krankheit gestorben. In der Aula der Maret High School hatten sich Freunde und Familie zu einer Gedenkveranstaltung versammelt. Auch die beiden Clintons, mit Brooke und ihrem Mann Strobe seit Collegetagen befreundet, waren dabei. Anders als bei Trauergottesdiensten in deutschen Kirchen, bei denen in formalisierten Riten das »letzte Geleit« gegeben wird, reden in Amerika, auch in der Kirche, Freunde und Verwandte über das Leben der Verstorbenen, »to celebrate her life«, wie es heißt. Dazu gehören Geschichten, ja oft Anekdoten, die die Verstorbenen noch einmal lebendig werden lassen, und bei aller Trauer auch Heiterkeit auslösen. Bei Brooke war das nicht schwer, originell und unangepasst wie sie war. Auch Bill und Hillary Clinton gaben davon Zeugnis ab, ein letzter Dienst der Freundschaft.

Ich blieb noch ein paar Tage in der Stadt, in der wir immerhin fünf Jahre lang gelebt hatten. Wie hatte sie sich verändert unter dem ersten schwarzen Präsidenten, das alte verstaubte Washington, so wie wir es kannten mit seinen festen Ritualen der weißen Eliten, die wissen, dass sie noch da sein werden, wenn der Präsident, ob schwarz oder weiß, längst wieder gewechselt hat? Wie reagieren diese Welten aufeinander? »Michelle Obama ist wunderbar«, schwärmten meine Damen aus dem Club. Vor Kurzem hatte die First Lady die Ehefrauen der Kongressabgeordneten ins Weiße Haus geladen. Wie die Präsidentengattin da von Tisch zu Tisch schwebte, wie anmutig, wie natürlich, wie selbstbewusst! Das löste allseits großes Entzücken aus.

»Michelle und Barack – das ist Ozzy und Harriet pur«, sagt eine Bekannte, mit der ich mich im Cafe Milano treffe. *Ozzy and Harriet* ist eine Fernsehserie aus den 50er Jahren, die das Urbild der amerikanischen Familie in die Wohnzimmer der Nation brachte.

Abends haben Freunde zum Dinner in ihr Haus in Cleveland Park geladen. »Was anders ist, willst du wissen?« Jerry lächelt: »Wir Demokraten beklagen uns nicht mehr, dafür sind wir besorgt, ob das alles so gut geht …!« Damals, im Sommer 2009, war noch nicht klar, wie und ob es mit der Gesundheitsreform weitergehen würde. Wie erfolgreich der erste schwarze Präsident mit der Durchsetzung seiner Agenda wirklich sein würde.

Doch ja, das gesellschaftliche Klima in der Stadt hatte sich völlig verändert, das hörte ich immer wieder. Das geographische Zentrum, hieß es, habe sich von Georgetown weiter nach Osten verschoben.

»Wart ihr etwa noch nicht in Ben's Chili Bowl in der U-Street? fragt John Newhouse, früher Korrespondent beim *New Yorker.* »Da gehen abends die Obamaleute aus – wenn sie ausgehen.« Hippe Boutiquen gebe es da, coole Bars und integrierte Wohnblocks. Und eben Ben's. Ich verabrede mich also mit einer Bekannten am nächsten Tag dort zum Mittagessen. Mary wohnt mit ihrem Mann in einem roten Backsteinhaus mit grünen Fensterläden in Georgetown, mit kleinem Garten und Butler. In den U-Distrikt hatte Mary noch nie einen Fuß gesetzt. Ich hingegen hatte mich früher dort gelegentlich verfahren, wenn ich in Richtung Bay Bridge unterwegs war.

Einmal war ich mit Freunden bei Ben's gewesen, aber damals hatte es noch keinen schwarzen Präsidenten gegeben, der dort ein und aus ging. Dabei war Ben's schon da, bevor Barack Obama geboren wurde. Als die Gegend um U-Street noch »Black Broadway« hieß und Duke Ellington, Ella Fitzgerald, Miles Davis oder Nat King Cole hier musizierten. Dann, gegen Ende der 60er Jahre, begann der Verfall des Viertels. Rassenunruhen, die Ermordung Martin Luther Kings, Drogenhandel und Baustellen – all das machten es für Ben Ali und seine Frau Virginia nicht leicht, das Restaurant offen zu halten. Doch ihre Ausdauer hat sich offenbar gelohnt – der »historische U-Distrikt«, wo vor zehn Jahren auch das afroamerikanische Bürgerkriegsdenkmal fertiggestellt wurde, ist nun wieder »in«.

Ich hatte das Angebot angenommen, mit Mary zusammen zu Ben's zu fahren – nicht ahnend, dass der Fahrer ihres Mannes angewiesen worden war, uns nicht aus den Augen zu lassen. Als ginge es um eine Expedition nach Afrika! Bei Ben's herrscht dann hektisches Gewusel. Zwei Drittel der Gäste sind »African American«. Lederjacke, T-Shirt über der Jeans. Viel Körperfülle. Tellergeklapper, es zischt und brutzelt, das Radio plärrt. Wir verdrücken unsere Hamburger mit der berühmten roten Chilisauce. Am Essen kann der Erfolg nicht liegen, denke ich noch, die sollten hier mal Konopkes Currywurst einführen!

Schwarz und Weiß beäugen sich mit ungekannter Intensität in der US-Hauptstadt, in der nun der erste schwarze Präsident regiert. Eine Weltsensation, noch immer. Es hatte Zeiten gegeben, da zweifelte ich aufgrund meiner Erfahrungen in Washington daran, ob Amerika einen »African American« an die Spitze des Landes wählen würde. Ob schwarz, braun, rot, gelb oder weiß – auch Obamas Amerika ist noch immer nicht »farbenblind«. Obama wird Amerika den Spiegel vorhalten. Das Spiegelbild zeigt vieles, aber bestimmt keine geeinte, post-rassistische Gesellschaft, der bewusst ist, dass es nach Prognosen des US-Zensus im Jahre 2050 in den USA keine weiße Mehrheit mehr geben wird.

Die immer noch große Bedeutung von Herkunft und Hautfarbe hat jüngst erst der Supreme Court in seinem Urteil zum Fall der New-Haven-Feuerwehrmänner bestätigt: Er gab fünf Feuerwehrmännern recht, die auf »umgekehrte Diskriminierung« plädiert hatten. Diskriminierung oder Gegendiskriminierung – der Weg der Afroamerikaner an die Spitze oder auch nur in die Mitte der Gesellschaft gestaltet sich mühsam. Noch 2005 gestand einer der obersten Richter des Landes in einer privaten Unterhaltung, was er öffentlich nie sagen würde: »Washington ist eine nach Rassen getrennte Stadt.« Kann sich das quasi über Nacht ändern? Auf die Frage, ob man afroamerikanische Freunde habe, fiel in der Vergangenheit kaum jemandem die Antwort schwer: Vernon Jordan. Natürlich! Der charismatische Clintonvertraute und erfolgreiche Geschäftsmann ist weit über Washington hinaus bekannt. Aber sonst? Es kursierten noch ein paar andere Namen. Vielleicht zwei oder drei. Wo aber versteckten sich all die gut ausgebildeten Schwarzen, warum treten sie nicht aus dem Schatten, warum nehmen sie nicht den Kampf auf?

»Die verstecken sich nicht. Ich kenne Hunderte erfolgreicher Schwarzer, Harvard- und Yale-Absolventen«, entrüstet sich Stephanie Jones, Direktorin des National Urban League Policy Institute. Ich besuche sie in ihrem Büro. Ich sei auf einer »fact finding mission«, erkläre ich ihr. Sie selber ist Juristin, war zuletzt Rechtsberaterin von Senator Edwards, davor Bildungsbeauftragte in der Clinton-Administration. »Die Medien und die Öffentlichkeit blicken nur auf Extreme«, sagt Stephanie, »alles dazwischen bleibt unsichtbar.«

Diese Erfahrung war ihre eigene. Ging die Afroamerikanerin früher als Studentin über den Campus der Uni und begegnete ihren weißen Freunden, dann »haben die durch mich durchgesehen«. Nein, natürlich nicht absichtlich. Hinterher gab es Entschuldigungen. »Ich war aber praktisch unsichtbar.« Stephanies Lächeln verrutscht ein wenig. »Sie wissen doch – *Invisible Man* von Ralph Ellison.« Der 1952 veröffentlichte Roman beschreibt die Leiden eines Schwarzen unter der Rassentrennung. Jetzt, 57 Jahre später, sind nicht alle Probleme verschwunden, aber im Weißen Haus wohnt der erste schwarze Präsident. Immerhin. Mehr Sichtbarkeit geht kaum. Trotzdem: Bis sich das Schwarz-Weiß-Denken der amerikanischen Gesellschaft in Luft aufgelöst hat, werden bei Ben's in der U-Street noch viele Chiliburger über die Theke gehen müssen.

Mehr als ein Jahr ist inzwischen vergangen, seit Barack Obama die Macht in Washington übernommen hat. Gerade hat er durch die Nachwahl in Massachussetts die Mehrheit im Senat verloren. Wird er all das durchsetzen könne, was er sich vorgenommen hat? Oder was ihm die Vorgängerregierung hinterlassen hat?

Im November 2009 war Hillary Clinton aus Anlass des 20-jährigen Jubiläums des Mauerfalls als Außenministerin nach Berlin gekommen. Bei einem Dinner des Atlantic Council nahm die amerikanische Außenministerin den Freedom Award stellvertretend für das amerikanische Volk an, das Berlin in den schweren Zeiten der Luftbrücke unterstützt hatte. Die Freiheit, die Berlin und die Deutschen erlangt haben, wollte Secretary of State Clinton noch weiter ausdehnen: »We would like to expand freedom to more people, we cannot accept that freedom does not belong to all people.« Also zum Beispiel noch nicht allen Menschen im Irak und in Afghanistan? So wird auch die Obama-Administration keine Wahl haben: Sie muss das zu Ende führen, was unter Bush begonnen wurde. Wie hatte Hillary Clintons Amtsvorgängerin Condoleezza Rice im August 2003 gesagt: »When Americans begin a noble cause, we finish it.«

Ich weiß nicht, wie es um unsere Länder in fünf Jahren stehen wird, was begonnen wurde und was zu Ende geführt sein wird. Die Probleme und Herausforderungen sind groß, überall. Und, wenn ich in den letzten Jahren in London, Washington und auch Berlin eines erfahren habe, dann das, wie unterschiedlich wir trotz aller Gemeinsamkeiten geprägt sind – und wie schwer es ist, die Last der eigenen Geschichte und Erfahrungen abzuschütteln. Gott sei Dank. Sonst wären wir ja alle gleich! Und der Beruf der Diplomaten obsolet.

Pomp, Prunk und Protokoll: Wie viel davon braucht die Diplomatie?

Nachdem wir mehrere Monate schon wieder in Berlin leben, werde ich Zeugin einer kleinen Unterhaltung in einem Café gleich neben dem Henry-Ford-Bau der Freien Universität. Neben mir am Tisch sitzen drei Studenten, trinken Pappkaffee, streiten über Nicaragua und die Contras, Völkerrecht und den Dozenten, der mal Botschafter war. »Ich habe seine Frau gesehen«, sagt die eine. »Und?« fragt der Kommilitone. »Gepflegt, langweilig, blond – so lange Haare« und legt die Hand dazu kurz ans Kinn. »Typische Botschafterfrau halt.«

Aha, denk ich. Die Arme. Aber so ist das eben: Respekt wird den Diplomatenfrauen selten zuteil. Trotzdem füllt jede von uns diese schwierige Rolle, für die keine Definition existiert, so aus, wie sie es kann und will. Ein warmer Händedruck vom Außenminister oder ein Willkommensgruß vom amtsinternen Frauen- und Familiendienst wird aber nur wenige darüber hinwegtrösten, den eigenen Beruf an den Nagel gehängt zu haben. Zumal in Zeiten, in denen die Ehe nicht mehr auf Lebenszeit versorgt und der Beruf der Frau wichtiger ist als früher. Trotzdem ist die Karriere der Partnerin nicht immer vereinbar mit den Bedingungen des Gastlandes und den Besonderheiten des eigenen Berufes. Bis vor Kurzem gab es zudem etwa in den USA für Ehepartner von Diplomaten keine offizielle Arbeitserlaubnis.

Das Auswärtige Amt zahlt zwar einen kleinen Zuschuss monatlichen auf das Konto des entsandten Mitarbeiters, der zur Weiterleitung an den begleitenden Partner gedacht ist – als Ausgleich für entgangenen Lohn- und zur Altersvorsorge. Ein Betrag, rechnete mir eine Kollegenfrau neulich vor, der geringer ist als das, was eine Putzfrau in zwei Wochen verdient. In seinen Erinnerungen lobt Botschafter a. D. Franz Pfeffer die Aktivitäten seiner Frau, um dann leicht verbittert festzuhalten: »So tröste ich mich mit dem Gedanken, dass der Bund ihre Ausstrahlung, ihre Bescheidenheit und ihren Takt, ihre Intelligenz und ihre gewinnende Wirkung auf Menschen nicht hätte messen und deshalb auch nicht angemessen entlohnen können.«

»Amtsfrauen« – und das gilt für »Kolleginnen« auf allen Ebenen, nicht nur für die Botschaftergattinnen – haben über Generationen hinweg mehr oder weniger klaglos ihre Aufgaben erfüllt: Sie legen, vor allem in kleineren Vertretungen, selber Hand an, improvisieren, reparieren undichte Dächer, betreuen Gäste, organisieren Weihnachtsfeiern für die Mitarbeiter und besorgen nebenbei auch noch die Kindererziehung. Was in der EU und anderen Großbotschaften oft ein privilegiertes Dasein mit Personal und gesellschaftlichem Rang mit sich bringt, sieht in anderen Teilen der Welt ganz anders aus.

»Du ahnst nicht, was es bedeutet, über ein Leben lang sieben Mal umzuziehen, die Kinder jedes Mal wieder aus ihrem Umfeld zu reißen«, erzählte eine Diplomatenfrau nach mehreren Posten in Afrika und Zentralasien, »und immer wieder neu anzufangen; wenn bei minus 15 Grad über Wochen die Heizung ausfällt oder wenn ich in Afrika nachmittags nicht etwa zum Golf gehe, sondern Kleider sammle für verwundete Kinder in den Flüchtlingslagern. Wissen die in Berlin eigentlich, wie das ist, dort zu leben, wo niemand anders freiwillig hingehen würde?« Jedes Jahr in den Tropen, heißt es im Auswärtigen Amt, zählt doppelt.

Der Mann wird entsandt, die Frau kümmert sich unentgeltlich und hält die Familie zusammen – diese Aufgabenteilung, die in früheren Generationen weniger infrage gestellt wurde, taugt kaum mehr für die Zukunft – nicht privat, erst recht nicht für die Botschaft. Seit Einführung der jährlichen Botschafterkonferenz des Auswärtigen Amts im Jahr 2001 befasst sich »das Amt« nun verstärkt auch mit den Belangen der »Partner«. Nur: Nützt das noch was? Mehr und mehr Botschafter (die meisten sind immer noch männlich) gehen inzwischen alleine ins Ausland. Zeit, so finde ich, eine Grundsatzfrage zu stellen. Eine, über die ich viele Abende mit Wolfgang gestritten habe. Auch wenn es in Drittländern sinnvoll sein mag, mit deutscher Botschaft und Residenz Flagge zu zeigen – wie wichtig ist dies noch in der EU? Mit anderen Worten: wie unverzichtbar ist dort die gesellschaftliche Repräsentation durch ein Botschafterpaar in einer prachtvoll ausgestatteten Residenz – in Zeiten von Massenarbeitslosigkeit, Wirtschaftskrise und gemeinsamer EU-Verfassung?

Vieles wird – jedenfalls in der EU – inzwischen ohnehin auf direktem Weg zwischen den Hauptstädten geklärt, andere Entscheidungen werden in Brüssel getroffen. Das verändert die Aufgabenbeschreibung eines Botschafters im Vergleich zu früheren Jahren grundlegend. Formal vertritt er immer noch den Bundespräsidenten und agiert daher auf der Ebene der Staatsoberhäupter. Daraus resultiert im Anschluss an einen ausgefüllten Arbeitstag mit vielen Gesprächen und Begegnungen auch noch ein abendliches Ringelreihen mit den Mächtigen. Das ist so gewollt, dafür gibt es die Residenzen.

Ist dieses Konzept des allabendlichen diplomatischen Entertainments noch zeitgemäß? Zumal in der EU? Vor 100 Jahren, als es die technischen, sprachlichen und viele andere Möglichkeiten noch nicht gab, mag es sinnvoll gewesen sein, ein Stellvertreterpaar an herausgehobener Stelle zu platzieren, das nach Hause berichten sollte, was man nicht nur in den Büros sondern auch in den Salons des Gastlandes so denkt. Aber im global vernetzten Zeitalter von Internet, Multimedia und internationalen Airlines? Wo ohenhin Tausende von deutschen, im Ausland lebenden Intellektuellen, Künstlern, Wissenschaftlern und Geschäftsleuten längst auch das Bild des Heimatlandes prägen. Sind die Zeiten nicht vorbei, in denen ein Vorzeigepaar den beruflichen Anspruch erheben kann, die gesellschaftliche Elite des eigenen Landes zu verkörpern oder besonders effizient auf die kulturellen oder gesellschaftlichen Exponenten des Gastlandes einzuwirken? Aufgrund von welcher Autorität eigentlich – etwa des beamtenrechtlichen Status des Entsandten?

Ist dieses Konzept, vor allem innerhalb der EU, noch zeitgemäß?

Ketzerische Gedanken einer Trittbrettfahrerin, ich weiß. Will den Ast abschneiden, werden manche sagen, auf dem sie selbst saß – jetzt, wo es vorbei ist. Doch die Zweifel bleiben – und die Fragen. Ganz klar: Nicht die Notwendigkeit diplomatischer Vertretungen mit einem Leiter oder einer Leiterin an der Spitze selber zweifle ich an. Diplomaten werden natürlich weiterhin gebraucht.

Sie bewegen sich zwischen den Welten, versuchen zu vermitteln, Erklärungshilfen anzubieten, stellen Fragen, um zu verstehen und werben stets um Sympathie für das eigene Land.

Fragen knüpfe ich nur an die bislang übliche gesellschaftliche Repräsentation des Botschafters im Rahmen eines aufwendigen Residenzapparats. Mag sein, dass es gerade in Ländern der Dritten Welt sinnvoll ist, die klassische Deutsche Botschaft mit Residenz zu unterhalten. Vor allem, wenn es darum geht, deutsche Präsenz als Zeichen der Hoffnung zu verstehen. Es ist auch denkbar, dass in anderen außereuropäischen Großbotschaften ein nachtaktives Botschafterpaar tatsächlich hilft, Verstimmungen abzufedern und Kommunikationslücken auszugleichen – in Washington gab es da tatsächlich ein bisschen was zu tun. Obwohl es den transatlantischen Beziehungen gewiss nicht geschadet hätte, wenn man das eine oder andere Essen statt in dem kalten Speisesaal der Residenz in ein Restaurant in Georgetown verlagert hätte.

Eine repräsentative Auslandsvertretung sei wichtiger Anlaufpunkt für die deutsche Wirtschaft, lautet ein weiteres Argument. Möglich. Aber seit wann braucht die Wirtschaft den Staat außerhalb Deutschlands als Entwicklungshelfer?

Kein Zweifel, »public diplomacy«, also Sympathiewerbung für Deutschland, wird auch in Richtung unserer Nachbarländer wichtig bleiben. Die lässt sich allerdings auch in (durchaus repräsentativen!) Botschaftsräumen betreiben, im Goetheinstitut, in Unternehmenszentralen, Regierungsbüros, Zeitungsredaktionen oder auch im Restaurant. Gesellschaftliche Aktivitäten werden bis zu einem gewissen Grad immer zum Diplomatenjob dazugehören. Aber reicht es da nicht, den Mehraufwand durch entsprechende Zuschüsse auszugleichen, wie es teilweise ja schon gemacht wird? Im Ernst: Warum lässt sich nicht innerhalb der Europäischen Union, in der zurzeit ohnehin ein eigener diplomatischer Dienst geschaffen wird, eine niedrigschwelligere, protokollarisch akzeptable Lösung für die jeweiligen bilateralen Vertretungen anstreben? Zumal man ja jetzt nach außen geschlossen auftritt, in Drittländern sollen künftig EU-Botschaften die Interessen der gesamten EU wahrnehmen. Oder ist dies doch nur ein riesiges Arbeitsbeschaffungsprogamm – die bilateralen Botschaften werden ja nicht aufgelöst? Wäre es nicht an der Zeit, auch nach innen ein Zeichen zu setzen, indem man in den Mitgliedsländern gut ausgerüstete bilaterale Verbindungsbüros schafft, statt weiterhin auf Pomp und Gepränge zu setzen, als müsse man sich gegenseitig vor allem beeindrucken, statt miteinander zu reden? Das wäre dann nebenbei auch ein Argument dafür, die Notwendigkeit palastartiger Vertretungen deutscher Bundesländer in Brüssel auf den Prüfstand zu heben. Die deutsche Kleinstaaterei sollte doch angesichts eines enger zusammenrückenden Europas irgendwann einmal überwunden werden, oder?

Eine Stufe bescheidener würde da wie dort nicht schaden. Dann wäre nebenbei auch der soziale Aufprall vieler Diplomaten bei Rückkehr in den deutschen Alltag etwas weniger hart. Geht der Mann nicht in den Ruhestand, dann wird er nach dem Wechsel in die Zentrale oft wieder zur kleinen Schraube im Räderwerk des Auswärtigen Amtes. Privat heißt das oft: Umzug aus der Zehn-Zimmer-Villa in die Etagenwohnung – oder ins Reihenhaus. Im Ausland mit Königen und Präsidenten getanzt, daheim vergessen und unerkannt. Ja, war denn das Leben in der Ehrenloge mit Chauffeur und Butler wirklich nur schöner Schall und Rauch?

Wehe dem, der sich zu ernst nimmt in der surrealen Glamourrolle mit begrenzter Haltbarkeit. Dem mag es ergehen wie dem früheren britischen Verteidigungsminister Malcom Rifkind, der nach seiner Verabschiedung einmal sagte: »Woran merkt man, dass man nicht mehr in Amt und Würden ist? Wenn man im eigenen Auto hinten einsteigt, und sich wundert, dass es nicht losfährt.« Dann lieber das Steuer erst gar nicht aus der Hand geben – oder rechtzeitig aussteigen!

Dank

Ich danke: Veronika Urban für die Beratung und Hilfe bei der graphischen Gestaltung des Umschlages. Melanie Ratzek und Monika Kreutz für kritisches Gegenlesen, meinen Freunden und früheren Kollegen Torsten Krauel und Thomas Kielinger für sachkundige und redaktionelle Hinweise. Meinem Mann Wolfgang für seine kritischen Einwände, unsere gemeinsamen Erinnerungen und seine Geduld mit dem heimischen Chaos. Meiner Tochter Josie für die Zeit, in der sie ihre Mutter »am Computer« entbehren musste.

Last but not least danke ich Begum Aga Khan, die mich mit meiner Verlegerin Anja Heyne bekannt machte, denn aus der Begegnung entstand dieses Buch.

Inhalt

Impressum

www.collection-rolf-heyne.de
2. Auflage 2010

Lithografie: Lorenz & Zeller, Inning am Ammersee
Druck und Bindung: Ebner & Spiegel, Ulm
Printed in Germany

ISBN 978-3-89910-460-8